13억분의 1의 남자

JUSANOKU BUN NO ICHI NO OTOKO
by Kenji MINEMURA
©2015 The Asahi Shinbun Company
All rights reserved.
Originally published in Japan by SHOGAKUKAN.
Korean translation rights arranged with SHOGAKUKAN, Japan
through THE SAKAI AGENCY and BC AGENCY.
Korean translation edition © 2015 by Bookpark Corporation(Red Stone), Korea.

13억분의 1의 남자

황제 자리를 두고 벌인 인류 최대의 권력 투쟁

미네무라 겐지 지음 | 박선영 옮김

레드스톤

Contents

붉은 귀족들 '권력의 아성'

다롄 시(랴오닝 성)
시장에 취임한 보시라이 薄熙來가 다롄을 '북방의 홍콩으로 만들겠다'며 대 대적인 개발에 나섰다.

티베트 자치구
티베트족의 독립 요구로 소요가 빈발하는 곳이다. 자치구 서기였던 후진타오胡錦濤의 소요 진압이 높이 평가받았고, 이후 출세 가도를 달리게 된다.

베이다이허(허베이 성)
매년 여름, 역대 고관들이 비 공식 회의인 '베이다이허 회의' 를 위해 모이는 피서지다.

베이징 시
중국 정치의 중추가 되는 곳이다. 정치국 상무위원 등 전·현직 최고 간부들의 집무실과 저택이 밀집된 지역인 '중난하이'도 이곳에 있다.

쓰촨 성
쓰촨 성 당서기 등을 역임한 저우융캉周永康의 권력 기반 지역이다.

충칭 시
충칭 시 당서기였던 보시라이가 범죄와의 전쟁을 선포하고 '다헤이 打黑, 범죄 소탕' 작전을 전개했다.

산시 성
시진핑習近平은 16살 때, 문화혁명의 하방下放 정책에 따라 산시 성의 산 골로 보내졌다. 토굴식 집인 '야오둥' 에서 6년간 생활했다.

허난 성
리커창李克强이 43세 때 전국 최연소 성장 省長으로 취임했다. 인 민해방군 간부 구쥔 산谷俊山의 대저택 '장 군부'도 이곳에 있다.

상하이 시
과거 상하이 시장, 상하이 시 당서기 등을 역임한 장쩌 민江澤民의 권력 기반(일명 상하이방) 이다.

중국공산당 서열 피라미드

※연령과 직위는 2015년 1월 시점

총서기

시진핑
(61)

중국공산당
중앙총서기
(2012년~)

베이징 시 출신. 전 부총리를 아버지로 두었지만 문화혁명 중인 16세에 하빙딩힌 뒤 농촌에서 7년 통안 생활했다. 칭화 대학교 졸업. 허베이 성, 푸젠 성, 저장 성 등의 요직인 당서기에 취임하면서 실적을 쌓아 2012년 중국공산당 총서기 자리에 올랐다.

후진타오
(72)

전 총서기
(2002년~2012년)

안후이 성 출신. 칭화 대학교 졸업. 1984년 공산주의청년단 제1서기, 1988년 티베트 자치구 당서기에 취임. 다음 해 라사 폭동을 진압함으로써 덩샤오핑의 신임을 얻는다. 2002년 총서기에 취임했다.

장쩌민
(88)

이전 총서기
(1989~2002년)

장쑤 성 출신. 상하이 교통대학교 졸업. 기술 현장을 누비며 전자공업 부장관 등을 거쳐 상하이 시 시장에 취임했다. 1989년 톈안먼 광장 사태로 자오쯔양趙紫陽 총서기가 실각하자 덩샤오핑鄧小平의 지명을 받아 총서기로 발탁되었다.

중앙정치국 상무위원

리커창
(59)

국무원 총리
(2013년~)
※서열 2위

안후이 성 출신. 아버지는 하급 공무원으로 문화혁명 중에 하방되었다. 베이징 대학교 졸업. 공산주의청년단에서 후진타오를 모시다가 공산주의청년단 중앙 제1서기가 되었다. 최고 지도자 경쟁에서 시진핑에게 패해 2013년 국무원 총리에 취임했다.

저우융캉
(72)

전 중앙정치
법률위원회 서기
(2007년~2012년)
※당시 서열 9위

장쑤 성 출신. 베이징 석유학원 졸업. 석유 관련 기업의 요직과 쓰촨 성 당서기를 거쳐 후진타오 체제 하에서 정치국 상무위원에 입성. 세대교체와 함께 반부패투쟁의 표적이 되어 2014년 말 당적이 박탈되었다.

정치국원

보시라이
(65)

전 충칭 시
당서기
(2007년~2012년)

산시 성 출신. 베이징 대학교 졸업. 다롄 시와 충칭 시 당서기를 역임. 두 도시의 경제 발전에 기여했지만 2012년 심복의 미국 총영사관 난입 사건으로 실각. 2013년 10월에 무기징역 확정.

*1 정책 결정의 중추가 되는 7인. 각각이 국가 조직이나 군 등의 최고 간부이기도 하다. 후진타오 체제에서는 아홉 명이었다.

*2 공산당 중앙위원회에서 선출되는 25인의 위원으로 월 1회, 당의 중요 정책에 대해 논의하는 회의에 출석한다.

*3 중앙위원은 5년에 한 번씩 당대회에서 선출된다. 1년에 한 번 정도 열리는 회의에 참석해서 당의 방침이나 국가의 발전 계획 등을 논의한다.

총서기 1인

정치국
상무위원*1
7인

정치국원*2
25인

중앙위원*3
205명

당원
8600만 명

일러두기
본문에 있는 아랫주는 모두 옮긴이가 단 것입니다.

프롤로그

　지난 1년 동안 그토록 찾아 헤매던 그녀가 바로 지금, 내 눈앞에 있다.

　당장이라도 달려가고 싶은 충동에 휩싸였지만, 두근대는 가슴을 필사적으로 억누르고 몇 분 후면 다가올 만남의 순간을 지긋이 기다렸다.

　2014년 5월. 나는 미국 하버드 대학교에 다니고 있다는 시진핑 중국 주석*의 외동딸을 무턱대고 찾아다녔다. 4년 전, 중국 최고 지도자의 외동딸이 미국에서 유학한다는 정보가 흘러나오자 소문은 꼬리에 꼬리를 물며 순식간에 퍼졌다. 〈뉴욕타임스〉 같은 미국의 주요 언론이 앞다퉈 하버드 대학교로 취재진을 급파했고 잠입 취재가 시작되었다. 하지만 누구 한 사람 그녀의 모습을 확인한 이는 없었다.

　'결국 헛소문이었다', '이미 귀국해서 하버드에는 없다'. 이런 정보가 흘러나올 때마다 취재진은 하나둘씩 줄어갔다. 나도 솔직히

---

* 시진핑의 정식 직위는 중화인민공화국 주석, 중국공산당 중앙위원회 총서기, 중국공산당 중앙군사위원회 주석이다. 국가주석은 대통령, 총서기는 공산당 대표에 해당한다.

그녀가 과연 미국에 있을까 반신반의했다.

중국은 미국의 최대 경쟁국으로, 양국 군대는 상대를 가상 적국으로 상정하고 있다. 그런 중국군의 최고 수장이기도 한 지도자의 딸이, 적국의 그것도 하버드 대학교라는 미국 최고의 엘리트 양성 기관에서 공부하고 있다는 사실을 곧이곧대로 믿기는 쉽지 않았다.

정보 통제가 엄격한 중국 측에서도 시진핑 주석의 외동딸이 미국 언론에 노출되는 일은 극히 피하고 싶은 사태임에 틀림없었다. 그러니 설마 그런 위험을 무릅쓰고 미국에 유학보냈겠는가 하는 생각이었다.

다만 그 '설마'가 종종 일어나는 곳이 중국이라는 불가사의한 나라다. 그렇기에 취재하는 자에게는 더할 나위 없이 매력적인 대상이기도 하다. 독자 여러분도 이 책을 읽으면서 내가 취재 현장에서 느꼈던 그 생생한 전율을 함께 나눌 수 있기 바란다.

거의 포기 상태였던 시진핑의 외동딸 찾기는 생각지도 않은 일이 계기가 되어 성공할 수 있었다.

그리고 그녀는 지금 내 눈앞에서 동급생들과 수다를 떨고 있다. 이야기를 끝낸 그녀가 내 쪽을 향해 걷기 시작한다. 10미터, 5미터, 3미터, 점점 그녀가 다가온다.

밀고 나갈 기회는 지금이다. 다음은 없다.

이어지는 상황은 2장에서 자세히 알아보겠다.

결론부터 말하자면 그날의 취재는 성공이라고도 실패라고도 할 수 없다. 하지만 현장에서 맛본 충족감은 분명히 남아 있다. 취재의 성패 여부는 차치하고 그날과 같은 '현장 취재'야말로 모든 취재하는 이들이 기본으로 가져야만 할 자세다.

감히 이렇게 단언하는 이유가 있다. 정보 통제가 철저한 중국에서는 공산당의 감시를 피하며 현장을 취재하는 일이 금기시되기 때문이다. 당 간부를 직접 만나 인터뷰하는 일 따위 엄두도 낼 수 없다.

중국과 관련된 보도일 경우, 중국 현지 언론은 물론 중국 당국에 비판적인 일본 언론조차 중국공산당의 검열을 거친 보도를 그대로 옮기기 쉽다. 그에 대한 반동인지 현장 취재가 불가능하다는 이유 때문에 현실을 완전히 무시한 '논리'로 미지의 나라 운운하며 떠들어대는 보도나 서적이 적지 않다.

그런 중국 관련 보도를 보면서 나는 적지 않은 위화감을 느꼈다. 그들의 보도에는 사건 당사자도, 사건 현장도 존재하지 않기 때문이다.

지금 여러분이 읽고 있는 이 책에는 내가 실제로 체험한 사건만이 존재한다. '현장'에 직접 뛰어들어 부딪히면서 그곳에서 일어난 사실만을 기록했다.

나는 2007년 5월부터 5년 10개월 동안 일본 〈아사히신문〉의 베이징 특파원으로 일하면서 거대한 이웃 나라의 움직임을 현장에서 쫓았다.

2007년과 2012년, 두 번에 걸친 중국공산당 전국대표대회(이후 당대회)와 2008년 베이징 올림픽 같은 대규모 이벤트를 취재하는 행운도 얻었다. 중일 관계를 악화시킨 중국제 냉동 만두 독극물 주입 사건과 2010년과 2012년에 휘몰아친 반일 시위도 최전선에서 지켜보았다.

그 어떤 현장과 회견장을 찾아도 그 밑바닥에서 면면히 흐르는 존재가 느껴졌다.

권력 투쟁.

누가 봐도 자명한 실수를 기자회견까지 열어 죽을힘을 다해 강변하는 중국 정부의 간부. 은퇴하고도 몇 년이나 지났지만 인사철만 다가오면 휠체어에 탄 채 공식 석상에 나타나 존재감을 과시하는 노장들. 어쩌면 그들 몸속 DNA에 깊숙이 박혀 있지 않을까 싶을 정도로 권력에 대한 강한 집착이 느껴졌다.

중국공산당은 공식적으로는 만장일치를 표방한다. 인사도 정책도 평화적으로 대화를 통해 결정하는 것이 원칙이다. 언론에 '정쟁'이나 '파벌' 같은 단어가 등장하는 일은 결코 있을 수 없다.

하지만 실제로 무대 뒤에서는 피 튀기는 치열한 공방이 펼쳐진다. 필요하다면 희생양을 꾸미는 짓도 서슴지 않는 그야말로 목숨을 건 사투를 벌인다.

공산당이 일당 지배하는 체제인 중국에서 법률과 규칙은 종종 경시된다. 당내 권력 투쟁에서 승리를 거머쥔 자는 자신의 구미에 맞게 법률을 해석하고, 자신에게 유리한 규칙을 만들어 운영한다. 권력 투쟁의 패자는 엎드려 숨죽인 채 그저 승자의 처분을 기다릴 뿐이다.

나는 이러한 권력 투쟁이 공산당 자신의 수명을 단축시키고 결국 붕괴를 자초할 것이라고 생각했다. 마오쩌둥毛澤東이나 덩샤오핑 같은 카리스마 넘치는 지도자의 사망 이후, 당내 권력 투쟁이 살수록 격화되는 양상을 보았기 때문이다.

극심한 혼란 속에서 최고의 자리에 선택받은 이는 시진핑이다. 이렇다 할 실력자가 없는 가운데 각 세력들이 수면 아래서 치열하게 흥정하고 거래한 끝에 나온 타협의 산물이다. 그렇기에 권력 기반이 허약한 시진핑 정부가 계속 버틸 수 있을까, 머지않은 장래에 발밑이 위태로워지지 않을까 예측했다.

하지만 국내로 돌아와 외부에서 새삼 중국을 바라보니 속임수 그림처럼 다른 모습이 떠올랐다.

2013년 여름, 베이징 특파원을 마친 나는 객원 연구원으로 하버드 대학교에 초빙되었다. 소속은 하버드 대학교의 페어뱅크센터 Fairbank Center for Chinese Studies였다. 중국 현대사를 가르치던 존 킹 페어뱅크 교수가 1955년 설립한 연구소다. 중국어로는 페어뱅크의 중국명을 따서 비정청중국연구중심費正淸中國硏究中心으로 불린다.

페어뱅크센터는 중국인에게 가장 유명한 외국 연구소 중 하나일 것이다. 학자 외에도 전 세계의 정부 직원이나 저널리스트가 소속되어 있고, 연구원의 국적도 미국과 중국을 중심으로 독일, 한국, 영국 등 다양했다.

페어뱅크센터는 미국 전역에서 중국을 연구하는 학자나 정부 당국자를 초청해서 연구회와 토론회를 연다. 참석자는 카터 정부에서 국가안보담당 보좌관이었던 즈비그뉴 브레진스키를 비롯해 전 국방 차관보이자 하버드 대학교수인 조지프 나이, 그 외에도 미군의 현역 간부 등 다양한 분야의 인사들이다. 연구와 토론 주제 또한 중일 양국이 영토 문제로 첨예하게 대립하고 있는 센카쿠 열도(중국명 댜오위다오)부터 중국의 부동산 거품까지 폭넓다.

페어뱅크센터는 중국공산당이나 정부의 간부들을 초청하기도 한다. 중국인에게 하버드는 가장 유명한 외국 대학교이므로, 미국을 방문하는 중국의 요직 인사들은 대부분 이곳에 들러 강연을 한다. 그중에는 내가 베이징 특파원 시절에 몇 번이나 취재를 거절당했던 중국 간부도 있었다.

본국의 감시가 미치지 않는 자유의 나라에 발을 들여놓은 탓일까. 그들은 중국 내에서는 감히 입에 올리지 못하던 중국 정부와 공산당 내부의 민감한 내용을 들려주었다. 취재를 거듭하면서 나는 하나의 사실을 깨닫게 되었다.

권력 투쟁이야말로 중국공산당을 영원히 지속시키는 원동력은 아닐까.

공산당의 역사를 돌이켜보면 1921년 결성한 이래 끊임없이 노선

대립과 투쟁이 되풀이되었다. 마오쩌둥이 권력 장악을 위해 꾸민 반우파투쟁*이나 문화혁명**, 마오의 후계자가 된 화궈펑華國鋒과 덩샤오핑의 정권 투쟁, 개혁개방 정책을 둘러싼 덩샤오핑과 보수파 고위 관료의 대립……

중국공산당의 역사는 그야말로 권력 쟁취를 위한 경쟁자들의 격돌로 점철되었다.

권력 투쟁은 당 상층부에 국한된 이야기가 아니다. 입당한 그 순간부터 당원들 간의 경쟁이 시작된다. 출세의 계단을 하나씩 오를 때마다 투쟁은 점점 더 치열해진다. 아무리 높은 지위에 올라도 끝없이 싸우고 이겨야만 하는 것이 그들의 숙명이다.

그 숙명은 셀 수 없이 많은 패배자들이 매일같이 세상 밖으로 던져진다는 사실을 의미한다. '패배'라는 두 글자와 늘 마주하고 살아가는 셈이다. 그 공포 속에서 필사적으로 위를 향해 오르려는 그들의 투쟁, 바로 그런 투쟁의 힘이 중국을 미래로 나아가게 만드는 것은 아닐까?

이런 시각에서 바라보니 시진핑에 대한 평가도 달라졌다. 과거 유례가 없는 격렬한 투쟁 끝에 권력을 쟁취한 그이기에, 공산당의 최

---

* 1957년부터 1959년까지 전개된 중국 내 정치 운동으로, 반우파운동이라 불리기도 한다. 마오쩌둥이 중국 내 우파를 제거한다는 명목으로 전개했지만 우파와 관련 없는 사람도 탄압을 받았다.

**공식 명칭은 무산계급문화대혁명, 약칭은 문혁이다. 1966년부터 1976년까지 약 10년간 지속되었다. 정치·사회·문화 전반에 걸친 개혁 운동을 표방했지만, 사실은 민중을 선동해 마오쩌둥 자신의 입지를 다지려 한 권력 투쟁의 산물이었다는 평가가 지배적이다.

대 정통성을 지니면서 역대 그 어느 지도자보다 훨씬 더 빨리 권력 기반을 견고히 할 수 있었다.

미국의 중국 연구자나 정부 관계자의 시진핑에 대한 평가도 상당히 높다. 지나치다 싶을 정도다.

시진핑, 그는 어떻게 해서 13억 인민의 정점에 우뚝 설 수 있었을까. 세계 2위의 대국을 어떻게 이끌고자 하는 걸까. 그리고 세계와는 어떻게 관계를 맺고자 하는 것일까? 이러한 의문에 대해 지금부터 나의 눈과 귀, 그리고 발로 뛴 현장에서 실제로 얻은 '사실'을 바탕으로 답을 제시하고자 한다.

1장

얼나이촌, 첩들의 마을

필자 촬영 · 중국인 전문 산후조리원 '월자중심'에 머물고 있는 중국인 임산부들.

중국인 전문 산후조리원

"둘째가 태어났어요."

어느 날 중국인 지인이 인스턴트 메신저 웨이신을 통해 알려왔다. 갓 태어난 여자아이의 사진도 함께였다.

이 여성은 중국의 현역 군인이며 남편도 군에 소속되어 있다. 특파원으로 베이징에서 활동하던 무렵, 부부를 알게 되었다.

축하한다는 답장을 쓰면서 문득 궁금해졌다.

'불법은 아닌가?'

부부에게는 이미 아들이 한 명 있어서 둘째 아이의 출산은 '한 자녀 정책'으로 금지되어 있기 때문이다. 중국 정부는 인구 증가를 억제하기 위해 1979년부터 한 자녀 정책을 실시했다. 하지만 저출산 고령화가 급속도로 진행되어 최근에 와서는 조금씩 완화되고 있는 추세다.* 그러나 군인과 공무원만은 예외다. 특히 군인에게는 법규를 더욱 엄격히 적용하기 때문에 위법 시에는 거액의 벌금뿐 아니라 당적을 박탈하거나 강등 처분을 할 수도 있다.

걱정이 되어 물어보자 뜻밖의 답이 돌아왔다.

"괜찮아요. 미국에 가서 낳았으니까 우리 애는 중국인이 아니라 미국인인걸요."

미국 법에 따르면 현지에서 태어난 아이는 부모의 국적이나 체류 자격에 관계없이 미국 국적을 인정한다. 주에 따라 다르지만 초등학교부터 고등학교까지 10년에서 12년간의 의무교육도 받을 수 있다. 부모의 국적이 아니라 아이가 태어난 곳을 기준으로 하는 출생지주의를 택하고 있기 때문이다.

중국 관광 비자를 취득하면 중국에서 살 수도 있다. 2년에 한 번씩 비자 갱신을 위해 미국에 다녀오기만 하면 미국 국적을 유지한 채 중국에서 살아갈 수 있는 것이다. 만 18세가 되면 미국 국적이나 부모의 국적 중 하나로 자유롭게 선택할 수 있다. 그리고 만 21세가 되면 가족과 친척을 미국으로 초청해서 이민 신청도 할 수 있다.

중국 국적의 첫째 아이가 있어도 둘째가 미국 국적이라면 한 자녀 정책에는 저촉되지 않는 셈이다. 그야말로 법망을 교묘히 피한 출산이다. 위험은 없는 걸까?

---

* 한 자녀 정책의 정식 명칭은 계획생육정책이다. 근래 저출산 고령화로 경제 인구의 감소가 예상되자 이에 대한 대비책으로 일부분 완화되었다가 2015년 10월에 폐지되었다.

"사실 부대의 다른 동료들도 몰래 하고 있어요. 제대한 뒤에 집안 전체가 미국으로 이민 간 사람도 있는걸요. 우리도 여차하면 이민 갈 수 있도록 둘째 아이는 미국 국적을 얻게 한 거예요."

놀랐다.

조국을 지켜야 할 군인이 위기에 대비해서 가족 전체의 해외 탈출을 준비하다니. 게다가 자국의 최대 경쟁국이자 '가상 적국'인 미국까지 일부러 건너가서 아이를 낳는 것이다.

그렇다면 어떻게 미국에서 출산할 수 있는 것일까? 그녀의 이야기를 들어보았다.

"먼저 미국에서 6개월간 체재할 수 있는 관광 비자를 신청했어요. 출산 예정일보다 3개월 쯤 전에 미국에 건너갔고요. 안정기에 들어섰기 때문에 장거리 비행도 문제없었죠. 최근 출산 목적으로 입국하는 중국인 임신부가 늘어서 입국 심사가 엄격해졌어요. 산달이 다 된 임신부는 입국을 거부당하는 경우도 꽤 있는 것 같아요. 나는 다행히 배가 그렇게 부르지 않아서 들키지 않았지만요. 이런 출입국이나 미국 생활에 필요한 여러 가지 번거로운 수속은 모두 월자중심月子中心에 맡기면 알아서 해줘요."

월자중심? 이 낯선 명칭에 대해 알아보았다.

중국 대륙에서는 출산 후 여성이 일정 기간 몸조리를 위해 쉬는 관습이 있다. 좌월자坐月子라고도 하는데 '한 달 동안 가만히 앉아 있다'는 의미다. 월자月子는 '출산 이후 한 달'이라는 뜻이다. 즉 출산

후 한 달 동안은 목욕이나 머리 감기, 차가운 바깥 바람을 쐬거나 운동하는 것은 좋지 않다고 여겨 산후 여성을 쉬도록 하고 다른 가족이 집안일을 하며 아이들을 돌본다.

핵가족화가 진행된 지금은 산후 조리를 해줄 가족이 없어 대신 전용 숙박 시설인 월자중심이 성행하고 있다. 해당 자격을 가진 직원들이 식사를 제공하고 신생아를 돌봐주는 이른바 산후조리원이다.

미국에서도 중국인이나 중국계 미국인이 2010년 무렵부터 중국인 대상의 시설을 만들기 시작했다. 전미산후조리서비스협회에 따르면 2013년 확인된 곳만 해도 약 500곳이고 시설을 이용한 중국인 임산부는 2만 명에 달한다.

특히 화교가 모여 사는 서해안의 로스앤젤레스나 샌프란시스코에 시설이 집중되어 있다. 확인되지 않은 인원까지 포함하면 실제로는 훨씬 더 많은 사람들이 이용했을 것이다. 결코 저렴하지 않은 비용임에도 이렇게 많은 중국인 임신부가 일부러 미국까지 건너와서 아이를 낳는다는 사실이 놀라울 뿐이다.

중국인들이 밀려오는 산후조리원을 직접 눈으로 확인하고 싶어졌다. 이 여성이 출산했다는 미국 로스앤젤레스의 월자중심으로 향했다.

산후조리원 퇴치 운동

로스앤젤레스 시내 중심부에서 동쪽으로 약 40분 정도 고속도로

를 달리자 고층 빌딩에 가로
막혔던 시야가 단숨에 뚫리고
지평선이 부풀어 오른 듯 나지
막한 언덕으로 둘러싸인 일대
가 나타났다. 흰색, 크림색, 핑
크색의 컬러풀한 지붕들이 아
름답게 언덕 정상까지 죽 늘어
서 있다.

필자 촬영

목적지인 롤런드하이츠 입
구에서 차를 세웠다. 도로 옆
의 가게 간판을 보고 놀라지
않을 수 없었다.

롤런드하이츠 중심가에는 중국어 간판이 줄지
어 있다.

차오스超市, 슈퍼마켓, 찌아요우잔加油站, 주유소, 쓰촨찬팅四川餐厅, 사천식
당……. 여기저기서 중국어가 보였다.

차창을 내리자 고춧가루와 향신료를 섞은 듯한 독특한 냄새가 코
를 찔렀다. 중국 길거리에서 흔히 맡을 수 있는 냄새다. 거리를 오가
는 사람들도 주로 아시아계로, 백인이나 흑인은 손에 꼽을 정도였다.

롤런드하이츠는 원래 양돈업이 번성하던 시골 동네였다. 1990년
대에 들어서 타이완과 한국의 이민자들이 로스앤젤레스 중심부에
서 옮겨와 살기 시작했다. 이후 아시아계 슈퍼마켓이나 중국식 요릿
집이 들어서자 중국계 인구가 급증했다. 현재는 전체 인구 약 5만

명 중 30%를 차지할 정도라고 한다.

시가지에서 조금 안쪽으로 들어가니 한적한 주택가가 시작되었다. 자동차의 내비게이션이 목적지 근처라고 알려줬다.

적신호라 횡단보도 앞에서 대기하고 있는데 십수 명의 여성들이 한꺼번에 가로질러 지나갔다. 쇼핑 봉투를 든 양손으로 큰 배를 껴안고 천천히 걸으며 중국어로 담소를 나누고 있었다.

'월자중심의 임신부다!'

서둘러 차를 갓길에 세우고 뒤를 쫓았다. 하지만 그녀들은 한 건물 부지 입구의 철문을 열고 안으로 들어가 버렸다.

부지 주변은 2미터가 넘는 벽으로 둘러싸여 있었다. 안쪽에는 저 멀리 남쪽 나라를 연상시키는 짙은 초록의 수목이 무성했다. 밝은 크림색의 2층짜리 건물 10여 채가 나란히 세워져 있고 수영장도 보였다.

지인인 중국인 여성이 알려준 월자중심의 번호로 전화를 걸자 중국어로 답이 돌아왔다. 베이징 사투리의 중년 여성 목소리였다.

내가 신분을 밝히고 취재 요청을 하자 "요즘 이곳 당국의 단속이 심해서 취재는 모두 거절합니다." 하고 전화를 끊었다. 언론에 대한 신경질적인 태도가 느껴졌다.

어느 정도 예상은 했다. 최근 급증하는 월자중심을 두고 현지 주민들의 반발이 거세지고 있기 때문이다.

미국은 원래 산후조리원이 없기 때문에 이를 감시하는 법령이 미처 정비되어 있지 않다. 따라서 산후조리원이 아무런 규제도 받지 않고 주택가 한가운데 우후죽순 들어선 것이다.

'갓난아이 울음소리가 시끄럽다', '쓰레기 처리가 지저분하다'며 각지에서 지역 주민의 민원이 잇달았다. 단순한 민원에 그치지 않고 집단적인 항의 운동으로 발전되어 어쩔 수 없이 폐쇄된 월자중심도 있다.

예를 들어 로스앤젤레스 동부의 치노힐스에서는 2012년 말, 100여 명에 가까운 시민이 '불법 사업체는 나가라', '출산 목적의 관광은 사절한다'며 월자중심의 퇴거를 요구하는 시위를 벌였다. 결국 지역 당국은 해당 월자중심의 폐쇄 명령을 내렸다.

분쟁이 이어지자 로스앤젤레스 시 정부는 일제 단속에 나섰다. 일반 민가의 숙박 행위를 불법 사업으로 보고 85건을 적발했다. 그 중 24건에 대해서는 건물의 불법 개조나 위생법 위반을 이유로 영업 정지와 폐쇄 처분을 내렸다.

어떻게 해서든 월자중심의 내부를 보고 싶어 같은 번호로 재차 전화를 했지만 또다시 거절당했다. 철문은 자동 잠금장치인데다 덩치 큰 근육질의 백인 수위가 눈을 번뜩이며 지키고 있어서 접근조차 불가능했다.

2만 제곱미터는 족히 넘을 만한 부지 주변만 어쩔 수 없이 계속 어슬렁거렸다. 벽 너머로 즐겁게 담소를 나누는 중국어가 들려왔다. 어찌할 바 몰라 헤매는데 어디선가 풍기는 참기름 볶는 냄새가 식욕을 자극했다. 그리고 갑자기 강렬한 악취가 코를 찔렀다.

'취두부다.'

취두부는 두부에 각종 균을 더해 발효시킨 중국요리다. 독특한 암모니아 향이 견디기 힘들지만 일단 입에 넣으면 블루치즈처럼 농후한 맛이 퍼진다.

그 냄새에 이끌려 간 곳은 타이완 요릿집이었다. 그리고 그곳에서 뜻하지 않은 대화를 듣게 되었다.

기와로 둘러싸인 얼나이촌

"주말에 베벌리힐스 구찌 매장에서 세일한다는데 같이 갈래?"

"미안. 라오공老公이 베이징에서 오기로 해서 못 나가."

"그래? 우리 집은 벌써 1년 넘게 안 오는데."

"좋겠다. 자유로워서. 얼마나 좋아?"

가게 구석에 있는 테이블을 둘러싸고 다섯 명의 여성이 중국 남쪽 사투리로 이야기하고 있었다. '라오공'이란 본래 중국어로 고령의 남자를 의미하지만 최근에는 남편이나 애인을 부를 때 쓴다. 처음에는 중국에 떨어져 있는 남편이나 애인 이야기겠거니 생각했다.

다섯 명 모두 20대로 보였고 하얀 피부에 얼굴 생김도 단아했다. 몸에 걸치고 있는 옷은 모두 고급 브랜드 제품으로 옆자리에는 하나같이 명품 핸드백이 놓여 있었다.

빠른 말투로 수다를 떨면서 고기 꼬치와 소고기 라면을 맛있게 먹어 치웠다. 간장에 조린 닭발과 족발을 요령 있게 뜯어 먹는 모습은 베이징 번화가의 포장마차에서 본 광경과 흡사했다.

식사를 마치자 그녀들은 서로 포옹하면서 인사를 하고 각자 주차장에 세워둔 차에 올라탔다. 벤츠와 BMW가 각각 2대, 나머지 한 대는 9만 달러를 호가하는 포르쉐였다.

다들 클랙슨을 인사처럼 한 번씩 울리고는 맹렬한 스피드로 사라졌다.

아직 젊은 여성들인데 어떻게 다들 저런 고급차를 타고 다닐까. 가게로 돌아와 점원에게 물었다.

"아, 다 얼나이=奶촌 여자들이에요. 글쎄요, 일주일에 두세 번은 오나 봐요. 밥 먹으면서 쇼핑이나 마사지 얘기하는 걸 자주 들어요."

'얼나이'는 중국어로 정부 또는 첩을 뜻한다. 그 말을 듣고 새삼 식당을 둘러보니 20대에서 30대 전반의 중국인 여성들이 많았다. 점원은 계속 설명해주었다.

"다들 자기 얘기는 하고 싶어 하지 않지만 상대방 남자는 공산당이나 정부의 높은 사람들이거나 부자 사장인 것 같아요. 평소에는 중국에 있고 1년에 한두 번 만나러 오나 봐요. 그런데도 하나같이 이 근처의 백만 달러도 넘는 별장에 살고 있어요."

곧장 장소를 알려달라고 해서 그 '얼나이촌'으로 향했다.

시가지에서 가로수가 펼쳐진 도로를 20분 정도 달리자 주변보다 높은 고지대가 나왔다. 주변을 온통 뒤덮은 삼림 사이로 거리를 조망할 수 있었다. 지나가는 아시아계 남성에게 길을 묻자 그도 얼나이촌을 알고 있었다.

"당신도 중국에서 집 사러 온 거요? 요즘 그런 사람이 많거든." 하고 쓴웃음을 지으며 길을 알려주었다.

덕분에 쉽게 찾은 얼나이촌은 입구부터 언덕 정상까지 하얀 벽의 호화 저택들이 늘어서 있었다. 부지 전체는 벽돌로 지은 벽으로 둘러싸였고 입구는 철문으로 굳게 닫혀 있었다. 정문에서는 수위가 출입하는 자동차를 엄격하게 체크하고 있었다.

월자중심과 마찬가지로 얼나이촌은 외부와 완벽히 차단되어 일반인은 출입할 수 없다. 이 베일에 휩싸인 장소에 중국 관료들은 얼나이나 몰래 낳은 아이를 숨기는 것이다.

어쨌든 안에 들어갈 수 없다니 난감했다. 가능한 한 주변에서 정보를 얻기로 했다. 원시적이지만 현장 주변의 탐문 조사는 가장 유효한 수단이다. 남의 나라지만 지나가는 사람에게 닥치는 대로 묻다 보면 실마리를 얻어 특종으로 이어지는 일이 적지 않기 때문이다.

우선 근처에 있는 대형 부동산 회사의 문을 두드렸다.

500만 달러를 현금 일시불로

'침실 4개 130만 달러, 침실 6개 150만 달러……'

33제곱미터가 족히 넘는 회사 로비의 벽에는 고급스런 사진 액자들이 환한 조명 아래 걸려 있었다.

안내하는 여성에게 '중국인의 부동산 구입에 대해 알고 싶다'고 하자 로즈마리라는 이름의 50대 여성이 나왔다. 나의 신분을 밝히자 "일본이나 중국에서 온 아시아 고객은 대환영입니다." 하고 상냥하게 답하고는 곧장 설명을 시작했다.

"10년이나 20년 전까지만 해도 일본인이 많았지만 지금은 90% 이상이 중국 대륙에서 온 부지들이에요. 구입 방법도 아주 호방하답니다. 비싼 물건은 500만 달러를 넘고 평균이라 해도 150만 달러 아래인 경우는 드물어요. 그런 거액을 대부분 현금으로, 그것도 일시불로 주시니 저희로서는 정말 고마운 VIP 고객이지요."

중국의 부동산 거품이 태평양을 건너 미국 서해안까지 밀려온 듯이 보였다.

중국판 〈포브스〉인 〈후룬바이푸〉의 조사에 따르면 2013년에 해외로 이주했거나 이민을 신청한 중국 부유층은 64%에 달했다. 그들과 함께 해외로 유출된 자산은 4500억 달러로 추산되고 있다. 거의 일본의 한 해 세수를 넘는 규모다.

미국의 컨설팅 회사도 마찬가지 추정을 하고 있다. 베인앤컴퍼니 등이 2013년에 발표한 '중국 개인 자산 보고'에 따르면 중국 부유층의 약 60%가 이미 이민 수속을 끝냈거나 가까운 미래에 예정하고 있다고 한다. 여기에 '이민을 검토 중', '자녀가 이민 가 있다'라는 답변을 합하면 약 80%에 달한다. 이 수치가 앞으로 세 배는 더 늘어날 것으로 예측하는 통계도 있다.

그렇다면 이 정도로 고가인 부동산을 어떤 중국인이 사는 걸까? 로즈마리에게 물었다.

"대부분은 중국계 중개업자를 통해서 구입하시기 때문에 매수자의 신원에 대해서는 저희도 알 수 없습니다. 뭐, 다들 외부에 공개하기 힘든 신분들이지 않겠어요?"

대신 중국인 고객의 중개를 맡고 있는 현지 부동산업자를 소개해주었다. 그녀가 그려준 지도에 의지해서 차를 달리자 롤런드하이츠의 중심부에 도착했다.

'단기간에 미국 국적 입수, 미국 영주권 취득 시험용 영어 훈련……'

일대에 난립한 상가에는 대부분 중국어 간판이 걸려 있었다. 법률사무소나 부동산, 여행사가 특히 많은 것을 깨달았다. 모두들 이민오는 중국인을 대상으로 하는 장사다.

뤄관의 정체

목적지 주변에 도착했지만 낡은 잡거빌딩뿐이었다. 그중에서 손으로 쓴 중국어 간판을 내건 마사지 가게를 들여다보았다. 가게 안에서 중국어 신문을 읽고 있는 중년 여성에게 해당 부동산이 어딘지 묻자 바로 옆을 가리켰다. 볼품없는 간판이라 미처 알아차리지 못했지만 분명히 그곳이었다.

먼지가 뿌연 유리문을 힘껏 열고 들어가자 불도 켜지 않은 점포

30

안에서 30대쯤 되는 중국계 여성이 해바라기 씨를 먹고 있었다. 취재 목적을 전하자 귀찮은 듯이 가게 안쪽을 향해 소리를 질렀다. 잠시 뒤에 부동산 주인인 남성이 나왔다.

나이는 60세 정도, 언뜻 보기에는 무뚝뚝했지만 정중한 표준 중국어로 응대해주었다. 홍콩 출신으로 로스앤젤레스에 가게를 차린지 30년이 넘었다고 한다. 곧장 얼나이촌의 고객들에 대해 물었다.

"중국 대륙에서 온 손님이 대부분이지. 뤄관裸官이 제일 많을 거야. 아마 60%는 넘을걸? 얼나이에게 집 관리를 맡기기도 하고 가족을 다 데리고 온 사람도 있고, 가지가지야. 그래봐야 죄다 뇌물이나 횡령으로 번 검은 돈들로 산 게지."

남성은 쓴웃음을 지으면서 말했다.

'뤄관'이란 뇌물 수수 등 부정부패를 일삼고 가족과 재산을 해외로 빼돌린 당과 정부, 국유 기업의 간부를 가리킨다. 중국에는 간부만 홀로 남아 여차하면 해외로 도망갈 수 있는 상태를 빗대어 '벌거벗은裸 관리官'라고 부르는 것이다.

당의 부정부패와 비리를 감독하는 사정기관인 중앙기율검사위원회 관계자가 뤄관의 전형적인 수법을 알려주었다.

1. 자녀를 외국으로 유학 보낸다. 자녀가 없거나 다 자란 경우에는 얼나이에게 해당 국가의 영주권을 받게 해서 이민시키기도 한다.

2. 부인이 뒤따라 출국한다.
3. 지하은행을 이용해서 눈에 띄지 않게 해외로 재산을 옮긴다.
4. 간부 본인의 신변에 위험이 닥치면 가족이나 얼나이가 기다리
   는 외국으로 도피한다.

뤄관의 실태는 정확히 파악하기 어렵다. 조금 오래되었지만 정부 계열의 연구소인 중국사회과학원의 조사에 의하면 지난 2008년까지 10년 동안 해외로 도망간 정부와 국유 기업의 간부는 1만 6000명에서 1만 8000명에 달하며, 빼돌린 자산만 8000억 위안으로 추정되고 있다.

중국 당국은 고위 공무원의 여권을 맡아 두거나 해외 자산을 보고하도록 의무화해서 해외 도피를 방지하고자 애쓰고 있으며, 2007년부터 2012년까지 도피를 꾀하던 6220명의 뤄관을 검거했다. 하지만 위조 여권에 의한 출국이나 지하은행을 활용한 해외 송금은 계속 이루어지고 있어, 잡으려는 정부와 도망치는 뤄관의 술래잡기가 여전히 이어지고 있다.

부동산 사장은 말을 이었다.

"특히 2013년 들어서니까 갑자기 늘었어. 시진핑 정부가 반부패 투쟁 운동을 시작했기 때문이야. 하기야 요즘 세상에 청렴결백한 공무원이 어디 있겠어? 다들 속으로 '내일은 내 차례가 아닐까' 벌벌 떨고 있는 게지."

긴장감 넘치는 입국 심사

'월자중심'도 '얼나이촌'도 외부 세계와는 교류를 끊은 듯 높은 벽이 부지를 둘러싸고 있다. 입구에서는 수위가 24시간 감시하고 있어서 관계자 외에는 출입이 금지된다. 중국 내의 군부대 시설을 연상시킬 정도로 엄중한 경계 태세다.

하지만 비밀스런 베일일수록 들춰보고 싶은 것이 기자의 심리다.

부동산을 나와서 특별히 목적지도 없이 월자중심의 주변을 돌아다니는데 한 중국인 부부가 말을 걸어왔다.

"실례합니다. 이 근처에 있는 월자중심을 아십니까?"

베이징에서 왔다는 20대 부부다. 임신 중인 아내가 여기서 출산할 생각이어서 살펴보러 왔다고 한다.

'이 부부와 함께라면 안으로 들어갈 수 있다.'

하늘이 주신 기회에 가슴이 뛰었다. 부부에게 월자중심까지 안내하는 김에 그 안까지 동행해도 될지 정중하게 부탁했다. 신원을 밝히고 사정을 설명하자 두 사람은 흔쾌히 허락해주었다.

부부가 월자중심의 관리자에게 전화하자 굳게 닫혔던 철문이 마침내 열렸다. 조금 전까지만 해도 이쪽을 험악하게 노려보던 수위도 웃는 얼굴로 맞아주었다.

가로수를 통과하자 수영장을 둘러싸고 2층짜리 건물들이 나란히 세워져 있었다. 각 객실마다 나무 데크와 베란다가 설치되어 있고, 비치파라솔이 즐비한 수영장에는 부모와 아이가 물놀이를 하고 있였다. 흡사 리조트 호텔 같은 풍경이었다.

단 한 가지 부자연스러운 점은 오가는 사람 대부분이 배가 크게 부풀어 오른 여성이고 게다가 모두 아시아계뿐이었다. 들리는 말도 모두 중국어. 여기가 미국이라는 사실을 잊을 정도였다. 마치 중국 리조트에 있는 듯한 착각이 들었다.

윈디라고 자신을 소개한 중국인 여성 매니저가 부지 안을 안내해주었다. 베이징 출신의 40대로 월자중심 전체를 관리하고 있다고 했다. 처음에는 의심스러운 듯 나를 빤히 바라보았지만 젊은 부부가 적당히 둘러대준 덕분에 정체를 들키지 않았다.

매니저 윈디가 월자중심의 시설을 설명하기 시작했다.

"객실은 전부 208실 있습니다. 두 분이서 한 방을 쓰는데 이용자 대부분은 중국 대륙에서 온 여성들입니다. 출산하실 때까지 3개월 정도 체재하시는 경우가 대부분이에요. 매달 이용료는 4800달러인데 세 끼 식사와 쇼핑센터까지 매일 오고가는 비용도 포함하니 저렴한 편이지요. 출산 비용과 항공 비용까지 포함하면 총 5만 달러 정도 될 거예요. 개인 운전기사와 요리사, 비서를 이용할 수 있는 VIP 코스도 마련되어 있어요. 그 경우는 40만 달러 정도 합니다."

중국 도심부에서도 1만 달러 전후인 중국인의 평균 연봉을 생각하면 결코 싸다고 할 수 없는 금액이다. 그런데도 몇 달 뒤까지 예약이 꽉 차 있을 정도로 찾는 고객이 많다고 했다.

처음에는 임산부들이 이용하는 식당으로 안내했다. 20제곱미터 정도 되는 실내에는 테이블과 의자가 놓여 있었다. 마치 병원 식당 같은 구조였다.

안쪽에 있는 부엌에서는 돼지고기를 삶는지 기름진 냄새와 고추를 볶는 자극적인 냄새가 풍겨왔다. 그곳에서 작은 체구의 중국인 남성이 혼자 요리를 하고 있었다. 왼손으로 무쇠 웍을 크게 휘두를 때마다 채 썬 감자가 불꽃 위를 춤추듯 허공으로 떠올랐다.

묘기 같은 사내의 솜씨에 홀려 한참을 바라보자 원디는 "저희 남편은 요리를 참 잘한답니다." 하고 자랑스럽게 말했다.

"제가 이곳 시설과 임산부들을 관리하고 남편은 요리를 담당하지요. 운전기사와 가정부를 고용한 것 외에는 우리 부부 둘이서 모두 운영하고 있는 셈이에요."

전체 시설이 만실이라면 이용료만 해도 월 매출이 약 170만 달러 가까이 된다.

이어서 객실로 안내했다. 20제곱미터 정도의 거실에는 텔레비전과 탁자, 소파가 있었고 샤워실과 화장실도 있었다. 안쪽에는 침실이 두 개 있어서 두 임산부가 각각 방을 쓰는 구조였다. 침실에는 1인용 침대 하나만 덩그러니 놓여 있었다. 깔끔하기는 했지만 호화스러운 외관에 비하면 소박한 인상이었다.

이 방에 머물러 있는 20대 후반의 여성은 상하이에서 온 사람이었다. 그녀는 짧은 커트머리에 자그마한 체구였지만 검은 임부복이 찢어질 듯이 배가 부풀어 올랐다.

"입국 심사할 때 혹시나 들킬까봐 정말 긴장했어요. 임신 5개월째였는데 배가 많이 나온 편이었거든요. 출산하고 산후조리하는 기간까지 합해서 6개월 정도 여기 머무를 예정이에요. 비용은 대충 10만 달러 정도 예상하고 있어요. 그래도 중국의 고급 병원에서 출산하는 것보다는 적게 들어요. 게다가 공기도 기후도 상하이와는 비교도 안 될 정도로 좋고 음식도 맛있어요. 단점은 나도 모르게 쇼핑을 너무 해서 돈을 많이 쓴다는 점이에요. 여기서 아이를 낳으면 정말 좋으실 거예요. 추천할게요."

여성은 이곳 생활이 만족스럽다며 부부에게 끊임없이 이곳에서 출산할 것을 권했다. 하긴 중국의 대기 오염이나 식품의 위생 상태를 고려하면 출산 환경이 훨씬 양호하다고 할 수 있다.

수다스럽게 떠들던 그녀는 내가 남편 이야기로 화제를 돌리자 갑자기 표정이 어두워지면서 말수가 줄었다.

"사실 여기 온 건 남편이 권해서예요. 아이가 미국 국적을 가져야 대학 입시나 취업에 유리하다고 해서요. 하지만 그이는 일이 바빠서 중국을 떠날 수가 없어요. 아기를 낳을 때도 아마 못 와줄 것 같아서 불안해요."

묻지 말아야 할 이야기를 꺼낸 듯했다. 잠시 어색한 분위기가 흘렀다. 중국어로 부인이 남편을 부를 때는 '장푸丈夫'나 '라오공'이라는 말을 쓴다. 하지만 그녀는 '그'를 의미하는 '타他'를 사용했다.

방을 나오면서 윈디가 우리에게 속삭였다.

36

"그녀는 사실 정식 부인이 아니에요. 남편이라는 사람은 꽤 나이 차가 나는 지방 정부의 관료인 것 같은데, 자세히는 얘기하지 않네요. 뭐, 대놓고 말하지는 못하지만 그녀뿐 아니라 정부나 국유 기업 높은 분들의 얼나이가 이곳에도 여럿 있어요."

확실히 부지 안에서 마주친 여성들은 대부분 20대에서 30대 초반으로 하나같이 용모가 뛰어났다.

"정식 부인이면 둘째를 낳을 목적으로 이곳을 많이 찾아요. 얼나이라면 잘은 모르지만 그 '남편'이 재산을 빼돌리거나 미국으로 탈출하려고 몰래 여자를 여기 숨겨둔 경우가 많은 것 같아요."

미국에서 아이를 낳게 해서 미국 국적을 취득시킨 뒤 재산을 옮기고 마지막에는 자신도 이민하는 뤄관의 전형적 수법이다.

이야기를 나누는 동안 숨겨둔 애인들이 모여 사는 고급 주택가, 통칭 '얼나이촌'에도 잠입해보고 싶어졌다. 젊은 부부와 함께 견학해볼 수 없을까? 이왕 신세진 김에 한 번 더 부탁했더니 호기심이 생긴 듯 흔쾌히 허락해주었다.

곧장 얼나이촌을 관리하는 부동산 회사에 전화를 해서 견학 시간을 정했다. 의심받지 않도록 타고 간 소형차를 렌터카 회사에 반납하고 미국제 고급 오픈카로 바꾸어 탔다.

운전기사로 변장한 나는 젊은 부부를 뒷좌석에 태우고 다시 얼나이촌을 향해 액셀을 밟았다.

언제 만날지 모르는 남편을 하염없이 기다린다

월자중심에서 20분 정도 차를 달리자 다시 언덕을 뒤덮듯 세워진 호화 저택들이 나타났다. 주변 거리 어디서나 볼 수 있는 언덕 정상에 위치해서 멀리서 보아도 한눈에 알 수 있을 정도로 호화로운 저택들이었다. 마치 유명 배우나 부호들의 저택이 모인 할리우드 거리를 연상시켰다.

정문 현관에 도착하자 수위실에서 멕시코계인 듯한 남성이 나왔다. 견학 약속을 했다고 하자 "죄송합니다. 부동산 회사의 담당자가 급한 일이 생겨서 올 수 없다고 합니다. 편하신 대로 돌아보셔도 됩니다."라고 말하며 수동으로 게이트를 열어주었다. 부지 안을 촬영하거나 주민들을 인터뷰하기에는 오히려 좋은 기회였다. 뛰는 가슴을 억누르면서 수위에게 고맙다는 인사를 하고 천천히 게이트를 통과했다. 꼭대기가 보이지 않을 정도로 급한 오르막에서 액셀을 밟으니 엔진 회전수가 6000회까지 올랐다.

건너편 차선에서는 고급 자동차가 맹렬한 스피드로 지나갔다. 페라리, 벤츠, BMW 외에 본 적도 없는 브랜드의 로고를 붙인 스포츠카도 달리고 있었다. 게다가 대부분이 젊은 아시아계의 여성이 혼자서 운전하고 있었다. 백인이나 가족을 동반한 경우는 거의 볼 수 없다. 분명히 기이한 광경이다.

4차선 번화가는 언덕 정상까지 뻗어 있었다. 길이 갈라져 구릉을 기어오르듯 도로가 이어졌고 길 양옆으로는 옅은 크림색 외벽에 빨간 벽돌 지붕을 한 2층짜리 주택이 100여 동 늘어서 있었다. 언덕을 오를수록 주택의 부지들이 점점 넓어졌다.

롤런드하이츠 시를 한눈에 내려다볼 수 있는 정상의 저택에서는 30대 정도의 아시아계 여성이 수영장에 호스로 물을 넣는 모습이 보였다.

길가에 차를 세운 뒤 부지 안을 걸었다. 길 양옆으로 짙은 초록의 잎사귀 끝이 가지런히 손질된 야자수가 일정한 간격으로 서 있었다. 집집마다 고급차가 주차되어 있고 베란다나 정원은 빨간색과 핑크색 꽃들과 동물 모형들로 장식되어 있었다.

길을 따라 걷다 보니 정원 손질이나 장식이 전혀 없는 집이 몇 채 눈에 띄었다. 커튼도 닫힌 채 인기척을 느낄 수 없었다.

부지 안을 한 바퀴 돌아보니 그런 집이 열 채가 넘었다. 빈집인 걸까? 그중 한 집 주변을 살피다가 바로 옆집에서 정원에 물을 주는 여성에게 물었다.

"저 집은 중국 대륙에서 온 얼나이가 살고 있어요. 거의 밖에 나오는 일이 없지만 주말에는 쇼핑하러 나가는 모양이에요. 가정부와 단 둘이 사나봐. 남편이 오는 건 1년에 한두 번 정도나 될까? 난 그 여자와 마주쳐도 인사 안 해요. 왠지 기분이 나쁘거든요."

타이완 출신의 이 40대 여성은 1997년에 이곳으로 이주해 왔다고 한다.

"이 동네에 저 집처럼 혼자 사는 얼나이들이 꽤 있어요. 내가 아는 것만 해도 열 집이 넘으니까. 처음 이곳에 왔을 때랑 비교하면 집 값은 두 배 이상 뛰었지요. 약 10년 전부터 중국 대륙에서 건너오는 이민이 늘어났거든요. 그래도 다들 우리 동네를 중국의 세컨드 촌이라며 무시하니까 정말 싫어요."

여성의 표정이 흐려졌다. 부동산 가격이 오른다는데 싫어할 주민은 없다. 하지만 이웃과 교류도 없고 어디서 왔는지, 무얼 하는 사람인지도 도통 알 수 없는 그녀들과 동네 주민 사이의 골은 깊은 듯했다.

이웃과도 말 한마디조차 하지 않는 '얼나이'들은 어떤 생각으로 살아가고 있을까? 그녀들의 육성을 듣기 위해 함께 온 중국인 부부와는 여기서 헤어졌다.

한참을 집 앞에서 여성이 외출하기를 기다렸다.

2시간 정도 지났을까? 순백의 차고 문이 천천히 올라가고 검은색 벤츠 왜건이 나타났다. 운전석에는 하얀 피부에 검고 긴 생머리를 늘어뜨린 여성이 앉아 있었다. 20대 후반 정도나 될까? 나는 차를 가로막듯이 뛰어나와 말을 걸었다.

여성은 흘깃 이쪽을 보더니 거부하듯 손을 옆으로 흔들고는 맹렬한 스피드로 사라졌다. 나도 주차해둔 차에 올라타 급히 뒤를 쫓았다. 달리는 차들 사이를 미끄러지듯 그녀의 벤츠는 차선을 이리저리 오갔다. 액션 영화 급의 추격전이었다.

마침내 '얼나이촌' 잠입에 성공했다.

오르막이 가까워지자 여성은 단번에 액셀을 밟았다. 결정적으로 자동차 마력에서 차이가 났다. 여성의 차는 점점 멀어졌고 언덕을 다 올랐을 때는 이미 보이지 않았다.

그 뒤로도 같은 방법으로 몇 번이나 부지 안에 사는 중국인 여성을 만나 말을 걸었다. 하지만 모두들 완강히 취재를 거부했다. 무엇인가가 두려운 듯, 얼굴을 감추고 도망치는 경우가 대부분이었다.

지나칠 정도로 경계하는 모습을 보니 누군가의 숨겨진 애인이라는 비도덕적 입장만이 아니라 자금 세탁과 같은 부정 행위에 직접 관여하는 죄의식 같은 것이 느껴졌다.

결국 직접 취재는 포기하고 부지 안을 다시 돌아다녔다. 옆 블록에서 인테리어 공사를 하고 있는 타이완 출신의 건축업자에게 물었다.

"이 집은 베이징에서 온 관료가 150만 달러에 샀어요. 수영장이 딸린 넓은 집은 200만 달러 이상 나가요. 이 일대의 내장 공사는 대부분 내가 맡는데 고객의 70% 이상이 중국 대륙에서 온 사람들이에요. 그 사람들은 고급 부동산을 계속 사들이고 있어요. 이 동네에 중국인 얼나이가 혼자 사는 집이 내가 아는 것만 해도 열 집 정도 있지 않나 싶어요."

전체 주택 중 약 10% 정도에 중국인 관료와 부호들이 숨겨놓은 정부가 살고 있다는 계산이다.

이 남성에게 부탁해서 집안을 한 번 둘러보기로 했다. 현관으로 들어가자 족히 33제곱미터는 됨직한 넓은 거실이 펼쳐졌다. 안쪽으로는 대리석 깔린 욕실이 있고, 호화로운 나선 계단을 오르자 침실 네 개가 나왔다. 러닝머신과 바벨을 갖춘 트레이닝 룸까지 완비되어 있었다. 남성은 말을 이었다.

"여자 혼자 살기는 너무 넓지요. 얼나이들은 대부분 영어를 못하니까 외출해도 쇼핑이나 할 뿐 지루한 생활이에요. 언제 만날지도 모르는 남편을 그저 기다려야 하니까. 어떻게 보면 불쌍한 여자들이지요."

베이징 특파원 시절에 얼나이를 둔 중국의 중견급 공무원이 한 이야기가 생각났다.

"다들 친구한테 소개를 받거나 고급 클럽에 다니는 여자들 중에서 얼나이를 만들어. 개인 비서라고 부르면서 회식할 때 데리고 나오는 일이 적지 않지. 학력보다는 젊음과 미모가 우선이야. 괜찮은 얼나이를 데리고 나오는 게 권력과 지위의 상징이기도 하니까."

확실히 얼나이촌에서 만난 중국인 여성은 20대가 중심이었고 대부분 모델같이 뛰어난 미모와 스타일을 겸비하고 있었다. 단 클럽 여성들은 농촌 출신이 많아서 영어나 학교와는 인연이 없는 삶을 살아온 경우가 많다. 호화로운 저택에서 경제적인 어려움 없이 산다고 하지만 반쯤은 자유를 빼앗긴 상태로 말도 안 통하는 머나먼 타국 땅에서 홀로 사는 것이 정말 행복할까?

얼나이촌을 뒤로 하고 그녀들이 자주 다닌다는 근처의 훠궈火鍋, 중국식 샤브샤브 식당을 찾았다.

고춧가루와 산초, 양고기 냄새가 가득한 가게 안은 중국어로 시끌벅적했다. 젊은 중국인 여성 그룹도 있었다. 베이징 출신 40대 여성 점원에게 이야기를 들었다.

"여기 오는 여자들 이야기를 듣고 있으면 나이 들어서 버림받는 얼나이들도 적지 않은 것 같아요. 중국에서 보내주는 생활비로는 모자라니까 몰래 매춘까지 하는 애도 있나 봐요. 하지만 자기 신세를 비참해하는 경우는 거의 없어요. 능력만 되면 영어와 사업 수단을 배워서 회사를 차리거나, 미국 남성을 만나 결혼해서 잘 사는 여

필자 촬영

식당 안에서는 떠들썩한 중국어가 들렸다.

자들도 있으니까요. 아무래도 중국의 가난한 벽촌에서 사는 것보다는 훨씬 행복하지 않겠어요?"

중국의 농촌 출신 여성이 해외로 나오기는 쉽지 않다. 그녀들에게 부호나 관료의 얼나이가 된다는 것은 미국에서 살 수 있는 여권 같은 것인지도 모른다. 씩씩하고 용감하게 홀로 이국땅에서 신데렐라 스토리를 즐기고 있는 '얼나이'들의 일면을 엿본 듯했다.

뤄관은 미국의 '인질'

얼나이촌이나 월자중심을 보고 있으면 로스앤젤레스가 이러다가 중국인에게 점령당하는 것은 아닐까 하는 생각까지 들었다. 일정 금액을 투자하면 영주권을 얻을 수 있는 투자이민 제도를 이용하는 사람들이 많다. 2013년에는 중국인이 그중 80%를 차지해서 약 8만 명이 미국 영주권을 취득했다.

이들을 받아들이는 미국 측의 심경은 복잡하다. 계속 늘어나는 중국인 얼나이나 임산부들과 현지 주민의 마찰이 점점 심각해지기 때문이다. 반면 해당 자치 단체 입장에서는 경제력 있는 그녀들이 호화 쇼핑을 즐길수록 지역 경제가 윤택해지고 땅값도 올라 고정 자산세 수입이 늘어난다. 본격적으로 단속하기 어려운 것도 그 때문이다.

중국 관련 정책에 참여한 적이 있는 전 국무성 담당자는 또 다른 측면을 지적했다.

"결국 그녀들을 통해 중국 정부와 공산당 간부의 돈이 흘러들어 오면 미국 경제 성장에 도움이 되는 것은 물론 간부들의 자산 상황과 가족 구성까지 파악하기 쉬워집니다. 중국 군부의 강경파들은 걸핏하면 '핵미사일 한 방이면 로스앤젤레스를 불바다로 만들 수 있다'고 호언장담하지만 미국이 이렇게 많은 자기들 친척과 재산을 껴안고 있는데 과연 그럴 수 있을까요?"

말하자면 뤄관들을 인질로 삼아 중국과의 관계를 유리하게 끌고 가려는 미국 측의 의중이 엿보였다.

그렇다고 중국 당국도 손을 놓고만 있는 건 아니다. 2014년 7월부터 상대국 국민이 자국 내의 금융 기관에 계좌를 만들 때는 그 정보를 서로 공유하기로 미국 정부와 합의했다. 이로써 중국 당국은 미국 내에 사는 중국인의 금융 정보를 얻을 수 있게 되었으니 뤄관에 대한 단속이 더 빠르게 진행될 가능성이 커졌다.

실제로 2015년 3월 3일, 롤런드하이츠의 월자중심에 대한 미 당국의 대규모 단속이 실시되었다. 당국은 앞으로 비자의 부정 취득과 자금 세탁에 대한 실태를 밝히겠다는 자세다.

하지만 태평양을 건너는 중국인의 파도는 멈출 기미가 보이지 않는다.

앞서 소개한 중국인 지인 여성의 남편은 복잡한 심경을 토로했다. 그는 지금 중국의 현역 군인 신분이다.

"군인은 입대했을 때부터 미국은 '가상 적국'이라고 철저하게 교육을 받기 때문에 미국에 대한 증오심은 여전히 있어. 하지만 끝도 없이 이어지는 관료들의 부정부패나 불평등한 교육 제도, 대기 오염에다 식품 안전까지 생각하면, 부모 마음에 사랑하는 내 아이만큼은 미국에서 키우고 싶은 것이 솔직한 심정이야. 아무리 단속을 해도 미국이라는 '낙원'을 향하는 대세는 막을 수 없겠지."

'호랑이도 쇠파리도 한꺼번에 때려 잡겠다反腐要堅持'老虎''蒼蠅'一起打.'

2012년 11월, 제18회 당대회에서 당 최고 지도자인 총서기에 취임한 시진핑은 이런 자극적인 슬로건을 내걸고 대대적인 반부패투쟁에 박차를 가했다. '라오후老虎' 즉 호랑이는 거물급 부패 인사를 가리키고, '창잉蒼蠅' 즉 쇠파리는 부정 축재를 일삼는 하급 관리를 뜻한다. 아무리 높은 신분의 관료라도 철저히 조사해서 엄중히 죄를 묻겠다는 강한 의지가 담겨 있다.

2013년 부정부패 등의 법률 위반으로 처벌당한 공산당원은 18만 2000명이 넘는다. 그 전해보다 10% 이상이 늘어난 수치다. 사상 유례가 없는 대규모에 고위층까지 처벌 대상에 포함되었다.

공안성 차관, 중국 농업은행 부지점장, 쓰촨 성 전 부성장……. 거의 매달 중앙의 차관급이나 지방의 부성장급 이상 간부들이 비리 혐의로 해임되었다.

바로 어제까지 권력과 돈을 마음대로 쥐고 주무르던 고관들이 하룻밤 사이에 범죄의 오명을 쓰고 엄중한 처벌을 받았다. 모시던 상사가 실각당하면 '연좌제'가 적용되어 고구마 줄기 딸려 나오듯 부하도 같은 신세가 된다. 그런 그들이 매달리는 안식의 땅이 아이러니하게도 안전보장과 경제 부문에서 최대 경쟁국인 미국인 것이다. 앞서 나온 군인 부부나 고급 부동산을 구입한 뤄관들에게 미국은 가장 믿을 수 있는 '보험'인 셈이다. 그들이 앞다퉈 미국 영주권과 국적을 구한 결과 1년 만에 웬만한 국가의 한 해 예산에 달하는 중국의 국부가 유출되었다. 이러다가는 중국이라는 나라가 조만간 없어지는 것은 아닐까 하는 생각이 들 정도다.

중국에서는 공산당 간부나 정부 관료뿐 아니라 그 자녀들도 태평양을 건너고 있다. 미국의 대학교는 이제 붉은 귀족의 자녀들로 넘쳐나고 있다.

중국 최고 권력자도 예외가 아니다. 시진핑, 바로 그 남자의 이야기다.

2장

시진핑의 외동딸을 찾아라

필자 촬영 · 시진핑의 딸을 찾기 위해 하버드 대학교의 졸업식에 잠입했다.

"하버드에 고맙다고 말하고 싶다."

미국 동부 해안의 매사추세츠 주에서, 찰스 강을 사이에 두고 보스턴 시와 마주하고 있는 케임브리지 시는 미국에서 가장 오래된 도시 중 하나다. 인구 10만 명 정도인 이 지역에는 하버드 대학교와 MIT 같은 명문 대학의 캠퍼스가 서로 다투듯 자리 잡고 있다.

2014년 4월 18일 밤, 하버드 대학교 캠퍼스에 인접한 찰스 강변의 호텔 연회장은 기이한 인파와 열기에 휩싸였다. 턱시도와 화려한 드레스로 치장한 학생들이 모여들었는데 대부분 20세 전후로 패션 모델 같은 포즈를 취하며 스마트폰으로 서로를 찍고 있었다.

어디에나 있을 법한 대학생들의 파티처럼 보이지만 한 가지 다른 점이 눈에 띄었다. 참가자 전원이 중국인이거나 중국계 미국인이었다. 주고받는 언어도 물론 중국어였다.

하버드 대학교의 중국인 학생들이 기획한 '하버드 차이나 포럼'의 개막식이었다. 참가비가 1000달러나 되는데도 연회장에 마련한 약 700석의 좌석이 모자라 입석이 필요할 정도로 성황을 이루었다. 주빈으로 참가한 호주의 전 총리 케빈 러드가 유창한 중국어로 인사를 한 뒤 중국 대기업의 경영자들이 차례차례 강연을 했다.

마치 그곳에 '중국인의, 중국인에 의한, 중국인을 위한' 공간이 나타난 듯했다.

이 정도 규모의 모임을 개최할 수 있는 것도 압도적으로 많은 중국인 학생과 연구원이 있기 때문이다. 약 4000명이 넘는 하버드 대학교의 외국인 유학생 중에서 중국 대륙 출신은 그 10%에 달하는 400명 정도다. 해마다 변동은 있지만 가장 많거나 적어도 두 번째를 차지한다. 비상근 객원 연구원까지 더하면 중국인은 약 1100명에 달한다.

이 많은 중국인들을 매료시키는 것은 무엇보다 하버드 대학교가 가진 유명세다. 영어를 전혀 못하고 외국에 나가본 적조차 없는 산골 농민들도 하버드라는 이름만은 알고 있다. 중국에서 하버드의 유명세는 같은 명문인 옥스퍼드 대학교나 MIT와는 비교할 수 없을 정도다. 하버드 대학교는 중국인에게 그들이 동경하는 일류 대학의 대명사인 셈이다.

이곳으로 모여드는 인재들은 우수하고 다채롭다. 중국의 대학 입시에 해당하는 일명 가오카오高考에서 수석을 차지한 학생이나, 베이징 대학교와 칭화 대학교 같은 명문대를 마다하고 공부하러 오는 학생도 있다.

하버드에 모이는 것은 학생만이 아니다. 대학 당국은 중국 정부나 공산당의 젊은 관리들도 받아들여 법률, 행정관리에서 경제학까지 다양한 분야에서 연수를 시킨다. 연수 기간은 대부분 수 개월에서 1년 사이다. 그들 대부분은 영어를 자유자재로 구사할 수 있는 엘리트들로 장래 공산당의 간부 후보생늘이다.

현재 시진핑 지도부에서도 이러한 하버드 출신들이 주요 직책을 맡고 있다. 국가 부주석인 리위안차오李源潮를 비롯해 각 성省의 서기와 같은 주요 직책과 당직에는 하버드 연수팀의 이름이 즐비하다. 시진핑의 경제 브레인이자, 경제 개혁 기구인 중앙재경영도소조*의 주임이 된 류허劉鶴도 MBA를 취득한 인재다.

그들이 하버드에서 배운 성과는 실제 정책을 결정하고 시행하는 과정에서 그대로 반영되었다. 부주석인 리위안차오는 미국에서 귀국한 직후인 2002년 9월 난징 시 당서기로 취임했는데 그때 집단 중독 사건이 발생했다. 음식점의 요리에 독극물이 주입되어 42명이 사망한 일대 사건이었다. 그는 당시 미국식 위기관리 방식을 활용해서 피해자를 최소한으로 억제하고 사건을 조기에 해결할 수 있었다.

"이곳에서 배운 것이 도움이 되었습니다. 200명의 목숨을 구하고

* 영도소조란 중국공산당에서 각 부문의 정책을 조정하고 정치국과 국무원에 대해 어드바이스를 하는 일종의 테스크포스라고 할 수 있다. 시진핑 체제에서는 다양한 영도소조가 발족되었고 대부분의 소조 수장을 시진핑이 직접 맡아 국정 운영에 큰 영향을 미치고 있다.

사건 용의자도 36시간 만에 체포할 수 있었지요. 하버드에 고맙다는 말을 하고 싶습니다."

2009년 하버드의 초청 강연에서 리위안차오는 이렇게 말했다.

하버드의 중국인 중에서 공무원과 나란히 눈에 띄는 것이 공산당과 정부, 그리고 군 고위직 간부의 자녀들이다.

스터디 모임에서 옆자리에 앉은 중국인 학생의 아버지가 실은 중국의 유명한 장군이라는 사실을 알고 놀란 적도 있다. 중국 정치에 정통한 하버드 대학교의 교수가 학내에 떠도는 우스갯소리를 들려주었다.

"학교에서 부친이 반드시 출석해야 하는 학부모 회의를 열었더니 중국공산당의 정치국 회의를 열 수 없게 되었다."

마냥 터무니없는 이야기도 아니다. 그만큼 많은 수의 중국 고위 공무원과 군 간부의 자녀들이 하버드에서 공부하고 있다는 뜻이다.

나는 그동안 중국 관련 세미나, 그리고 공부 모임 외에 학내의 중국인 학생회에도 자주 얼굴을 내밀고 토론에 참가했다. 그곳에서 만난 고위 간부나 그 자녀의 수는 적어도 50명이 넘는다.

하지만 아무리 찾아다녀도 만나지 못한 인물이, 딱 한 명 있었다.

미국 언론이 찾아 헤맨 '그녀'

"하버드에 시진핑 중국 국가주석의 외동딸이 다니고 있는 듯하다."

이런 소문이 학생과 교직원들 사이에 소리 없이 퍼졌다. 미국과 홍콩 등지의 언론 매체도 '유학하고 있다고 한다'며 전문傳聞 형식으로 보도했다.

그녀의 이름은 시밍쩌習明澤. 1992년, 시진핑 주석과 중국의 유명 가수인 펑리위안彭麗媛 사이에서 태어났다. 밍쩌라는 이름은 '바르고 밝게明 세상에 이로운澤 사람이 되기'를 바라며 지었다고 한다.

어릴 적 가족과 함께 찍은 사진이 공개되었을 뿐, 그녀의 경력과 근황은 철저히 가려져 있다. 홍콩 언론에 따르면 항저우 외국어학교, 저장 대학교 외국어학원에서 영어를 배운 뒤, 하버드에서 유학하고 있다고 전해졌다.

중국 내에서도 공식 석상에 모습을 드러내지 않는 그녀에게 세간의 관심을 집중되고 있다. 2014년 3월에 오바마 대통령의 부인 미셸이 자녀들을 데리고 중국을 방문했을 때, '시진핑 주석의 딸이 처음으로 등장해서 가족끼리 교류하지 않을까?', '유창한 영어 실력을 살려 외교 무대에서 활약했으면 좋겠다'와 같이 중국의 네티즌들 사이에서 화제를 모았다.

인터넷 상에서는 '시밍쩌의 사진'이라는 제목이 달린 수많은 여성의 사진이 떠돈다. 각국 언론도 주목하고 있어 〈뉴욕타임스〉 등 몇몇 신문은 하버드 대학교로 전담 취재반을 파견해 행방을 쫓았다는 이야기도 들었다.

하지만 아무도 그녀를 찾아내지 못했다. 하버드에 있다는 사실조차 확인하지 못했다.

베일에 싸여 있을수록 진상을 파헤치고 싶은 것이 기자의 본성이다. 중국 정치를 쫓는 저널리스트로서 무슨 일이 있어도 만나고 싶은 충동에 휩싸였다.

단순한 흥미 때문이 아니었다.

일본이나 미국처럼 정치가가 직접 기자회견을 여는 경우가 흔치 않은 중국에서는 고위급 간부의 육성을 들을 기회가 거의 없다. 우리처럼 회의가 끝난 뒤 국회 복도에서 이루어지는 밀착 취재는 꿈도 못 꾼다. 개별적으로 자택을 찾아 근처를 배회했다가는 당장 구속될 것이 뻔하다. 하기야 고위 간부의 자택 주소조차 알 수 없다.

이처럼 폐쇄적인 중국공산당에서는 고위 간부의 동정과 사고방식을 알아내는 데 친척의 증언이 중요한 실마리를 제공한다. 베이징 특파원 시절에도 고위 간부의 친척에게서 모은 증언을 퍼즐처럼 끼워 맞추면서 공산당의 진상을 어렴풋이나마 이해하려고 애썼다.

13억 명의 대국, 중국이 나아갈 방향을 제시하고 이끄는 최고 지도자의 사상과 성격에 대한 정보는 국가 정책과 방향성을 분석하는 데 반드시 필요하다. 부친과 일상적으로 대화할 수 있고 그의 유전자도 고스란히 물려받은 자식이라면 부친의 개인적인 자질을 살피는 데 누구보다 중요한 취재 대상이 된다.

하지만 하버드 구석구석을 아무리 돌아다녀도 그녀의 흔적이나 소문을 찾을 수 없었다. 하버드의 동료 연구자나 교수들에게 물었지만 누구 한 사람 그녀를 본 이는 없었다. 어느 학부를 다니는지 아니 몇 학년인지조차 몰랐다.

대학 내부 시스템에 접속해서 이름을 검색해보았지만 그럴 듯한 사람이 보이지 않았다. 당시 홍콩과 미국의 일부 언론은 "아버지가 국가주석이 된 2013년 봄 무렵에 중국으로 귀국한 듯하다."라고 보도하기도 했다. 이렇게 되고 보니 원래 유학을 떠나기는 했는지소차 의심스러워지기 시작했다.

2013년 말, 지칠 대로 지쳐 거의 포기하려던 순간, 상황을 돌파할 중요한 정보가 손에 들어왔다.

중국 프린세스의 비밀스런 대학 생활

"그녀는 아직 하버드에 다녀요. 2010년 5월에 입학해서 지금은 4학년이고 심리학을 전공하고 있습니다. 가명을 쓰기 때문에 대부분의 교직원과 학생들은 그녀에 대해 알지 못하지요. 다만 몇몇 동급생과 중국인 유학생만이 그녀의 신분을 알고 있어요. 그중 한 사람이 내게 알려주어서 저도 몇 번인가 그녀를 보았지요. 어머니를 빼닮은 외모에 가슴께까지 길게 기른 머리가 인상적이었어요."

이렇게 증언해준 사람은 중국 정치를 연구하는 하버드 대학교의 대학원생이다. 그는 하버드 내에 있는 중국 전문 교수와 중국인 유학생 네트워크에 깊숙이 관여하고 있는 인물로, 몇 번인가 나에게 당 고위 간부의 자녀들을 소개해주었다.

처음에는 그의 말을 듣고도 쉽게 믿기지 않았다. 그동안의 고생이 허탈할 정도로 너무 쉽게 정보를 얻은 데다 당시 홍콩과 미국 언론에서는 이미 '시밍쩌는 귀국했다'는 이야기가 흘러나오고 있었기 때문이다.

"2013년 봄 무렵에 당과 군의 간부 자녀들이 한꺼번에 귀국한 건 분명해요. 학교에 자퇴서도 내지 않고 홀연히 사라진 학생도 있구요. 아마 본국에서 귀국하라는 지시가 내렸겠지요. 하지만 그녀는 돌아가지 않았어요."

마침 시진핑 지도부의 '반부패투쟁'이 본격적으로 시작되던 시기다. 해외에 나가 있는 당과 정부의 고위급 간부 자녀들이 양친의 부정부패와 불법 송금에 관련된 사례가 늘자 감시가 강화되었다. 이 대학원생은 시밍쩌와 가장 친한 중국인 유학생으로부터 들은 이야기를 알려주었다.

"그녀도 부모님이 어서 돌아오라고 재촉했다는데 '애써 3년 동안 하버드에서 공부하면서 학문의 즐거움을 알게 되었으니 부디 졸업시켜주기 바란다'고 애원해서 1년간 더 머물도록 허락을 받았다고 해요."

하버드는 입학보다 졸업하기가 훨씬 어렵다. 과제 분량이 일본이나 중국 대학교와는 비교가 안 될 정도로 많아서 매주 과목마다 수백 쪽에 달하는 교재를 읽고 장문의 리포트를 제출해야 한다. 그런 만큼 하버드의 학위가 지니는 무게는 다른 대학교와 비교 대상이

되지 않는다. 그렇기 때문에 그녀는 부모의 말을 거역하면서까지 졸업하겠다고 고집을 부린 것이리라.

즉시 그에게 소개받은 시밍쩌의 동급생 몇 명과 접촉을 시도했다. 다들 철저히 입단속을 당하고 있는 것일까? 약속이나 한 듯 입을 다물었다.

그녀가 전공하는 심리학부의 수업에도 몇 번이나 몰래 들어가 그럴 듯한 인물을 찾았다. 하지만 100명이 넘는 대규모 강의여서 도저히 찾을 수 없었다.

그녀의 동급생인 여학생 한 명이 털어놓았다.

"친구들과 함께 노래방에 간 적이 있어요. 성격은 소탈하고 쾌활했어요. 수업 중간중간 중국의 인터넷 쇼핑 사이트에서 책이나 옷을 검색하는 모습을 자주 봤어요. 다른 학생들과 마찬가지로 기숙사에서 생활하고 있는 것 같아요."

하지만 함구령이 내렸다며 그 이상의 이야기는 들려주지 않았다. 대신 그녀와 친하게 지내는 다른 여학생을 소개해주었다.

나는 소개받은 그녀를 만나 경계심이 생기지 않도록 처음에는 일부러 시밍쩌의 이야기는 일절 하지 않고 하버드의 유학 생활이나 세상 돌아가는 이야기를 나누었다.

그리고 그녀와 일곱 번째 점심 식사를 하는 자리였다. 캠퍼스 근처에 있는 태국 요리점에서 식사를 하면서 문득 생각났다는 듯 말을 꺼냈다.

"시밍쩌와는 사이가 좋다면서요?"

그녀는 순간 놀란 표정을 짓더니 이내 시선을 떨어뜨리고 아무 말 없이 주문한 카레를 입에 넣었다. 주변의 공기가 마치 납처럼 무겁게 우리 사이를 짓눌렀다. 일부러 나도 말을 하지 않았다. 얼마나 지났을까? 그녀는 어색한 침묵을 견디지 못하겠다는 듯 먼저 입을 열어 시밍쩌가 학내에서 쓰고 있다는 가명을 알려주었다.

"학교에도 가명으로 등록해서 수강 신청이나 시험 때도 쓰고 있어요. 그녀의 본명을 아는 사람은 하버드 전체에서 열 명도 채 안될 거예요. 그녀가 부모님 이야기는 되도록 피하고 싶어 해서 우리도 굳이 말하지 않아요. 엄마를 많이 닮아서 미인이에요. 웃을 때 입모양은 완전히 빼다 박았어요."

드디어 만날 수 있다! 뱃속 아래서부터 끓어오르는 환성을 참으며 별 관심이 없는 척했다. 하지만 여학생은 내 속이 훤히 들여다보인다는 듯 다짐을 받는 것도 잊지 않았다.

"한 가지 부탁이 있어요. 그녀는 하버드에서 나랑 제일 친한 친구예요. 졸업할 때까지는 제발 가만히 내버려두세요."

어떤 일이 있어도 정보원과의 약속은 반드시 지키는 것이 기자의 절대 원칙이다. 나는 시밍쩌와는 직접 접촉을 시도하지 않고 다른 동급생과 대학 당국자를 통해 살고 있는 기숙사와 신분을 조사했다.

만반의 준비를 마친 뒤 가장 자연스러운 형태로 그녀에게 접근할 수 있는 기회를 간절히 기다릴 뿐이었다.

최고학부의 졸업식

아침부터 거리 전체가 축제 분위기로 들썩였다. 기나긴 겨울이 마침내 끝났음을 알리듯 맑고 푸른 하늘이 펼쳐졌다. 주택가의 현관마다 색색의 테이프와 풍선이 장식되었고 거리에는 현수막과 깃발이 나부꼈다.

2014년 5월 29일, 하버드 대학교의 제363회 졸업식이 거행되었다. 거리 전체가 미국에서 가장 오래된 대학의 행사를 축하해주는 듯했다. 학부와 대학원을 합해서 약 7000명의 졸업생과 그들의 새로운 출발을 축하하기 위해 전 세계에서 모여든 약 2만 명의 가족, 그리고 정·재계의 명사들이 참석했다. 이른 아침부터 학교 입구에는 졸업식에 참석하기 위해 사람들이 장사진을 이루고 있었다. 입장권을 가진 사람만 캠퍼스 안으로 들어갈 수 있도록 학교 경찰들이 엄격한 보안 체크를 실시했다.

정사각형의 졸업모자를 쓰고 검은 가운을 걸친 학생들이 곳곳에서 가족과 함께 기념 촬영을 하고 있었다. "사진 좀 찍어주세요." 하고 중국인 가족으로부터 중국어로 부탁을 받았다. 내가 중국인처럼 보였던 모양이다.

졸업식장에 마련된 무대 위 귀빈석에는 하버드 대학교 비즈니스 스쿨의 졸업생, 존 부시 전 미국 대통령의 모습도 보였다. 미국을 대표하는 여성 블루스 가수 아레사 프랭클린이 직접 피아노를 연주하며 미국 국가를 부르자 졸업식의 막이 올랐다.

미국의 백만장자 10위 안에 들어간 적이 있는 마이클 블룸버그 전 뉴욕 시장이 축사를 했다. 세계 최고 학부의 문을 나서는 순간을 축하하기에 더할 나위 없이 어울리는 화려한 무대였다.

식이 끝나면 대학원생은 각자 소속된 스쿨의 교사로 흩어진다. 재학생 전체가 기숙사 생활을 하는 학부생들은 각각의 '하우스'라고 불리는 기숙사로 돌아가 그곳에서 한 사람씩 학위를 수여받는다.

캠퍼스 주변에는 열두 개의 하우스가 있고 전공, 학년, 인종이 다른 학생들이 약 400명씩 각 하우스에서 생활한다. 하우스 안에는 식당 외에 도서실, 오락실, 체육관 등이 갖추어져 있다. 기숙사 전임 교원도 함께 살면서 학생들의 생활이나 학습을 지도한다. 하우스에서는 매일같이 스터디 모임과 각종 파티가 열리기 때문에 학생들 간의 연대 의식이 매우 강하다.

나는 그중 하나인 '아담스 하우스'의 학위 수여식에 참여했다. 찰스 강 근처에 벽돌로 세워진 중후한 건물이다. 100년이 넘는 역사를 자랑하는 곳으로 하버드에서 가장 오래된 기숙사다. 미국 전 대통령인 프랭클린 루스벨트나 키신저 전 국무장관도 여기서 동급생들과 함께 지냈다.

바로 이곳에 그토록 찾아 헤매던 시진핑 주석의 외동딸 시밍쩌가 산다는 정보를 손에 넣었다. 이 학위 수여식이 그녀와 접촉할 수 있는 마지막 기회인 셈이다.

시밍쩌가 살았다는 '아담스 하우스'의 어느 방.

장엄한 역사가 아로새겨진 건축물이지만 건물 안을 들여다보면 반드시 쾌적하다고는 할 수 없다. 4층 건물인데도 엘리베이터가 없다.

이사할 때는 기숙사 동기와 좁은 나선형 계단을 오르내리며 가재도구를 옮긴다고 한다. 기숙사에 사는 한 남학생이 기숙사 생활에 대해서 이야기해주었다.

"에어컨이 없어서 여름에는 엄청 더워요. 고생이 이만저만이 아니죠. 하도 오래된 건물이라 옆방에서 나는 소리는 그냥 다 들린답니다. 하지만 케임브리지는 물가가 워낙 비싼 편이라 이곳의 싼 임대료는 아주 매력적이지요."

방은 10제곱미터 남짓한 개인실로 임대료는 식사를 포함해서 월

500달러 정도다. 시내의 아파트와 비교하면 파격적으로 저렴한 가격이다.

각 기숙사의 학위 수여식에는 졸업생과 그 친척밖에 들어가지 못한다. 졸업식 당일에 아는 대학 관계자들에게 닥치는 대로 부탁해서 겨우 들어갈 수 있는 방법을 찾았다.

학위 수여식은 기숙사 세 개 동이 둘러싼 정원에서 열렸다. 주변의 소란함과는 격리된 채 조용한 시간이 흐르고 있었다. 접이식 의자에 앉은 300명 정도의 학부모가 자녀의 모습을 지켜보았다. 단상에 나란히 앉은 167명의 졸업생은 한 사람 한 사람 이름을 부르자 기숙사장 앞으로 나아가 졸업 증서를 건네받았다.

모든 신경을 귀에 집중해서 시밍쩌, 그녀의 이름이 불리기를 기다렸다. 기온은 18도 정도로 찰스 강의 상쾌하고 시원한 바람이 얼굴을 씻어주었지만 이마에서 연신 흘러내리는 땀이 사진기 파인더에 고이고 있었다.

모친의 모습 그대로

팡, 리, 마, 우……. 미국인에 섞여서 중국인이라고 생각될 만한 이름을 가진 학생이 적어도 스무 명은 있었다. 중국인 혹은 중국계 미국인일 것이다.

서른 명째가 지났다. 졸업생이 기다리는 무대 우측에서 다른 학생들에게는 없던 후광 같은 것을 느끼고 나도 모르게 렌즈를 돌렸

운명의 졸업식이 다가왔다.

다. 등을 곧게 편 여학생 하나가 옅은 미소를 지은 채 관람석을 바라보며 순번을 기다리고 있었다.

어깨까지 기른 검은 긴 머리, 엄마를 쏙 빼닮은 입 모양.

'시밍쩌다.'

확신에 찬 나는 사진기의 셔터를 쉬지 않고 눌렀다.

사회자가 호명한 이름은 그녀의 친구가 알려준 가명과 일치했다.

그녀는 모자 아래로 찰랑이는 검고 긴 생머리를 날리며 두 손을 앞으로 모으고 단상 앞으로 걸어갔다. 기숙사장 부처와 악수를 나누고 붉은 색 등표지의 졸업증서를 받아들었다. 윤곽이 뚜렷한 눈과 코의 생김새나 웃을 때 입 꼬리가 살짝 내려가는 느낌이 모친인 펑리위안을 그대로 빼닮았다. 국민 가수의 피를 물려받아서일까, 무대 체질인 듯 긴장하는 기색도 없었다.

지난 1년 동안 찾아 헤맨 끝에 그야말로 최후의 순간에 겨우 만났다. 뛰는 심장 소리가 내 귀에까지 울려 퍼졌다. 흥분을 억누르고 카메라가 흔들리지 않도록 몸을 고정하면서 정신없이 셔터를 눌렀다.

그녀는 자리에 돌아오자 안심한 듯 가볍게 숨을 쉬며 옆자리의 중국인 유학생과 이야기를 나누었다. 기다리는 동안 아이폰을 거울 대신으로 보면서 머리를 다듬고 모자를 고쳐 썼다. 어디서든 흔히 볼 수 있는 여학생의 모습이었다.

옷매무새는 오히려 다른 동급생보다 더 소박한 인상이었다. 손목시계나 반지도 없고 손에 든 가방도 빨간 나일론 제품으로 명품은 아닌 듯했다.

단 하나, 왼손에 비취와 같은 옅은 녹색 팔찌를 찬 것이 보였다. 중국에서 비취는 예로부터 행운을 부르고 재앙을 피할 수 있다고 해서 몸에 지니는 여성이 많다. 부모님께 받은 일종의 부적인지도 모른다.

시진핑은 중국공산당 총서기에 공식 취임한 이래, 당과 정부 간부에게 '사치금지령'을 내렸다. 부인인 펑리위안도 외부에 나설 때는 늘 외국 명품이 아니라 중국산 브랜드를 입는다. 게다가 같은 옷을 요령 있게 돌려가면서 맞추어 입는 듯했다. 딸로서 그런 부모님의 뜻을 충실히 지키는 모양이다.

학위 수여식이 끝나자 그녀는 단상에서 내려왔다.

나는 곧장 그녀에게 가까이 다가가 "졸업 축하합니다." 하고 말을 걸었다.

그러자 어디선가 장신의 중국인 남성 두 명이 달려와 내 앞을 막아섰다. 얼핏 보기에는 졸업식 참가자 같았지만 경호원이었을 것이다.

그녀는 관람석에서 기다리는 친척들이 있는 곳까지 걸어가 만면에 미소를 띠고 그들을 껴안으며 건네주는 꽃다발을 받아들었다. 가까이 있던 아이들과 함께 기념 촬영도 했다. 동급생의 말대로 소탈함이 그대로 묻어났다.

그런 그녀를 조금 먼 발치에서 바라보는 여성이 눈에 띄었다. 회색 바탕에 검은 가로줄이 들어간 근사한 정장이 꽤 돋보였다. 뒤로 묶은 긴 머리를 날리며 그녀가 이쪽을 돌아보았을 때 내 머릿속에서는 시진핑의 부인 펑리위안이 떠올랐다.

인터넷으로 검색해보니 그녀는 펑리위안의 여동생과 무척 닮았다. 이름은 펑리쥐안彭麗娟으로 과거 자매가 함께 텔레비전에 출연해서 노래를 부른 적이 있다. 당시 영상을 확인하니 아무래도 동일인 같았다. 딸의 졸업식에 참석하지 못하는 부모를 대신해 이모 일가가 달려왔는지도 모른다.

잠시 뒤 그녀는 일행과 함께 식장을 떠났다. 뒤를 따라가자 가까운 태국 음식점으로 들어갔다. 점심을 함께하는 모양이다. 식사를 마친 뒤에는 근처에 세워둔 뉴욕 시 번호의 검은 왜건에 올라타고 떠났다. 하버드의 학생들은 졸업식이 끝나면 기숙사에서 나가야 하는데 아마 시밍쩌도 이날 기숙사를 비웠을 것이다.

다음 날 그녀를 아는 극소수의 하버드 관계자와 동급생들에게 사진을 보여주었다. 확인을 위해서였다.

"그녀가 틀림없어요."

모두 입을 모았다.

"정치가가 될 생각은 없어요."

지금까지 입이 무거웠던 동급생들도 그녀의 사진을 내밀자 단념한 듯 조금씩 말문을 열었다. 어렴풋이나마 시밍쩌가 생활하던 모습을 알 수 있게 되었다.

입학 당시부터 그녀를 알았던 한 남학생은 이렇게 회상했다.

"수업이 끝나면 제일 먼저 교실을 나가서 늘 혼자 다녔어요. 밤 늦게까지 도서관에서 논문 쓰는 모습도 자주 봤어요. 처음에는 영어도 서툴렀는데 얼마 지나지 않아 꽤 유창해졌더군요."

신분을 드러내지 않기 위해 가능한 한 다른 학생들과 교류를 피했는지도 모른다. 또 다른 동급생은 이렇게 증언했다.

"연애도 허락되지 않았던 모양이에요. 남자친구 이야기를 한 번도 들은 적이 없거든요. 하지만 미인이라서 인기가 많았어요. 한번은 미국 애가 하도 쫓아다녀서 곤란해했던 적도 있었으니까요."

세계 최고 학부라고는 해도 놀 때는 다른 또래들과 별반 다르지 않다. 주말이 되면 캠퍼스 주변의 바는 멋지게 차려입은 학생들로 가득 차고, 음식점을 통째로 빌린 댄스파티도 심심찮게 열린다. 그런 와중에 시밍쩌는 다른 학생들과는 거리를 두고 오로지 공부에만 전념했던 것이다.

하지만 단지 신분을 숨기려는 이유만으로 학업에만 몰두할 수 있는 것일까? 그런 의문과 함께 그녀에 대한 관심이 점점 더 높아졌다.

퍼즐 조각을 끼워 맞추듯 한 사람 한 사람 관계자를 만나 추적하다 보니 그녀와 자주 만났다는 교직원과 연결될 수 있었다. 그는 익명을 조건으로 그녀와 주고받은 내용을 다시 되짚어주었다.

"그녀가 3학년 무렵부터 학습뿐 아니라 생활 상담도 했어요. 명랑하고 소탈하면서 예의바른 학생이었지요. 하지만 개인적인 일은 이야기하길 꺼리기에 무언가 숨기는구나 직감으로 알았어요. 한번은 그녀의 이름이 중국에서는 드물지 않냐고 물었더니 그때부터였어요. 경계심을 허문 듯 자신의 진짜 신분과 부모님 이야기를 들려주기 시작했지요."

확실히 그녀의 가명은 중국에서 쓰는 사람이 거의 없다. 그녀로부터 가족 이야기를 직접 들은 인물을 만나는 것은 처음이었다. 이 교직원의 증언을 바탕으로 그녀의 이야기를 재현해본다.

"어릴 때부터 아버지와는 떨어져서 엄마와 함께 지냈어요. 하지만 엄마도 1년 내내 콘서트다 지방공연이다 해서 자주 집을 비우셨지요. 외로움을 잊으려고 엄마 노래를 자주 들었어요. 지금도 좋아하는 곡은 다운로드해서 늘 가지고 다녀요. 부모님이 바쁘시니까 이모네 부부가 이것저것 보살펴주세요.

사실 엄마와 아빠는 미국 유학에 찬성하지 않으셨어요. 하지만 전 꼭 여기서 심리학과 영어 공부를 하고 싶었기 때문에 반대를 무릅쓰고 건너왔지요. 대학교를 졸업하면 중국으로 돌아가 심리학 관련 일을 하거나 대학원에서 연구를 계속하고 싶어요. 정치가가 될 생각은 없어요."

그녀의 양친 모두 미국행을 반대했다는 사실은 의외였다. 공산당과 정부의 다른 고위급 간부처럼 시진핑 부부도 딸의 해외 유학을 적극적으로 지원했을 것이라고 생각했기 때문이다.

하지만 시진핑이 공산당과 국가의 수장이 된 시점이, 수많은 간부 자녀들이 거액의 비용을 지불하고 해외 유학을 떠나는 데 대한 여론의 비판이 거세지는 와중이었던 터라 그의 반대도 충분히 이해할 수 있었다. 자신이 내세운 사치금지령에 위배된다고 생각했을 것이다.

그런 부친의 뜻을 거스르면서까지 유학을 강행했으니 그녀도 상당한 의지의 소유자라고 할 수 있다. 다른 학생들과는 다르게 오로지 학업에만 전념한 이유도 배수진을 치고 나라를 뛰쳐나왔기 때문일 것이다.

이 이야기를 듣고 '자신의 의견과 주장이 확실하고 그것을 관철시키는 강인함이 있다'고 평가받는 시진핑의 성격이 떠올랐다. 그녀도 부친의 완고함을 물려받았는지 모른다.

동시에 당 고위 간부인 아버지와 국민 가수를 어머니로 둔 딸의 평범하지 않은 가정 환경과 복잡한 심경도 읽을 수 있었다. 지방 근무가 길었던 시진핑은 가족과 오랫동안 떨어져 살았다고 하는데 소문대로인 듯하다. 졸업식에 이모 부부가 참석한 것도 바쁜 부모 대신이었다.

함께 사는 어머니도 자주 집을 비워서 그녀의 노래를 듣는 것으로 겨우 외로움을 달랬다고 하니, 보통 사람은 상상할 수 없는 고독감을 어릴 적부터 맛보며 자랐을 것이다. '심리학을 배우고 싶다'는 것도 어쩌면 마음의 헛헛함을 채우고 싶어서였는지도 모른다.

시밍쩌는 마지막까지 세상에 신분이 노출되는 일 없이 4년간의 대학 생활을 무사히 마치고 졸업했다. 명품과 화려한 사교계를 피하고 평범한 학생들 속에 섞여 검소한 기숙사 생활을 한 덕분이었다.

그녀가 졸업 후 무엇을 하는지 확실한 정보는 없다. 단 하버드에서 배운 심리학을 바탕으로 어딘가에서 계속 공부나 연구를 하고 있을 것이다.

대학교 당국과 교수들은 그녀의 진짜 신분을 알지 못했기 때문에 특별 대우를 하지 않았으므로 하버드 학위는 오롯이 그녀 혼자의 힘으로 얻었다고 할 수 있다. 그 모습은 시중쉰習仲勳이라는 혁명 세대의 위인을 아버지로 두었으면서도 그 후광에 기대는 일 없이 착실하게 정무를 수행해온 시진핑의 삶의 궤적을 그대로 보는 듯하다.

하지만 그녀처럼 세상의 이목을 피한 채 학업에 힘쓰는 고위 간부의 자녀는 극히 드물다. 대부분이 부모의 막강한 권세와 자금을 바탕으로 화려한 유학 생활을 즐긴다.

화려한 '훙싼다이 커플'

여기 시밍쩌와는 대조적인 고위 간부의 아들이 있다. 시밍쩌가 부친에게 물려받은 '드러내지 않는 강직함'을 갖추고 있다면 이 아들이 아버지의 뒷모습에서 배운 것은 권력에 대한 욕망이다.

하버드 대학교의 기숙사 아담스 하우스에서 걸어서 10분 정도 되는 번화가에 밝은 크림색 벽의 현대풍 맨션이 있다. 7층짜리 건물로 옥상에는 둥근 창의 펜트하우스가 있어서 주변의 낡은 벽돌 건물들 사이에서 단연 돋보인다. 임대료는 원룸도 한 달에 약 3000달러를 넘는다. 하버드 기숙사의 네다섯 배다.

이곳에서 중국 충칭 시 당서기인 보시라이의 장남 보과과薄瓜瓜가 하버드 대학교의 케네디 스쿨John F. Kennedy School of Government에 다니고 있었다. 보시라이에 대해서는 이후 다시 설명하겠지만 전 부총리를 역임한 실력자를 아버지로 둔 서열 25위 안에 들어가는 정치국원 멤버로, 한때는 당 최고 수장 자리를 노렸던 야심찬 정치가다.

맨션의 관리인 여성에게 당시의 상황을 물었다.

"그 학생이라면 뚜렷이 기억이 나요. 잘생기고 동글동글하니 어려 보여서 여자들한테 인기가 많았던 것 같아요. 여자 친구들과 기사 딸린 고급 자동차를 타고 와서 방에 들어가는 걸 본 적이 있어요. 진짜 왕자님이 따로 없었다니까요."

영어는 원어민 수준의 실력이었다고 한다. 열한 살에 영국으로 건너가 명문 사립학교인 해로 스쿨에 입학했다. 윈스턴 처칠을 배출한 이 '귀족 학교'는 수업료만 해도 연간 3만 파운드에 달한다. 보과과는 중국 대륙 출신자로서는 최초의 입학생이었다고 한다. 졸업 후에는 옥스퍼드 대학교에 들어가 정치철학을 전공했다.

하지만 학업에는 별로 열심이지 않았던 듯하다. 옥스퍼드에서 보과과의 가정교사였던 남성에게 이야기를 들을 수 있었다.

"보과과는 사교적인 성격으로 교내 활동에 적극적으로 참가했어요. 아버지의 뒤를 이어 정치가가 되고 싶었던 모양으로 '유교와 공산주의를 융합한 새로운 정치관을 구축하고 싶다'는 꿈을 이야기했지요. 하지만 공부에 그다지 열심이었다고는 할 수 없었죠. 2009년 졸업을 위한 최종 테스트에 합격하지 못해서 한 학년 유급을 해야 했으니까요."

학교 규정상 최종 테스트는 두 번밖에 응시할 수 없기 때문에 합격하지 못하면 퇴학 처분이 내려진다. 필사적으로 공부한 보과과는 다음 해 2010년에 겨우 졸업할 수 있었다. 이후 하버드 대학교의 케네디 스쿨에 입학했다.

맨션 관리인이나 가정교사의 증언을 뒷받침하듯 인터넷 상에는 보과과의 분방한 대학 생활을 보여주는 사진들이 넘쳐난다.

와인 잔을 든 채 두 명의 미녀를 껴안고 있는 보과과, 와이셔츠를 풀어헤치고 여성과 입 맞추는 모습, 배우 성룡과 어깨동무를 하고 찍은 사진……

함께 등장하는 미녀들은 백인, 라틴계, 아시아계로 국적도 다양하지만 그중에서도 검은 긴 머리에 눈코입이 뚜렷한 어느 여성과의 사진이 단연 많다.

이 여성은 전 정치국 상무위원인 천윈陳雲의 외손녀 천샤오단陳曉丹이다.

천윈은 보과과의 조부인 보이보薄一波와 함께 1980년에서 1990년대에 걸쳐 당을 이끌었던 '8대 원로' 중 한 명이다. 그는 덩샤오핑의 개혁개방 정책에 정면으로 반대하면서 시장 경제도 비판했던 보수파의 중진이다. 그 손녀가 자본주의의 요람인 하버드 대학교의 비즈니스 스쿨에서 경제학을 배우고 있으니 아이러니한 운명이 아닐 수 없다.

"학교에서는 '훙싼다이紅三代, 혁명 제3세대 커플'로 유명했어요. 천샤오단은 에르메스의 버킨백이 마음에 들었는지 수업 때마다 다른 색의 버킨백을 가지고 왔어요. 적어도 50개는 넘게 가지고 있지 않을까요? 다들 그녀를 '미스 에르메스'라고 부를 정도였으니까요."

둘을 아는 타이완 출신의 하버드 대학원생은 이렇게 증언했다.

'버킨백'은 명품 브랜드인 에르메스 제품 중에서도 최고가를 자랑하는 백으로 아무리 싸도 개당 7000달러를 족히 넘는다. 천샤오단이 가진 가방만 해도 35만 달러에 달한다는 계산이다.

두 사람은 가족은 물론 당에서도 공인하는 커플이었다고 한다. 2010년 여름, 두 사람이 티베트를 여행할 때 현지 경찰이 경호한 사실이 밝혀져 화제가 되었다.

둘이 사이좋게 야크를 타거나 껴안고 찍은 사진이 인터넷 상에 퍼졌는데 그 사진들에 네 대의 경찰차가 함께 찍힌 것이다. 이 사진들은 중국에도 퍼졌고 '학생들의 데이트까지 경호할 필요가 있는가' 하고 비난 여론이 들끓었다.

하지만 당시 충칭 시 당서기로 범죄와의 전쟁, 즉 '다헤이'를 전개하면서 국민적인 인기를 끌던 아버지 보시라이 덕분에 비난의 목소리는 얼마 안 가 사라졌다.

그러던 어느 날 순조로웠던 왕자님의 미국 생활은 한순간에 나락으로 떨어진다. 그리고 화려했던 '훙싼다이 커플'도 파국을 맞이하게 되었다.

보과과, 에즈라 보겔과의 긴급 상담

하버드 대학교의 케네디 스쿨은 메인 캠퍼스에서 남쪽으로 걸어서 10분 거리인 찰스 강 연안에 위치한다. 초여름 무렵이면 색색의 카누가 벽돌로 쌓은 아치형 다리 아래를 미끄러지듯 지나고, 순백의

돛을 펼친 요트가 강 위를 천천히 오간다. 가을에는 불타는 듯한 단풍이 강을 선명하게 물들였다가 겨울이 되면 경치가 완전히 달라져 시간이 멈춘 듯 강의 수면도 얼어붙는다.

2012년 2월 8일, 중국 정치를 연구하는 대학원생 한 명이 케네디 스쿨 안에 있는 중국 전공 교수의 대기실에서 면담 순서를 기다리고 있었다. 한참 뒤 대기실 안에서 희미하게 남성의 목소리가 들려왔다.

"앞으로도 무엇이든 문제가 있으면 즉시 상담하러 오게나."

문이 열리면서 족히 180센티미터는 될 법한 장신의 남자가 교수를 향해 고개 숙여 인사하는 것이 보였다.

'보과과다.'

대학원생은 그 남자를 한눈에 알아보았다. 하지만 여느 때처럼 해맑은 미소는 볼 수 없었고 깃을 세운 코트 사이로 창백한 안색과 함께 부은 듯한 눈을 보았다고 한다.

그 바로 이틀 전, 충칭 시 부시장인 왕리쥔王立軍이 정치적 망명을 요청하며 쓰촨 성 청두에 있는 미국 총영사관에 진입했다. 왕리쥔의 직속 상사였던 보시라이 실각에 직접적인 계기가 된 사건이다. 아들 보과과가 2년 동안의 보스턴 생활을 마무리하고 5월의 졸업을 눈앞에 둔 때였다.

"그 교수님은 보과과의 지도 교수였습니다. 처음에는 그저 시험 점수가 나빠서 상담하러 왔나보다 생각했지요. 별로 공부를 열심히

하는 편이 아니었거든요. 하지만 주고받는 대화에서 아버지 사태에 대해 상담하러 왔다는 것을 알게 되었지요."

부모 곁을 떠나 해외에 살고 있지만, 아버지 주변에서 심상치 않은 사태가 벌어진 것을 알아채고 초조했던 것이다. 몇몇 다른 하버드 대학교의 교수들에게도 찾아가 상담했다고 한다.

에즈라 보겔 명예 교수도 그중 한 사람이다. 중국의 현대 정치에 정통하고 하버드 대학교 내의 중국 커뮤니티에서 중심적인 역할을 하는 인물이다. 유학생뿐 아니라 중국에서 찾아온 공산당과 정부 고위 간부들로부터 면담 요청이 끊이지 않는다. 보과과도 아버지와 관련된 일련의 사건들이 발각된 후 캠퍼스 근처에 있는 교수의 자택을 급히 찾았다.

"졸업 후에는 귀국할 예정이었지만 미국에 머무를 생각도 있다고 했습니다. 특히 어머니를 무척 걱정했습니다. 지금 당장은 변호사와 의논하는 동시에 당분간은 활동을 자제하고 상황을 지켜보는 편이 좋겠다고 조언했지요."

그리고 얼마 후 보과과는 캠퍼스에서 자취를 감추고 홀연히 사라졌다.

공식 커플이었던 천샤오단과의 교제에도 종지부를 찍었다. 사건의 파장이 미칠 것을 염려한 그녀의 가족들이 헤어지라고 권한 듯하다.

그리고 두 달 후, 놀랍게도 사태는 보과과의 어머니 구카이라이❨

開来에 의한 살인 사건으로 발전한다. 뿐만 아니라 조사가 진행됨에 따라 보과과도 사건에 깊숙이 관여하고 있었다는 사실이 밝혀졌다.

뇌물의 대부분이 보과과를 통해 전달되었다

'2000년부터 12년 동안 부인 구카이라이와 아들 보과과를 통해 다롄 시의 기업으로부터 합계 약 2179만 위안의 뇌물을 받았다.'

무기징역을 구형받은 보시라이의 기소장에는 분명히 보과과가 뇌물수뢰에 관여했다고 기록되어 있다. 그 밖에도 다롄의 기업 회장이 보과과의 아프리카 여행 경비와 전용기 임대 비용 등을 부담한 혐의도 거론되고 있어 부친의 범죄에 깊숙이 관여했다고 보아도 좋을 것이다.

보시라이의 사건에 관해 잘 아는 중앙기율검사위원회 관계자가 조사 내막을 밝혀주었다.

"보시라이가 받은 뇌물의 대부분이 보과과를 통해 전달되었습니다. 그 돈의 대부분이 미국 등지에 있는 보과과가 관리하는 계좌에 보관되어 있던 사실을 조사를 통해 알게 되었습니다."

완전한 공범이다. 하지만 어떻게 보과과는 입건을 피할 수 있었을까?

"수사 당국이 보시라이에게 아들의 죄를 추궁하지 않는 대신 용의를 인정하라고 제안했기 때문이지요. 보시라이가 이에 응한 데다 보과과는 미국에 머무르고 있었기 때문에 당국은 보과과의 입건을 단념한 것입니다."

외국에 있는 범죄 용의자를 구속하려면 상대국에 사건의 개요를 설명하고 신병 인도를 요청하는 번잡한 과정이 필요하다. 중국으로 서는 당 내부의 치부를 미국에 드러내고 싶지는 않았을 것이다.

만일 보과과가 하버드를 졸업해서 중국에 돌아온 이후에 보시라 이 사건이 터졌다면 그도 체포되있을 가능성이 높다. 결과적으로는 그도 미국에 있었던 덕분에 아슬아슬하게 형사 책임을 피할 수 있 었다.

결국 귀국을 단념한 보과과는 급히 하버드 로스쿨의 박사 과정에 입학 원서를 제출한다.

하지만 결과는 불합격. 하버드 대학교의 당국자 한 명이 그 이유 를 알려주었다.

"준비 부족이었는지 합격점에 미치지 못했지요. 케네디 스쿨로 입 학할 때는 당 고위 간부로 막강한 권위를 자랑했던 부친의 후광이 적지 않은 영향을 미친 것이 사실입니다. 하지만 실각한 이상 기대 할 수 없었지요."

세계에서 가장 어렵다고 알려진 하버드 대학교의 입시에서 인맥 은 전혀 통하지 않는다. 단 대학원의 경우 성적뿐 아니라 추천서가 중시되기 때문에 국내외에 명성을 떨치는 정치가와 기업 관계자들 이 우대받는 경향은 있다. 특히 케네디 스쿨에는 중국 국영 기업이 나 당과 정부의 고위 간부를 비롯해 각국의 왕족이나 정부 수뇌부의 자녀들이 모여 있다. 해당 국가와의 관계 구축이나 장래를 위한 투자라는 측면을 기대하고 학생 선발에 정치적 판단이 개입되는 사실을 엿볼 수 있다.

그 후 보과과는 인터넷 상으로 아버지의 입건이 부당하다고 호소하는 성명을 발표하고 있지만 행방은 오리무중이다. 페이스북도 2012년 5월 졸업식 이야기를 마지막으로 갱신되지 않고 있다.

하버드 시절 보과과와 교류가 있던 학교 당국자가 그의 근황을 알려주었다.

"뉴욕으로 옮긴 뒤 콜롬비아 대학교에 연구원으로 재적하고 있습니다. 단 수업에는 얼굴을 내밀지 않습니다. 또 그렇게 활발했던 교외 활동이나 좋아하던 파티에도 일절 참가하지 않고 신분을 감추고서 조용히 살고 있는 듯합니다."

보과과의 화려했던 유학 생활은 아버지의 추락으로 순식간에 암흑으로 뒤바뀌었다.

영국 유학 시절 보과과의 가정교사였던 남성도 말한다.

"이젠 그가 귀국해서 정치가가 될 가능성은 완전히 제로가 되어 버렸습니다."

그러나 보과과는 부친의 비리에 깊숙이 가담했으면서도 함께 절벽 아래로 추락하는 최악의 사태는 피했다.

결과적으로는 그도 미국이라는 존재 덕분에 살아남은 것이다.

중국에게는 가상 적국인 미국이지만, 공산당 권력자의 자녀들이 앞다퉈 건너가고 있으며, 또 미국도 그들을 후하게 대우하는 일이 상징하듯 양국의 이해 관계는 복잡하게 얽혀 있다.

이렇듯 단순히 해결하기 어려운 양국의 관계에 있어 2013년 6월 오바마와 시진핑의 정상회담은 그들의 본심과 속내를 헤아리기에 더할 나위 없는 최상의 텍스트를 제공해주었다.

3장

붉게 물든 성조기

'새로운 세계 질서'를 논의한 미중 정상회담. (2013년 6월)

200억 달러짜리 국제회의

맑게 갠 하늘 아래 각국의 정부 전용기가 차례로 베이징수도국제
공항에 내려앉았다.

2014년 11월 시진핑이 당 최고 지위인 총서기에 취임한 뒤 처음
으로 맞이하는 대규모 국제회의인 아시아태평양경제협력체APEC 정
상회의가 열렸다.

베이징 시 중심부에서 북동쪽으로 약 50킬로미터 떨어진 화이러
우 구의 옌치후 주변에는 거대한 계란 모양의 호텔과 회의장이 건설
되었다. 회의장과 시내를 연결하기 위해 새로운 고속도로도 개통되
었다.

베이징 시 정부 관계자가 이번 APEC에 든 총비용에 대해 설명했다.

"주변 설비나 고속도로 정비까지 합치면 1400억 위안이 넘습니
다. 시진핑 주석이 직접 '베이징 올림픽을 능가하는 성대한 이벤트

로 만들라'고 지시했으니 다들 열심이었지요. 회의장 주변의 수목에는 특수 호르몬제를 뿌려서 회의가 끝날 때까지 잎이 떨어지지 않도록 손을 썼을 정도니까요. 각국 정상을 융숭하게 대접해서 사상 최고의 APEC으로 만들기 위해 필사적이었습니다."

지난 2012년, 러시아에서 열린 블라디보스토크 APEC은 각종 호화 시설과 새롭게 대학까지 건설해 화제를 모았는데 당시 총비용은 약 130억 달러로 알려졌다. 베이징 APEC은 그보다도 훨씬 비싼 회의였던 셈이다.

시진핑이 가장 중요시한 손님은 당연히 미국의 오바마 대통령이었으며 파격적인 국빈 대우로 초청했다.

회의가 끝난 뒤에는 중국공산당 당사와 정부 주요 시설, 전·현직 지도부의 거처가 밀집한 '중난하이'로 오바마 대통령을 초대해 정상회담을 열었다.

중난하이는 양국이 국교를 정상화하기 전이었던 1972년에 중국을 전격 방문한 닉슨 대통령이 마오쩌둥 주석과 회담을 한 역사적인 장소이기도 하다.

이틀 동안 두 정상은 함께 식사하며 아홉 시간에 걸쳐 양국의 현안에 대해 의견을 나누었다. 회담 도중에는 편안히 대화를 나누기 위해 부지 안을 산책하기도 했다.

오바마 대통령도 중국 측의 접대에 만족한 듯이 보였다.

시진핑과 사적으로 가진 저녁 만찬에서는 다음과 같이 말하면서 양국 관계의 진전에 기대감을 나타냈다.

"미국과 중국이 잘 협력한다면 전 세계에 이익이 된다. 양국 관계를 한 단계 새로운 수준으로 발전시키고 싶다."

중국 측에서 마련한 이례적이라고도 할 수 있는 후한 접대는 그 전해 6월에 오바마 대통령이 미국 캘리포니아 주에 시진핑을 초대한 답례이기도 했다. 회의 형식이나 시간도 상당히 유사하다.

나는 미국과 중국의 관계가 새로운 시대를 맞이해 첫걸음을 내딛는 회의의 내막을 탐사하기 위해 회의장인 리조트 부지를 찾았다.

'사치금지령' 하의 접대

여기 한 장의 종이가 있다. 첫 구절은 이렇게 시작한다.

환영 만찬회

중화인민공화국 국가주석 시진핑

서니랜즈 아넨버그 별장, 2013년 6월 7일 금요일

미국 캘리포니아 주 팜스프링스 근교의 리조트에서 열린 미국과 중국의 정상회담 만찬 메뉴다. 당시 만찬에 함께 참석한 인물로부터 입수했다.

양국 정부 모두 만찬회의 자세한 내용은 공표하지 않았다. 메뉴를 살펴보면 호스트인 미국 측의 세심한 배려를 느낄 수 있다.

뉴멕시코의 로브스터 따말레스

옥수수 소스와 푸른 고추

아이언 호스 2004 차이니즈 '이어 오브 더 스네이크' 뀌베

미국산 소로 만든 포터하우스 스테이크

햇감자와 블루치즈

메이어 레몬, 꿀과 씨겨자

누에콩과 아스파라거스

릿지 기셔빌, 소노마 주, 캘리포니아

캘리포니아산 체리파이

바닐라민트 아이스크림

전채에 해당하는 '따말레스'는 다진 고기와 고추를 옥수수 껍질에 싸서 찐 멕시코 요리다. 만찬에서는 다진 고기 대신 로브스터를 넣었다.

곁들인 스파클링 와인 '아이언 호스'는 백악관에서 단골로 사용하는 캘리포니아 와이너리 제품으로 그중 '차이니즈 뀌베'는 중국 시장을 겨냥해 만들어졌다. 뱀띠인 시진핑의 간지干支에 맞추어 2004년산이 선택되었다.

메인 요리인 스테이크에 곁들인 메이어 레몬도 오렌지와의 교배종으로 중국에서 들여온 품종이다. 레드 와인도 캘리포니아산이다.

평소 백악관의 공식 만찬회에 등장하는 캐비어나 푸아그라 같은

고급 식재료는 보이지 않는다. 와인도 모두 100달러 이하의 상품으로, 다른 참석자에게 제공된 요리를 모두 더해도 전체 만찬에 든 비용은 십수만 달러 정도에 지나지 않을 것이다.

시진핑 주석을 위한 세심한 배려가 돋보이는 만찬 메뉴.

미국 언론에서 발표한 바에 의하면 오바마가 대통령에 취임한 뒤 열린 공식 만찬회 중에서는 인도의 만모한 싱Manmohan Singh 총리 때가 약 57만 달러로 최고액을 기록하고 있다. 2011년 후진타오가 방미했을 때의 41만 달러에 비해도 상당히 검소한 편이다.

미국 정부 관계자가 그 이유를 다음과 같이 설명했다.

"중국 측에서 사전에 호화스러운 식사나 와인은 삼가달라는 요청이 있었습니다. 중국 국내에서 '사치금지령'을 내린 시진핑 주석의 강력한 의지가 있었던 듯합니다. 그 대신 비싸지는 않지만 시진핑 주석이 좋아하거나 중국과 인연이 깊은 현지 식재료로 메뉴를 구성했지요. 그런 의미에서는 최고의 접대로 그를 맞이한 셈입니다."

시진핑은 그 전해인 2012년 2월 국가 부주석의 자격으로 미국을 방문했다. 이때 그를 맞이한 바이든 부대통령은 '중국의 지도자로서는 드물게 자신의 언어로 대화할 수 있는 강력한 인물'이라고 평가했다.

중국의 외교 관례상 상대국과는 교차 방문이 원칙이므로 이번에는 오바마가 중국을 방문할 차례였다. 하지만 당시 취임한 지 3개월밖에 되지 않은 국가주석이 이례적으로 연속 방문을 한 것이다.

중국 외교부 관계자에 따르면 중국 측에서 먼저 정상회담을 제안했다고 한다. 게다가 시진핑이 국가주석이 되기 전이었던 2013년 2월 무렵부터 중국 외교부 내에서는 면밀하게 준비가 진행되었고 미국 측과도 조정하고 있었던 듯하다.

당시 중국 외교부의 담당자는 미국 측에 이렇게 제안했다고 한다.

"론·야스 회담처럼 연출하고 싶다."

중국 측은 1983년 나카소네 야스히로 총리와 레이건 대통령의 정상회담을 예로 든 것이다. 당시 나카소네 총리는 워싱턴 교외의 대통령 전용 별장인 캠프데이비드에서 레이건 대통령과 서로 '론'과 '야스'라는 애칭을 부를 정도로 끈끈한 밀월 관계를 구축해서 화제를 모았다.

제안을 수용한 미국 측은 역대 미국 대통령이 휴가나 사적인 정치 회담에 이용했던 '서해안의 캠프데이비드'라고 불리는 서니랜즈를 택했다.

이 일로 인해 중국이 지금까지 미국의 최대 동맹국인 일본을 의식한다는 사실이 분명해졌다. 일본 이상으로 미국과 실리적인 관계를 쌓으려는 메시지였다.

　미국은 중국의 거의 모든 요구를 받아들였다. 평상적인 수준을 뛰어넘는 배려를 엿볼 수 있었다. 중국 외교부 관계자는 이렇게 설명했다.

　"미국과 새로운 관계를 구축하고 세계 질서에 관해 허심탄회하게 이야기하고 싶다는 시진핑 주석의 열의에 오바마 대통령이 전면적으로 응답해준 것이지요. 양국이 국교 정상화한 이후 이례라고 할 수 있을 정도로 장시간 회담이 진행되었고 내용 또한 충실했습니다."

　단 회담에 누가 참가하고 어떤 이야기가 오갔는지는 거의 밝혀진 바가 없다. 양국 관계와 세계 질서에 관해 상당히 중요한 이야기를 나누었다는 것은 틀림없는 사실인 듯하다.

'사막의 천국' 서니랜즈

　로스앤젤레스 공항에서 렌터카를 빌려 편도 5차선의 고속도로를 타고 동쪽으로 내달렸다.

　한참 지나자 가로수의 녹음이 조금씩 바래지더니 곧 짙은 갈색의 벌거벗은 대지가 나타났다. 흐린 회색빛의 풍력 발전기가 바쁘게 돌아가고 있었다. 순간 갑자기 중앙 분리대에 끌려 들어가듯 자동차가 옆으로 미끄러져버렸다. 돌풍에 휩싸인 것이다. 가까스로 무거운 핸들을 꺾고 자동차를 바로 세웠다. 주변에 있던 차들도 멈춘 듯이 서행하고 있었다.

네 시간이 지났다. 사방에 펼쳐진 사막 저 너머로 회색 건물 집단이 신기루처럼 피어올랐다. 목적지인 랜초미라지에 도착했다. 야자수 가로수에 고급 리조트 호텔과 골프장이 있는 그야말로 사막 한가운데의 오아시스다.

그중 화려한 핑크색 벽에 짙은 상록수로 둘러싸인 구역이 눈에 떠었다. 입구는 철제문에 철조망까지 쳐 있고 수위도 상주한다.

이곳이 바로 서니랜즈다. 도쿄돔 약 열일곱 개분에 달하는 81만 제곱미터 부지에는 골프장과 테니스 코트, 그리고 열한 개나 되는 낚시터가 있다. 숙박 시설과 회의장 같은 건물만 해도 2300제곱미터가 넘는다.

서니랜즈는 〈TV 가이드〉를 비롯해 열일곱 개의 잡지를 창간한 월터 아넨버그가 1966년 겨울용 저택으로 지었다. 〈포브스〉에 따르면 아넨버그의 자산은 약 40억 달러로 미국 부호 랭킹 38위에 오른 적도 있다. 닉슨 정권에서는 주 영국 대사를 지냈다.

카페트처럼 빽빽이 심은 선인장들로 장식된 통로를 지나자 전면을 유리창으로 지은 영빈관이 보였다. 서니랜즈의 역사와 이곳을 방문한 주요 인물에 대해 전시되어 있었다. 영빈관은 일반에 공개되는데 미국과 중국의 정상회담 이후 중국인 관광객이 두 배나 증가했다고 한다. 시진핑 부처와 오바마의 사인도 걸려 있었다. 닉슨을 비롯해 레이건, 조지 H. W. 부시(일명 아버지 부시), 클린턴 등 일곱 명의 미국 대통령과 정부 고관들이 휴가나 회의를 위해 서니랜즈를 방문

2013년 시진핑과 오바마의 정상회담이 열린 서니랜즈의 모습.

했다. 가수 프랭크 시나트라의 사진도 있는데 그는 한때 이곳에 살았다고 한다.

정상회담이 진행된 본관 내부도 안내받아 볼 수 있었다. 입구는 일반 공개되는 영빈관과 달리 높은 철문으로 가로막혀 있었다. 남자 직원이 운전하는 골프 카트를 타고 안으로 들어갔다.

정연하게 손질된 옅은 녹색 잔디밭이 전면에 펼쳐졌다. 빨려 들어갈 듯이 선명한 푸른 하늘이 비친 연못에는 철새가 잠시 날개를 쉬고 있었다. 카메라를 돌리자 새들이 일제히 날아올라 수면에 잔잔한 파도가 일었다. 직원이 자랑스럽게 이야기하기 시작했다.

"세계에서 가장 바쁜 미국 대통령이 이 아름다운 풍경 속에서 세계 전략과 정책을 고심한답니다. 사막 한가운데 이만한 정원을 건설하는 데 3500만 달러가 들었습니다."

한때 이 땅을 방문했던 영국의 엘리자베스 여왕이 '사막의 천국'이라고 평가한 것도 납득이 갔다.

카트를 10분 정도 달리자 연못 건너편으로 텐트처럼 둥근 지붕에 옅은 핑크색 벽으로 싸인 본관이 보였다. 현관 옆에 걸린 은색 금속판에는 이렇게 쓰여 있었다.

'1990년 일본 가이후 도시키 총리를 위해 최초의 만찬회를 연 장소.'

당시 일본은 버블 절정기였다. 조지 H. W. 부시에게 초대받은 가이후 총리는 이틀 동안 식사를 함께하면서 미일 무역 마찰이나 안전보장에 대해 논의했다. 세계 제2위의 경제 대국이었던 일본은 미국의 최대 라이벌이었으므로 전 세계 언론이 취재를 위해 몰려들었다. 이제는 중국이 대신 그 자리를 차지하고 있는 듯했다.

현관을 열고 들어가자 희미하게 햇살이 비치는 복도 양편으로 그림들이 빼곡히 걸려 있었다. 직원은 작품 하나하나를 설명해주었다.

"이것은 피카소, 저것은 모네, 그쪽은 고흐의 작품입니다. 모두 아넨버그가 소장하던 것으로 2002년 사망한 뒤 뉴욕 메트로폴리탄 미술관에 기증되었습니다. 여기 있는 건 모두 디지털 복제품입니다."

방 구석구석에는 앤티크 가구가 놓여 있고 도자기와 유리 공예품이 장식되어 있다. 가쓰시카 호쿠사이의 우키요에 전시실도 있었다.

흡사 미술관에 온 듯했다.

적어도 80제곱미터는 될 법한 거실에서는 테라스 창 건너편으로 전용 수영장과 골프 코스를 전망할 수 있다. 직원이 한 장의 사진을 보여주었다. 소파에 앉은 시진핑과 부인 펑리위안, 그리고 오바마 대통령이었다.

"세 분은 이곳에서 바깥 경치를 바라보면서 30분 정도 담소를 나누셨습니다. 개인적인 이야기도 화제가 되어 온화한 분위기였던 것 같습니다. 다만 바로 직전에 열린 회담에서는 격렬한 토론이 오갔다고 들었습니다."

정상회담은 2013년 6월 7일과 8일 이틀에 걸쳐 진행되었다. 첫날은 7일 오후로 양국 정상 이외에 양측 각료가 여섯 명씩 테이블을 사이에 두고 마주 앉았다.

미국 측은 편안한 분위기를 연출하기 위해 넥타이를 풀고 응한 반면 중국 측의 대응은 정반대였다. 당시 동행했던 인물의 회상이다.

"시진핑 주석이 회담 직전 실무진이 준비한 서류를 가지고 들어가라고 지시했습니다. 반년이나 준비한 자료들이라 사전처럼 두꺼웠지요. 그것을 일부러 회담 장소에 가지고 들어가 테이블 위에 올려놓자 미국 측은 놀란 듯했습니다. 이쪽이 만반의 준비를 갖추었다는 사실을 과시해서 상대에게 압력을 가해 회담을 유리하게 진행하려는 전략이었던 듯합니다."

두 정상은 북한과 이란 문제부터 사이버 공격까지 열띤 공방을 벌였다. 쌍방의 의견이 평행선을 달린 채로 만찬까지 이어졌다.

양국 정부와 서니랜즈의 관계자들로부터 얻은 증언을 이용해 긴박했던 만찬회 장면을 재현해보자.

먼저 만찬의 책임 셰프인 보비 플레이가 나와 메뉴를 설명했다.

유머를 적절히 섞은 그의 말솜씨에 분위기가 부드러워진 것도 잠시, 시진핑이 포문을 열었다.

"댜오위다오는 중국의 고유 영토이자 '핵심 이익核心利益, Core interest'입니다. 제3자의 어떠한 개입도 용인하지 않겠습니다."

일본과 영토 분쟁 중인 지역을 두고 티베트와 타이완처럼 타협의 여지가 없는 국익을 의미하는 '핵심 이익'이라는 표현을 쓴 것이다. 시진핑은 미국이 일본과의 영유권 분쟁에 개입하는 것을 강력하게 견제했다. 미일안전보장조약에 기록된 일본에 대한 방위 의무를 센카쿠 열도에는 적용하지 말라는 뜻이었다.

이어서 아베 정권의 역사 인식과 헌법 개정 움직임에 대한 비판을 전개하기 시작했다.

"일본의 일부 정치 세력이 역사의 흐름을 왜곡시키려고 하지만 중국은 전후의 국제 질서를 앞으로도 변함없이 지켜나갈 각오로 임하고 있습니다."

시진핑의 연설 아닌 연설은 70분간이나 이어졌다. 만찬회는 그야말로 그의 단독 강연회로 변해버렸다. 참다못한 오바마가 시진핑의 연설에 끼어들었다.

"일본은 미국의 동맹국이자 친구이며 민주주의 국가입니다."

만찬은 예정 시간을 넘겨 1시간 45분 동안 계속되었다. 양측의 합의가 이루어질 기미가 전혀 보이지 않는 채로 끝나버렸다. 첫날부터 진전이 보이지 않자 미국 측 참가자로부터는 실망의 목소리가 흘러나왔다. 그러자 오바마 대통령은 사태를 타개하기 위해 어떤 행동에 나선다.

둘만의 정상회담

다음 날 아침에는 구름 한 점 없는 푸른 하늘이 펼쳐졌다. 아직 오전 9시도 지나지 않았는데 온도계는 37도를 훌쩍 넘고 있었다. 사막 한가운데라는 사실이 실감나는 폭염이다.

조찬회에서도 전날의 굳은 분위기가 풀어지지 않았다. 식사가 끝날 무렵 오바마는 시진핑에게 제안했다.

"둘이서만 정원을 산책하지 않으시겠습니까?"

중국의 외교 관례에는 없는 제안이다. 당황한 부하와 측근은 안중에 없다는 듯 시진핑은 그 자리에서 답했다.

"저도 꼭 가고 싶군요."

두 사람은 외투를 벗고 테라스에서 정원으로 걸어 나갔다.

약 50분간 수영장 주변을 걷다가 벤치에 걸터앉아 서로 대화에 열중했다. 양국 정상이 앉은 벤치는 캘리포니아산 적삼나무로 만들어졌다. 닉슨이 1972년에 전격 방중했을 때 중국 측에 선물한 나무와 같은 것이다. 이번 회담에서 양국의 우호를 연출하기 위해 미국 측에서 사전에 준비해둔 것이었다.

두 사람이 무슨 이야기를 나누었는지는 양국 정부 모두 밝히지 않았다. 동행한 사람으로부터 어렵게 이야기를 들을 수 있었다.

"두 정상은 중국이 제안한 '신형대국관계'에 대해 심도 있는 대화를 나누었습니다. 냉전 시대의 미국과 소련처럼 싸우지 않고 상호 존중을 기반으로 서로 이익을 얻을 수 있는 협력 관계를 어떻게 실현할 것인지를 논의한 모양입니다."

'신형대국관계'라는 개념을 중국이 최초로 외교 무대에 제시한 것은 서니랜즈 회담보다 2년 앞선 2011년 1월, 후진타오가 미국을 방문했을 때였다.

마침 이 무렵 오바마 정권은 '아시아 회귀Pivot to Asia' 전략을 내걸고 아시아와 태평양 지역에 대한 자국의 영향력을 강화하려고 애쓰던 중이었다. '아시아 회귀' 전략이란 미국의 외교·군사 정책의 중심을 아시아·태평양 지역으로 이동하겠다는 것으로, 이 지역에 대한 중국의 영향력을 견제하기 위한 것이었다. 시진핑이 주장한 '신형대국관계'는 결국 그에 맞서 중국이 내건 전략인 셈이다.

중국 정부 관계자에 의하면 중국 측은 정상회담 사전 협의에서 '신형대국관계'를 포함한 합의 문서를 발표하자고 제안했다. 그리고 양국이 쌍방의 '핵심 이익'을 존중한다는 내용을 문서에 포함시키고자 했다. 사전에 준비한 중국 측 내부 문서에는 분명히 '쌍방이 국가의 핵심 이익에 관계되는 문제는 적절히 처리한다'고 기록되어 있다.

하지만 미국 측은 이 제안을 거절했고 결국 합의문서가 아니라 한 단계 격하된 공동 성명의 형태로 일단락되었다. 중국은 공동 성명에도 '신형대국관계'라는 용어를 사용할 것을 제안했지만 미국 측은 상당히 소극적인 태도를 보였다고 한다.

하지만 이번 서니랜즈 회담 이후 기자회견에서 미국의 국가안전보장 담당의 대통령 보좌관은 '오바마 대통령과 시진핑 주석은 신형대국관계의 구축에 합의했다'고 공식 표명했다.

이로써 중국이 주장하는 '핵심 이익'을 존중할 것을, 미국이 용인했다고 받아들일 수 있다.

중국 정부 관계자 중 한 명은 서니랜즈 정상회담의 의의를 다음과 같이 강조한다.

"무엇보다 신형대국관계라는 표현을 미국 측이 공식적으로 사용한 것이 최대의 성과입니다. 이 개념의 기본은 양국이 대국으로서 책임을 다함과 동시에 서로의 '핵심 이익'을 존중하는 것에 있습니다. 오바마 대통령이 이를 수용한 것은 우리 나라의 외교에 큰 성과가 됩니다. 결과적으로 미국이 댜오위다오 문제에 개입하는 것을 강력하게 견제하겠다는 의미이기 때문입니다."

미일안전보장조약 제5조에서는 일본 정부가 관리하는 영역에 타국으로부터 무력 공격이 있을 경우 미국이 방위하기로 되어 있다.

미국 정부는 그동안 센카쿠 열도가 일본의 관리 하에 있으며 따라서 미일안전보장조약이 적용된다는 사실을 인정해왔다.

일례로 2013년 1월 당시 국무장관이었던 힐러리 클린턴은 센카쿠 열도 주변에서 도발 행위를 되풀이하는 중국에 대해 다음과 같이 엄중하게 비난했다.

"일본의 시정권施政權, 입법·행정·사법권을 일방적으로 침해하는 어떤 행위에도 반대한다."

하지만 이번 서니랜즈 회담 이후 오바마 대통령은 회견에서 센카쿠 열도에 대해 지금까지의 입장에서 한 발 물러선 듯한 취지의 발언을 했다.

"(미국은) 영토 문제에 관해서는 어느 한쪽의 입장을 지지하지 않으며 (중국과 일본 양국이) 서로 대화를 통해 문제를 해결하기 바란다."

진격하는 시진핑, 방어하는 오바마

중국 특파원으로 6년 동안 정부와 군 당국자를 취재하면서 나는 한 가지 사실을 확신하게 되었다. 그들은 모두 힘의 신봉자라는 점이다. 군사력과 경제력을 포함해 자국의 종합적인 국력을 항상 상대국과 비교하고, 그에 따라 냉철하게 현실적으로 외교 정책을 결정하고 있다는 것을 실감했다.

2008년 리먼 사태로 미국 경제가 악화되었을 때, 중국은 베트남, 필리핀과 영유권을 다투고 있는 남중국해를 중심으로 대대적인 공세에 나섰다. 또 2011년에는 중국의 국내 총생산GDP이 일본을 제치고 세계 제2위로 뛰어오르자 역시 영유권 분쟁 중인 센카쿠 열도를 포함해 동중국해에서 강경 일변도로 자세를 바꾸었다.

그들이 국력과 마찬가지로 중시하는 것이 상대국의 대중對中 전략이다. 중국에 대한 반감이나 대항하려는 의도가 있는지 없는지 해당국 정부와 정치가의 발표나 발언을 세세하게 살핀다.

일본의 마에하라 세이지 전 민주당 대표가 2005년 중국의 군사력 증강을 두고 현실적인 위협을 지적한 '중국 위협론'에 강력 반발하거나 현재 아베 신조 총리가 센카쿠 열도 문제를 둘러싼 중국의 도발적 대응을 비판한 것에 신경을 날카롭게 세우는 것도 그 때문이다.

그렇기 때문에 중국은 미국이 유화 정책을 택했다고 판단되면 민감하게 반응해서 공세를 강화한다. 게다가 서니랜즈 회담 직후 미정부 고관의 한마디가 중국의 공세적 태도를 더욱 부추겼다.

2013년 11월 20일, 수전 라이스 백악관 국가안보 보좌관은 미국 워싱턴 시내에서 '아시아에서 미국의 미래'라는 주제로 강연했다.

"중국과는 새로운 대국 관계를 실행하려고 하고 있습니다. 미국은 주권 문제에 관해서는 따로 입장을 표명하지 않을 것입니다. 중국과 일본이 대립을 격화시키지 않고 평화적이고 외교적인 방법을 찾도록 양국에게 촉구하고 있습니다."

그녀는 센카쿠 열도가 실질적으로 일본의 관리 하에 있는지조차 언급하지 않았다. 일본을 지지하는 것이 아니라 오히려 중립적인 입장을 강조한 표현이라고도 볼 수 있다.

중국은 이러한 미국 측의 유화 자세를 놓치지 않았다.

강연 사흘 뒤, 중국 국방부는 동중국해 상공에 전투기가 경고를 위해 긴급 발진하는 기준이 되는 방공식별구역ADIZ*을 설정했다고 공식 발표했다. 그 범위가 센카쿠 열도의 상공까지 포함하므로 일본의 방공식별구역과 겹치게 된다.

중국군 연구소 관계자는 설정 경위에 대해 다음과 같이 털어놓았다.

"우리 군의 오랜 숙원이었습니다. 2001년에 남중국해 공해 상공에서 우리 전투기가 미군 정찰기와 충돌해서 조종사가 희생된 사건이 계기였지요. 우리 영공에 접근하는 미군 비행기를 저지하기 위해 몇 번이나 방공식별구역을 설정하려고 했지만 미국 측의 반발이 두려워 강행하지 못했습니다. 오바마 정권이 대중 전략을 유화적으로 전환한 것이 이번 결정에 판단 요소가 되었다는 사실은 부인할 수 없습니다."

그 직후 중국을 방문 중이던 미국의 바이든 부대통령은 시진핑과 회담하면서 중국의 '방공식별구역'을 인정하지 않는다는 사실을 전하면서도 "당신은 진솔하고 건설적으로 새로운 대국 관계를 발전시

---

* 자국 영공에 대한 침입을 방지하기 위해 설정하는 임의의 선. 국제법이 정하는 영공과 달리 각 나라가 독자적으로 지정하고 있어 영유권 분쟁 지역에서는 자주 논란이 된다. 중국의 방공식별구역은 한국의 이어도 상공과도 겹친다.

키고자 애쓰고 있다."며 시진핑의 대미 자세를 높이 평가했다.

이에 대해 시진핑은 "방공식별구역은 우리의 정당한 권리다. 서로의 핵심 이익을 존중하고 민감한 문제는 적절히 대처해 나가도록 하자."며 '신형대국관계'에 대한 중국의 독자적인 해석을 다시 한 번 강조했다.

서니랜즈 회담이 계기가 되어 이후 중국은 공세를 퍼붓는 반면 미국은 방어하기에 급급한 듯 보인다.

국가정보회의에서 대중 정책 수립에 참여했던 브루킹스연구소의 북동아시아정책연구센터 소장인 리처드 부시는 '신형대국관계'에 대해 부정적인 시각이다.

"중국과 협력해서 북한이나 기후 변동과 같은 세계적인 문제를 해결해 나가는 것이 목적입니다. 중국이 주장하는 '핵심 이익'과는 관계가 없습니다. 만일 시진핑 주석이 센카쿠 열도를 두고 '우리의 주장을 인정하라'고 한다면 미국으로서는 '동맹국인 일본의 관리 하에 있다'고 답변할 뿐입니다."

확실히 중국이 방공식별구역을 설정한 이후 미 정부 고관들은 다시 중국 비판을 강화하는 추세다.

중국은 자신들의 '핵심 이익'만을 지나치게 고집한다. 좀 더 공동의 이익에도 눈을 돌려야 한다.

_에반 메데이로스, 미 국가안전보장회의 아시아 담당 선임보좌관

동중국해와 센카쿠 열도 근해에서 중국 공선公船에 의한 사상 유례가 없는 위험한 활동이 증가하고 있는 사실을 심히 우려한다. 센카쿠 열도는 미일안보조약, 특히 제5조의 적용 대상이다.

_대니얼 러셀, 미 국무부 동아시아태평양 담당 차관보

하지만 이러한 일련의 발언도 결국 중국이 강경 자세로 일관하자 당황한 나머지 급하게 궤도를 수정한 듯이 보인다.

안전보장 정책에 종사하는 미 해군 간부는 다음과 같이 지적했다.

"사실 미국 정부 내에서도 중국과 '어떻게 교류할 것인가'라는 대중 전략이 확고히 수립되지 않은 상태다. 그렇기 때문에 한쪽에서는 '아시아 회귀' 전략을 내세우면서 또 다른 쪽에서는 고위급 인사가 중국에 대해 유화적인 발언을 하는 등 서로 손발이 맞지 않는다. 그때그때 임시방편적인 정책을 되풀이하고 있는 실정이다."

동아시아 정책에 관여했던 미국 국방부의 전 간부도 오바마 정권의 대중 정책을 비판한다.

"서니랜즈 회담이 미중 관계에 있어서 하나의 전환점이 되었다고 생각합니다. 개념의 정의가 모호한 상태에서 안이하게 '신형대국관계'를 수용한 것이 가장 큰 문제입니다. 그도 그럴 것이 오바마 정권은 내심 시진핑 주석이 대화가 통하는 능력 있는 지도자라고 기대했으니까요. 결과적으로는 미국이 생각한 이상으로 강력하고 만만치 않은 상대라는 사실을 절실히 깨닫게 되었지만요."

'덩샤오핑에 필적하는 권력자'

오바마 정권의 외교 정책에 대한 이들의 냉철한 비판은 뒤집어보면 중국에 대한 잠재적인 공포심에서 나온 것으로 여겨진다. 미국의 정부 관계자나 연구자들 사이에서는 '시진핑의 권력은 강력하다'는 공통된 인식이 존재한다. 중국 내정을 연구하는 보스턴 대학교의 조셉 휴스미스 교수는 '전임인 후진타오, 또 그 전의 장쩌민과 비교해도 시진핑은 권력 기반을 구축하는 것이 상당히 빠르고 또한 견고하다'고 분석했다.

시진핑은 국가주석에 취임한 뒤 대규모 반부패투쟁을 전개하면서 부정부패와 비리 척결에 나서고 있다. '호랑이도 쇠파리도 한꺼번에 때려 잡겠다'는 슬로건 그대로 지방의 하급 공무원부터 중앙의 고위직까지 송두리째 적발하고 있다.

나와 알고 지내던 지방 정부의 관리나 국영 기업의 몇몇 간부도 연락이 끊겼다. '뇌물 수수 사건의 공범자로 연금되어 취조를 당하고 있다'고 그들의 동료에게 들었다.

이 정도로 본격적인 비리 적발은 전임인 장쩌민이나 후진타오 시대에는 없던 일이다. 권력 기반이 견고하지 않다면 도저히 시도할 수 없는 일이다.

반면 미국과는 대조적으로 일본의 연구자나 언론은 시진핑의 권력 기반과 능력을 낮게 평가하는 경향이 있다. 서점에 진열된 시진핑 관련 도서 제목만 봐도 '공산중국 최약체의 제왕', '시진핑과 중국의 종언' 같은 것들뿐이다. 관료와 연구자들 중에는 "시진핑이 앞으로 10년을 버틸 수 있을까요?"라고 묻는 경우가 적지 않다.

나 자신도 사실 중국 특파원 입장에서 시진핑을 보면서 '정말 이 인물이 최고 지도자가 될 수 있을까?' 하고 의심한 적이 있다.

회의장에서 다른 고위직들은 메모하느라 열심인데 시진핑 혼자 한곳만 지긋이 응시하고 있는 모습을 자주 보았다. 토론회에서도 그저 남들이 말하는 것을 가만히 듣고 있을 뿐이다. 앞에 나가 발언을 할 때도 준비된 원고를 그대로 읽는 장면을 자주 본다. 큰 체구에 맞지 않게 껑충 올라간 짧은 바지 때문에 양말이 그대로 보이기도 한다.

대부분의 외국인 특파원들은 바로 얼마 전까지만 해도 시진핑의 존재조차 정확히 알지 못했다. 대부분의 언론이 2007년 제17회 당 대회에서 최고 지도부인 정치국 상무위원 9인에 그가 입성하자 급하게 경력과 출신을 조사했을 정도다.

시진핑은 주로 지방에서만 근무했기 때문에 그와 직접 만난 일본인은 많지 않았다. 따라서 그의 실체를 더더욱 파악하기 어려웠을 것이다. 그에 더해 많은 일본인에게 시진핑의 '첫인상'이 썩 좋지 않았던 것도 그에 대한 무관심에 영향을 미쳤을 것이다.

2009년 그가 국가 부주석 자격으로 일본을 방문하며 '일왕 회견 문제'가 불거졌을 때야 비로소 '시진핑'이라는 이름을 들은 사람도 적지 않다. 일왕과 회견하려면 한 달 전에 요청해야 한다는 하는 내부 규정이 있다. 그런데 중국 측은 이 '1개월 원칙'을 무시하고 급하게 요청해왔기 때문에 회견은 성사되지 않을 것이라는 것이 일반적인 추측이었다.

하지만 시진핑 측은 당시 민주당 간사장이었던 오자와 이치로에게 강한 압력을 행사해 모두의 예상을 뒤엎고 일왕과의 회견을 실현시켰다. 이 문제를 두고 일본 내에서는 비난하는 여론이 쇄도했다.

최근에 와서는 시진핑을 '사상 최약'이라고 평가하는 목소리는 없어졌지만 지도자로서 경외심을 가지기보다 혐오감이 강해지고 있는 듯하다. 연이은 공산당 간부의 숙청 소식을 접하면서 독재자의 인상이 굳어진 요즘은 '사상 최악'이라는 소리까지 들린다.

이처럼 미국과 일본에 있어서 '시진핑을 바라보는 시각'의 차이는 극명하다. 그 간극은 시진핑이 13억 인구의 지도자가 되기 위한 치열한 '황제 레이스'에서 어떻게 싸워서 승리했는가, 또 그 과정을 어떻게 평가하는가라는 질문에서 원인을 찾을 수 있다. 그런데 이 장대한 권력 투쟁의 내막에 대해 일본 언론이나 외교 관계자들조차 아는 바가 많지 않을 것이다.

이제 시계 바늘을 시진핑 국가주석의 탄생 전야로 되돌려보자.

4장
다큐멘터리 '신황제의 탄생'

제18회 당대회가 끝나자 새로운 지도부가 선을 보였다. (2012년 11월)

완전 은퇴로 결정이다!

여느 때와 같은 방법으로 지정된 장소를 향했다. 일부러 먼 길을 돌아 몇 번이나 전철과 버스를 갈아탄다. 안경을 쓰고 모자를 깊숙이 눌러쓴 채 인파 속에 섞여 들었다. 미행당하지 않을까 수차례 뒤를 돌아보았다. 전파로 현재 위치를 탐지당하지 않도록 휴대 전화도 일부러 가지고 오지 않았다.

둘밖에 모르는 연락 방법과 암호를 써서 사전에 만날 장소를 정했다. 그래도 중국 당국의 감시망 앞에서는 안심 따위 할 수 없다. 정보 통제가 일본과는 비교도 안 될 정도로 철저하다. '정보원'이 스파이 용의로 체포되면 최악의 경우 사형당할 가능성도 있다.

약속 장소는 베이징 시 교외에 있는 먹자촌. 한창 붐비는 점심시간이라 바삐 식사하는 손님들 사이에 그 남자가 있었다.

2012년 11월 13일. 중국공산당의 가장 중요한 행사인 당대회가 한창 진행 중이었다. 큰 거리나 번화가에는 짙은 청록색 제복으로 몸을 감싼 무장경찰과 경관들이 총을 소지하고 경계를 펴고 있었다. 거리 전체가 이상하리만치 긴장감에 휩싸였다.

일본의 국회에 해당하는 전국인민대표대회(이하 전인대)가 매년 열리는 것에 반해 중국의 당대회는 5년에 한 번밖에 열리지 않고 최고 지도부 인사나 주요 법안을 결정하는 가장 중요한 회의다. 18회째를 맞이하는 이번 대회에서는 최고 지도자인 후진타오가 총서기직에서 물러나고 겸임하던 국가주석의 지위도 시진핑에게 물려주기로 내정되어 있었다.

이번 대회 최대의 관심사는 후진타오의 세 번째 직책인 중국공산당 중앙군사위원회(이하 군사위) 주석직이다.

세계 최대인 230만 명의 군인을 거느리는 인민해방군의 수장 자리로 군부대 이동부터 핵미사일 발사에 이르기까지 모든 권한을 가진다. 신중국 건국의 아버지, 마오쩌둥이 '권력은 총구에서 나온다'고 말했듯이 그야말로 중국공산당에 있어서는 권력의 원천이다.

역대 최고 지도자들은 다른 자리에서는 다 물러나도 군사위 주석직에는 그대로 머물러 당과 정부의 주요 인사나 정책에 간섭해왔다. 총서기도 국가주석도 내부 규정상 '정년'이 있지만 군사위 주석만큼은 예외로 취급된다.

후진타오는 군사위 주석에 그대로 머무를 것인가?

아니면 시진핑에게 모든 것을 물려줄 것인가?

엄중한 계엄 태세 속에서 일부러 '그 남자'를 만나는 것도 그 일을 최종적으로 확인하기 위해서였다.

남자는 베이징 시 중심부에 있는 '중난하이'에 출입할 수 있는 사람이었다. 중난하이 부지 안에는 풍성한 수림 속에 중국의 전통 누각과 근대적인 건축물들이 즐비하다. 이곳에 집무실을 가질 수 있는 지도자는 25인의 정치국 상무위원과 정치국원들, 그리고 얼마 안 되는 고위급 간부에 한정된다. 보안을 위해 군부대가 상주해 있어 출입은 엄격히 제한된다. 외부와 격리된 중국 정치의 중추 그 자체라고 할 수 있다.

등받이가 없는 접이식 의자에 앉은 남자는 몸을 앞으로 기울이면서 내 귓전에 대고 속삭였다.

"완전 은퇴로 결정났어!"

목소리는 낮추었지만 자신감이 넘치는 표정이었다.

나는 놀라움을 감추며 이 사내의 설명에 귀를 기울였다.

그 이틀 전인 11월 11일 베이징 인민대회당에서 고위 관료들의 내부 회의가 열렸다. 회의를 시작하자마자 후진타오 총서기가 돌연 발언을 요청했다고 한다.

"나는 이제 은퇴하고 모든 지위를 시진핑 동지에게 물려주고 싶다."

갑작스런 발표 내용에 당 간부들은 당황한 나머지 웅성거리기 시작했다. 후진타오는 개의치 않고 계속해서 두 가지 내부 규정을 함께 제안했다. 그 내용은 다음과 같다.

- 자신을 포함한 어떠한 당 고위 간부도 은퇴 후에는 정치에 관여하지 않는다.
- 이 순간 이후 군사위 주석을 포함, 모든 직책의 정년에 대해 예외를 인정하지 않는다.

후진타오의 너무나 급작스러운 제안이었지만 함께 앉은 시진핑은 일말의 동요도 없이 그 자리에서 바로 응수했다.

"후진타오 동지의 결단에 최고의 경의를 표하고 싶다."

두 사람의 예상 외 발언에 회의장은 물을 끼얹은 듯 조용해졌다.

시진핑과 후진타오, 세기의 연극

사내의 입에서는 상상할 수 없던 정보가 잇달아 쏟아졌다. 나도 모르게 "정말?" 하고 큰 소리로 외쳤다. 건너편 손님이 놀란 듯이 이쪽을 바라보는 시선을 느끼고 급히 목소리를 낮추었다.

그때까지만 해도 베이징에 있는 각국 대사관이나 대부분의 언론은 후진타오가 전임인 장쩌민처럼 군사위 주석직에는 당분간 남아 있을 것으로 예상했다.

장쩌민 전 국가주석은 2002년 총서기 자리를 후진타오에게 물려준 다음에도 1년 10개월에 걸쳐 군사위 주석직을 계속 차지하고 있었기 때문이다.

전 당 고관을 친척으로 두어서 중난하이의 내부 사정에 정통한 중국 정부 관계자는 군사위 주석이라는 자리가 가진 힘에 대해 설명해주었다.

"최강의 권한을 지닌 군사위 주석은 중국공산당 내에서 '상왕정치의 본존'으로 불리고 있지. 당과 정부의 규정에 얽매이지 않는데다 따로 정년도 없으니 원하는 만큼 계속 차지하고 있을 수 있으니까. 장쩌민은 총서기에서 물러난 뒤에도 이 자리만큼은 내놓지 않고 측근들을 곳곳에 심어놓고 후진타오 지도부의 정치에 간섭해온 거야."

그렇다면 후진타오는 그토록 영향력 있는 자리를 왜 스스로 포기했을까?

또한 시진핑의 태도도 쉽게 이해하기 어려웠다. 윗사람을 공경하는 유교 문화가 뿌리 깊은 중국에서는 연장자가 은퇴 의사를 표시하더라도 만류하는 것이 공산당뿐 아니라 일반적인 관습이다. 하지만 이때 시진핑은 후진타오의 제안을 당연하다는 듯이 받아들였지 않은가?

이 중국 정부 관계자에게 그 이유를 물었다.

"사실 장쩌민도 총서기에서 물러난 뒤 몇 번인가 군사위 주석의 사직을 요청했지. 하지만 후진타오가 그럴 수는 없다고 진언해서 어쩔 수 없이 그에 따르는 형태로 계속 자리를 차지하고 있었던 거야. 그러니까 본심은 어찌되었든 시진핑이 형식적으로라도 만류하지 않은 건 상당히 이례적이지. 아마 둘이 미리 의논한 것이겠지."

결국 시진핑과 후진타오가 '한바탕 연극을 펼쳐보자'는 형태로 당의 개혁을 단행했다는 이야기다.

장쩌민 등 다른 원로가 반대할 틈도 없이 후진타오의 제안은 그 자리에서 채택되었다.

후진타오는 중국공산당의 수장이 된 이후로도 10년 동안 늘 장쩌민의 눈을 의식하지 않을 수 없었다. 자신이 뜻하는 대로 경제와 정치 개혁을 단행하지 못했고 독자적으로 정권을 운영할 수도 없었다.

최고 지도자임에도 불구하고 재임 기간 내내 상왕의 눈치를 보며 호된 시집살이를 해야 했던 후진타오가 마지막 순간에는 자신의 권력을 희생하면서까지 장쩌민을 '길동무'로 삼은 것이다.

중국 정부 관계자는 이야기를 이었다.

"후진타오가 장쩌민처럼 군사위 주석에 머물렀다면 권력 구조는 정말 복잡해졌을 거야. 장쩌민에 후진타오, 그리고 시진핑까지 권력 구조가 삼중으로 얽힐 테니 당내 권력 투쟁은 더 심해질 것이 뻔하지. 잘못하면 공산당 지배가 위태로워지는 사태도 피할 수 없었을 거야. 그러니까 후진타오의 결단은 당 전체의 이익을 우선해서 자신을 희생한 역사적 위업이라고 할 수 있지."

나는 다른 여러 명의 정보원을 통해 사실을 확인한 뒤 다음 날 14일자 〈아사히신문〉 조간 1면에 '후진타오 총서기 완전 은퇴로 장쩌민의 영향력까지 배제. 중국, 상왕정치에 종지부'라는 기사를 썼다. 당시 초미의 관심사였던 후진타오의 거취를 마지막 순간에 독점 취재했을 뿐 아니라 장쩌민의 상왕정치가 끝장나게 된 내막까지 보도한 기사로 각국 언론과 전문가들에게 높은 평가를 받았다.

하지만 그 후 취재를 계속하면서 진실은 결코 이 관계자가 말한 정도로 '미담'은 아니었다는 것을 깨닫게 되었다. 후진타오가 처음부터 '위업'을 달성할 생각이 아니었던 듯하다.

그도 당초에는 장쩌민처럼 군사위 주석 자리를 계속 차지하려고 했던 것이다. 하지만 장쩌민과 물밑에서 치열한 권력 투쟁을 벌이다가 마지막 순간에 공멸하는 형태로 권력의 무대에서 사라지게 되었다.

그가 장쩌민을 '길동무'로 삼아 끌고 가지 않으면 끝나지 않을 정도로 격렬한 사투 끝의 결단이었다.

금단의 '홍선전화'

제18회 당대회를 9개월 앞둔 시점, 둘 사이에 공방전의 불씨가 댕겼다.

2012년 2월 16일, 중난하이에서 정치국 상무위원회의가 열렸다.

이 회의는 8600만 명에 이르는 중국공산당원들의 정점에 서는 상무위원 아홉 명으로 구성된 최고 의사결정기관이다. 하지만 회의에서 논의한 내용은커녕 회의를 개최한 사실조차 공표되지 않는다. 당 관계자들의 증언을 조합해보면 회의는 거의 매주 열리며 총서기만이 이 회의를 소집할 권한을 가지고 있다. 상무위원 아홉 명이 각각 한 표씩 가지고 주요 사항을 다수결로 결정하는 집단 지도 체제다.

"보시라이 동지의 처분에 대해 논의하고 싶다."

의장인 후진타오가 한 고위 관료의 이름을 부르며 이날의 의제를 제시했다.

회의가 열리기 열흘 전, 충칭 시 부시장인 왕리쥔이 미국 총영사관에 무단으로 진입했다. 상사인 보시라이 충칭 시 당서기와 대립하던 그는 신변의 위험을 느끼고 이웃 쓰촨 성의 미국 총영사관으로 뛰어들어 망명을 요청한 것이다.

당시 미국 국무장관이었던 힐러리 클린턴은 2013년 10월 영국에서 열린 강연에서 긴박했던 그때 상황에 대해 다음과 같이 설명했다.

그는 보시라이의 오른팔로 각종 비리와 잔혹한 범죄를 저지른 기록이 있어 망명을 받아들이지 않았다. 당시 우리 총영사관은 무장경찰에 둘러싸여 위험한 상황이었다. 다만 왕리쥔이 '베이징으로 가서 중앙 정부에 사실을 전하고 싶다'고 요청했기에 그렇다면 '조정할 수 있다'고 답했다.

왕리쥔은 중앙 정부에서 파견된 국가안전부의 간부에게 인도되었다. 국가안전부는 중국의 정보기관이다.

여기서 클린턴 장관이 무장경찰을 언급한 점이 주목된다. 무장경찰이 총영사관을 포위한 행위는 대사관과 총영사관의 보호를 규정한 빈 조약에 명백히 위배된다. 게다가 대규모 무장경찰대를 파견할 수 있는 곳은 지방 정부가 아니라 중국공산당 중앙정법위원회(이후 정법위원회)라는 사실에 주목해야 한다. 이 점에 대해서는 사실 다른 흑막이 있지만 상세한 내용은 8장에서 다루겠다.

이야기를 왕리쥔의 총영사관 진입 사건으로 돌려보자.

국가안전부로 인도된 왕리쥔은 조사 과정에서 보시라이 전 충칭 시 당서기의 비리를 잇달아 터뜨렸다. 보시라이의 부인이 지인인 영국인 실업가를 독극물로 살해했다는 사실, 그리고 보시라이 일가가 거액의 부정 축재를 해왔다는 사실을 폭로한 것이다. 이 사건은 후진타오에게는 절호의 기회였다.

보시라이 전 충칭 시 당서기는 장쩌민과 가까웠다. 정치국원이었던 그는 제18회 당대회에서 상무위원으로 승진이 확실시되는 최고 유력한 후보자였다. 원자바오溫家寶 총리의 후임을 노리고 있다는 소문까지 파다했다. 공산주의청년단(이하 공청단) 시절부터 후진타오를 상사로 모시며 총리 후보로 거의 내정된 리커창을 위협하는 존재이기도 했다. 공청단이란 공산당의 미래 간부를 양성하기 위한 청년 엘리트 기관으로 14세부터 28세까지 약 8000만 명의 단원을 거느리는 기관이다. 후진타오와 리커창은 모두 이 기관의 수장을 역임했다.

왕리쥔의 미국 총영사관 난입 사건이 표면화된 이상 보시라이도 처벌하지 않으면 당의 위엄에 문제가 될 수 있었다. 후진타오는 상무위원회에서 보시라이의 책임 추궁을 강력히 주장했다.

상무위원의 의견은 완전히 양쪽으로 갈렸다.

[찬성] 후진타오, 원자바오, 리커창, 허궈창賀國强

[반대] 우방궈吳邦國, 자칭린賈慶林, 리장춘李長春, 저우융캉

반대한 이는 모두 장쩌민의 측근으로 알려진 사람들이다. 보시라이를 옹호하는 장쩌민의 의향에 따른 결과였다.

남은 한 명의 상무위원인 시진핑은 당시 미국을 방문 중이어서 회의에 참석하지 못했다.

총서기의 정무를 책임지고 관리하는 공산당 중앙판공청(이하 당중앙 판공청)의 담당자는 워싱턴에 있는 시진핑에게 연락해서 의견을 물었다. 오바마 대통령과의 회담을 막 끝낸 시진핑은 책임 추궁에 찬성한다는 의향을 전달했다.

5대 4. 마지막 순간 시진핑의 한 표로 보시라이에 대한 책임 추궁이 결정되었다. 중국 정부 관계자는 놀라움을 감추지 못했다.

"설마 시진핑이 동의할 줄은 생각도 못했어. 그도 그럴 것이 둘 다 태자당 출신인데다 어릴 적부터 잘 아는 사이거든. 시진핑은 네 살 위인 보시라이를 형님이라 부르면서 따랐는데 어떻게 그런 결정을

내렸는지 놀라울 따름이야."

'태자당'이란 당고위급 간부의 자녀나 손자들을 가리킨다. 그들은 아버지나 조부모로부터 물려받은 특권과 인맥을 바탕으로 현재 중국의 정·재계에서 강력한 영향력을 행사한다. 정당과 같은 정식 조직은 아니고 '태자당'이라는 명칭도 외국 언론이 부르는 것으로 정작 본인들은 사용하지 않는다.

시진핑과 보시라이의 부친 모두 중국 부총리까지 지낸 당내 실력자들이며 양쪽 집안 모두 중난하이에 거주했던 명문 중의 명문이다.

그렇다면 시진핑은 왜 맹우로 여겨지던 보시라이의 책임을 추궁하는 데 동의했을까?

둘 사이에 벌어진 격렬한 대립의 진상은 다음 장으로 넘기고 여기서는 시진핑이 보시라이 처벌에 찬성한 직접적인 계기를 살펴보자. 그것은 중국공산당의 지배력을 뿌리째 흔들 수 있는 '어떤 의혹' 때문이었다.

'홍선전화紅線電話.'

중국공산당 내부에서 이렇게 불리는 전용 전화가 있다. 수화기가 빨간색이라서 붙은 이름이다. 2014년 연말, 시진핑이 집무실에서 국민을 향해 연설하는 장면이 방송되었는데 그때 책상 위 오른쪽에 놓인 두 대의 다이얼식 '홍선전화'를 볼 수 있었다.

이 전화는 당이나 정부의 차관급 이상 고위 관료 외에 국유 기업의 사장, 당 기관지 간부들 수백 명의 집무실을 연결한다. 특수한 암호 시스템이 적용되어 중요한 지시나 기밀 정보의 대부분이 이 회선을 통해 전달된다고 한다.

당중앙 판공청이 2012년 4월 11일자로 당과 정부의 간부들에게 사건의 경위를 설명한 내부 통지를 입수할 수 있었다. 한 국유 기업의 간부가 그 내용의 일부를 밝혀주었다.

"보시라이가 홍선전화를 도청하고 있었던 겁니다. 당의 지시를 말단까지 전하는 혈관처럼 중요한 생명선을 도청하다니 믿을 수 없는 배신 행위입니다. 게다가 내부 문서에는 시진핑을 포함해 복수의 상무위원이 도청 대상이었다고 쓰여 있었습니다. 아마도 상무위원 입성을 노린 보시라이가 상층부의 인사 정보를 캐내려고 한 짓이겠지요."

실제로 도청 행위를 했다고 의심받은 것은 왕리쥔이다. 그는 랴오닝 성 톄링 시 공안국에 근무하던 1990년대 후반부터 도청 기술에 정통했다고 한다. 베이징 우전대학교에서 인터넷과 통신 기술을 가르치는 겸임교수직도 맡았었다. 이 대학은 홍선전화의 개발과 관리에 참여한다고 알려져 있으므로 왕리쥔이 그곳에서 해당 전화의 도청 기술을 습득했을 가능성이 있다.

중국 당국이 2012년 9월 5일에 발표한 왕리쥔의 기소장에는 '정식 수속을 거치지 않고 기술조사조치技術調査措置를 이용했다'는 내용이 기록되어 있다.

중국의 형사소송법에서 '기술조사조치'란 조사 과정 중 전화나 대화의 도청, 비밀 촬영을 의미한다. 반드시 '사전에 허가를 얻지 않으면 안 된다'고 규정되어 있다.

기소장이나 판결문에 그 이상의 내용은 기록되어 있지 않다. 하지만 관계자의 증언을 종합해보면 보시라이의 명령을 받고 왕리쥔이 홍선전화를 도청했다고 봐도 틀리지 않을 것이다.

공산당 규정에서 불법 도청 행위는 가장 엄중한 범죄 중 하나다. 마오쩌둥은 문화혁명 시절, '자신이 타고 있는 전용 열차를 도청했다'며 당 고위급 관료를 해임하기도 했다. 당내에서 불법 도청은 중대한 반역 행위로 간주된다.

후진타오는 상무위원회의에서 정식으로 이 사건을 담당할 전문 조사팀을 발족하기로 결정하고 보시라이와 주변 인물을 본격적으로 수사하기 시작했다. 이후 수사는 사전에 계획된 게 아닐까 의심이 갈 정도로 신속하고 광범위하게 진행되었다.

캐나다에서 핵심 용의자를 강제 송환하다

"아직까지도 문화혁명의 오류와 봉건적 문제가 완전히 제거되지 못했다. 이번 개혁이 좌절되면 문화혁명의 비극이 또다시 되풀이된다."

보시라이에 대한 본격적인 조사가 시작되고 약 한 달 뒤인 2012년 3월 14일, 여느 때보다 날카롭고 힘이 들어간 원자바오 총리의 목소리가 인민대회당 홀에 울려 퍼졌다.

지금까지 100번도 넘게 중국 당국의 기자회견에 참석했지만 그
때 처음으로 '문화혁명'이라는 단어를 들었다. 아직까지도 민감한
이 단어가 총리의 입에서 나오는 순간, 수백 명의 기자가 모인 회장
은 물을 끼얹은 듯 조용해졌다.

다음 15일, 보시라이의 충칭 시 당서기직 해임이 발표되었다.

4월 10일에는 정치국원과 중앙위원의 직무도 함께 정지되었다. 동
시에 보시라이의 부인이 영국인 실업가를 살해한 혐의도 밝혀졌다.
현역 당 고관의 부인이 저지른 살인 사건이라는 이례적인 사태로 보
시라이는 최고 지도부인 상무위원 입성을 바로 눈앞에 두고 실각되
었다.

후진타오는 보시라이에 대한 처벌과 함께 장쩌민 일파에 대한 와
해 작업에 나섰다.

첫 번째 목표는 장쩌민의 최측근이자 서열 4위인 자칭린이었다.

40여 년 전 자칭린은 제1기계공업부에 근무하던 당시 장쩌민과
함께 일했다. 이후 그는 장쩌민의 후광을 입고 순조롭게 출세 가도
를 달려왔다.

그런데 자칭린이 푸젠 성 당서기로 재직할 때 관할인 아모이 시에
서 국유 무역회사를 둘러싼 대규모 밀수 사건이 일어났다. 이때 밀
수범들의 편의를 봐주고 뇌물을 수수한 공안부 차관들 중 적어도
열 명이 사형 판결을 받아서 '건국 이래 최대 밀수·비리 사건'으로

한동안 중국 사회가 떠들썩했다.

　그 와중에 국유 기업 간부였던 자칭린의 부인이 밀수 사건의 주범인 국유 무역회사 사장과 친밀한 관계였음이 밝혀져 사건에 관여한 것이 아닌가 하는 의혹을 받았다. 이 남자는 홍콩 잡지와의 인터뷰에서 자칭린에게도 '선물을 보낸 적이 있다'고 말했다.

　사내는 1999년 캐나다로 도주했다. 당 관계자에 따르면 사건 이후 자칭린은 부인과 이혼했고 덕분에 사건과 관련해 추궁당하는 일 없이 흐지부지 마무리되었다. 2002년 열린 제16회 당대회에서는 최고 지도부인 상무위원에까지 입성했다. 다들 이 사건이 묻혔다고 생각하던 2011년 여름, 캐나다로 도주했던 남자가 12년 만에 붙잡혔고 중국으로 신병이 인도되었다.

　그 배경에 대해 중국 정부 관계자는 설명한다.

　"중국 정부는 모든 외교적 통로를 통해 사내의 신병을 인도하도록 캐나다 정부를 압박했지만 캐나다 측이 거부했다. 귀국시키면 바로 사형당할 가능성이 있었기 때문이다."

　하지만 후진타오는 2010년에 캐나다를 방문했을 때 캐나다 정부와 '범죄 수사 협력에 관한 양해각서'를 체결하고 다시 남성의 인도를 강력히 요구했다. 그만큼 무리를 해서라도 남자를 중국으로 데려오고 싶었던 것이다.

　결국 남자는 귀국 후에 체포, 기소되었고 2012년 5월에 무기징역을 판결받았다. 밀수액 273억 위안, 탈세액 약 140억 위안. 국가 고위 간부들 64명에게 부동산과 자동차를 뇌물로 바쳤다고 인정했다. 뇌물을 제공한 리스트에 자칭린의 이름은 없었지만 후진타오로서는 그를 충분히 위협할 수 있는 한 방이었다.

이어서 후진타오는 장쩌민이 발탁한 서열 9위의 저우융캉에게도 공세를 퍼부었다. 정법위원회 서기를 지낸 저우융캉은 사법 기관과 경찰을 모두 주무르는 실력자였다. 비리와 부정 축재로 적발된 보시라이의 뒷배이기도 한 그는 마지막까지 보시라이를 옹호했다. 후진타오는 보시라이의 사건 조사팀에게 저우융캉이 연루되었는지 철저히 조사하도록 지시했다. 즉시 저우융캉의 옛 부하와 친척들을 대상으로 비리 수사가 시작되었다.

장쩌민과 가까운 다른 고관의 친척들도 부정 축재와 비리 수사의 대상이 되었다.

'제18회 당대회는 후진타오의 압승이다.'

당 관계자들 사이에서는 거의 일치된 의견이었다.

베이다이허의 '여름 전쟁'

2012년 8월 15일 오전, 〈아사히신문〉 중국 총국 사무실이 위치한 창안 거리에서 갑자기 차들이 사라졌다. 창안가는 베이징 시내를 동서로 관통하는 큰 도로로 중난하이나 톈안먼 광장과도 연결된다. 베이징을 방문한 외국 요인의 차량이 통과할 때 차선 일부가 폐쇄되는 일은 자주 있지만 모든 차선이 통행금지되는 일은 드물었다.

한참 후 사이렌을 울리며 무장경찰차가 선도하는 자동차 행렬이 들어섰다. 1분 남짓이나 되었을까? 수십 대의 검은색 고급차와 대형 버스가 맹렬한 속도로 톈안먼 광장 쪽으로 달려갔다.

경비를 담당하던 베이징 공안국 관계자가 '베이다이허에서 돌아온 고관들의 차량'이라고 알려주었다.

베이다이허는 베이징에서 동쪽으로 약 300킬로미터 떨어진 허베이 성 친황다오 시의 해안가에 위치한 휴양지다. 보하이 해를 전망할 수 있는 이곳은 매년 여름 역대 고관들이 모이는 피서지로 유명하다.

송림이 펼쳐진 해변의 한가로운 경치와는 사뭇 달리, 연일 크고 작은 회의가 열리며 당의 주요 정책과 인사가 은밀하게 논의된다. 관계자들 사이에서 '베이다이허 회의'로 불리는 회의의 내용은 공개되지 않는다. 회의가 열렸다는 사실조차 알려지지 않는 비밀 회의다.

베이다이허 회의는 마오쩌둥 시대인 1950년대부터 이어오고 있다. 덩샤오핑은 회의 목적에 대해 '우리는 평소 업무로 바쁘기 때문에 여름에는 해변에서 심신을 쉬게 하는 제도를 시작했다'고 일본 요인에게 말한 적이 있다.

베이다이허 회의에는 은퇴한 당 고관도 참석할 수 있다. 그들에게는 이 회의가 주요 정책과 인사에 간섭해서 영향력을 행사할 수 있는 유일한 무대이기도 하다.

2002년 제16회 당대회에서 총서기에 취임한 후진타오는 그 이듬

해부터 베이다이허 회의를 중단시켰다. 밀실 회의를 폐지해서 당의 투명성을 진작시키고자 한다는 것이 공식적인 설명이었다.

하지만 중국 정부 관계자가 진상을 일러주었다.

"그야 물론 거짓말이지. 사실은 장쩌민이 발언할 수 있는 기회를 없애려고 후진타오가 폐지한 거야. 하지만 장쩌민이 맹렬히 반발한 탓에 4년 뒤에는 다시 부활됐잖아."

제18회 당대회를 앞둔 2012년의 회의 과제는 새롭게 탄생할 시진핑 체제의 지도부 인사였다. 회의참가자와 접촉할 수 있는 몇몇 당 관계자의 증언을 조합해보니 회의 내용을 어렴풋이 짐작할 수 있었다.

베이다이허 회의에는 당의 핵심 중추인 고위 관료 수백 명이 참가했다. 이 중 가장 중요한 신지도부 인사는 '예비 회의'에서 논의되었다. 이 회의에는 스물다섯 명의 정치국원과 약 서른 명의 은퇴한 전 당 고관만이 참석할 수 있는데, 그때까지 중병설이 나돌았던 장쩌민도 모습을 드러냈다.

최초의 의제는 보시라이의 최종 처분이었다. 전문 조사팀의 수사 결과, 부인이 저지른 살인 사건 외에 보시라이 본인도 거액의 뇌물 수수와 직권 남용의 용의가 있다는 사실이 밝혀졌다. 전 당 고관을 친척으로 둔 당 관계자가 회의 모습을 전해주었다.

"후진타오가 보시라이의 조사 결과를 보고하자 장쩌민은 그 처분에 맹렬히 반발했나봐. 장쩌민은 보시라이의 최대 뒷배니까 당연한 일이지. 하지만 후진타오는 들은 척도 하지 않고 보시라이의 당적 박탈과 형사 처벌을 강행한 거야. 회의는 시종일관 후진타오가 이끄는 대로 진행된 모양이야."

제18회 당대회에서 발족하는 새로운 정치국 상무위원의 자리 수를 두고도 논의가 일었다. 원래는 일곱 명이었지만 장쩌민은 자신이 총서기에서 은퇴하던 2002년 제16회 당대회에서 아홉 명으로 늘려버렸다. 은퇴 후 상왕정치를 안정적으로 펼치려면 자신의 측근을 한 명이라도 더 밀어 넣어야 하기 때문이었다.

하지만 후진타오는 원래대로 일곱 명으로 줄일 것을 주장하면서 새로운 인사안을 제출했다. 자신의 출신 모체이자 권력 기반인 공청단 중앙 제1서기를 역임한 리커창 부총리를 총리로 승격시키고, 리위안차오 당시 당중앙조직부장을 국가부주석으로 발탁하는 내용이었다. 후진타오와 관계가 가까운 왕양汪洋 광둥 성 당서기도 상무위원 후보에 이름을 올렸다.

누가 봐도 후진타오에게 유리한 인사안이었다. 하지만 후진타오에게 보시라이라는 최대 약점을 잡힌 장쩌민과 가까운 고관들로부터 반대의 목소리가 나오지 않았다.

모든 것이 후진타오의 뜻대로 진행되는 듯하던 찰나, 장쩌민이 판 뒤집기에 나섰다.

용도 불명의 돈은 '아들의 페라리 구입'에 사용되었다

"나는 약간의 문제 제기를 하고 싶다."

그때까지 말없이 듣고 있던 장쩌민이 발언을 요청했다. 그러고는 한 고위 관료의 이름을 지목하며 비판을 시작했다.

링지화令計劃, 공산당 중앙판공청의 주임이었다. 당중앙 판공청의 주임은 총서기의 비서 역할을 하는 요직으로 대대로 원자바오 같은 실력자들이 역임해왔다.

링지화는 내륙부에 속하는 산시 성의 농촌 출신이다. 아버지는 공산당원으로 제약회사의 공장장이었는데 다섯 명의 아이를 방침, 노선, 정책, 계획, 완성이라고 이름 지었다. 모두 공산당의 정치 용어다.

젊은 시절 링지화는 현지 공청단에서 활동하다가 중앙으로 발탁되었다. 공청단 간부였던 후진타오의 눈에 들어 당중앙 판공청에 입성한 것이다. '후진타오 측근 중의 측근'으로 불리며 대부분의 공무와 외유에 동행해왔다. 제18회 당대회에서는 정치국원으로 승격이 확실시되고 있었다.

당내에서도 후진타오의 충실한 심복이자 성실하고 유능한 관료라는 평이었다. 어느 국유 기업 간부는 2008년 링지화와 함께 식사한 때를 뚜렷이 기억하고 있었다.

"링지화 씨와 회사 간부들과 함께 베이징 시 교외에 있는 사교클럽에 갔습니다. 회원제로 운영되는 곳인데 레스토랑과 사우나, 고급클럽까지 갖추고 있죠. 식사를 마치고 클럽에 가려고 하자 링지화

씨 혼자 피곤하다며 마사지를 하러 갔습니다. 마사지 대금인 800위안을 제가 지불하려고 했더니 '자신이 낸다'며 딱 잘라 거절하더군요. 지금까지 수도 없이 고위 관료들을 접대했지만 그런 사람은 본 적이 없습니다."

기업 간부의 인상에 남은 이유는 부패가 만연한 당 고위 관료들 사이에서 뭐든 자비로 내는 사람이 극히 드물었기 때문이었으리라.

그런데 장쩌민이 문제로 지적한 것은 2012년 3월 베이징 시내의 순환 도로에서 일어난 자동차 사고였다. 검은 페라리 한 대가 육교에 돌진해 크게 부서졌고 운전하던 남성은 즉사했다. 차 안에는 두 명의 여성이 동승하고 있었는데 한 명은 사망, 다른 한 명은 중상을 입었다.

출동한 베이징 시 공안국원이 조사한 결과 운전자 남성이 링지화의 아들로 밝혀졌다. 사건을 잘 아는 중국 경찰 관계자의 이야기다.

"링지화의 장남은 당시 베이징 대학교에 다니고 있었는데 학업에 충실한 편은 아니었어요. 여성 편력도 화려하다는 소문이었습니다. 함께 타고 있던 두 여성은 근처 중앙민족대학교에 다니는 티베트족 여대생으로, 발견 당시 거의 전라에 가까운 상태였습니다."

사고 발생 직후 중난하이를 경호하는 특수 부대인 중앙경위국 부대가 현장에 나타났고 사고 차량을 회수하기 시작했다. 그리고 나선 사건을 조사하던 경찰관의 입단속을 하고 서둘러 자리를 떠났다.

하지만 사건은 베이징 시 당서기를 지냈던 자칭린을 통해 장쩌민에게 그대로 전달되었다.

장쩌민은 회의에서 총서기의 안전을 지켜야 할 중국판 '시크릿 서비스'인 중앙경위국 부대를 링지화가 사적으로 사용한 일을 비판했다. 500만 위안은 족히 넘는 페라리 구입 대금의 출처에 대해서도 의문을 제기했다.

오셀로 게임처럼 대역전극이 시작되었다. 후진타오의 페이스로 진행되던 회의 흐름은 순식간에 반전되었다. 그때까지 침묵을 지키던 상무위원과 다른 원로들도 봇물이 터진 듯 장쩌민의 의견에 동조하며 들고 일어났다. 링지화의 상사인 후진타오의 책임을 물어야 한다는 의견까지 나왔다.

거의 다 결정된 듯하던 신지도부 인사안도 백지가 되었다. 그뿐 아니라 가장 중요한 당대회 일정조차 정하지 못했다.

베이다이허에서 베이징으로 돌아온 후진타오는 심복의 비리 사건 처리에 쫓기게 된다.

내부 조사 결과, 링지화의 부인이 자금 문제에 연루되었다는 사실이 밝혀졌다. 그녀는 공청단 간부로서 2010년 젊은 기업가를 지원한다는 명목으로 기금을 조성하고 부이사장으로 취임했다. 기금 조성에 협력한 적이 있는 정부 계열 연구소 관계자의 증언에 따르면 기부 액수에 따른 '특전'이 마련되었다고 한다.

- 100만 위안: 링지화의 사인이 들어간 색지 증정
- 1000만 위안: 링지화가 동석하는 식사회 초대
- 1억 위안: 중난하이에 있는 링지화 집무실에서 기념사진

한마디로 남편의 지위를 이용해서 기부금을 모금한 것이다. 중국의 기업 경영자에게 '총서기의 최측근을 만날 수 있다'는 제안은 그야말로 매력적인 특전이다. IT회사나 전기제조업사 등이 앞다퉈 모금에 참여한 덕분에 2년 만에 약 5억 위안에 달하는 기금이 조성되었다.

내부 조사에서는 이 자금 중 일부의 사용처가 불분명하다는 사실이 밝혀졌다. '아들의 페라리 구입에 쓰였다'고 이야기하는 조사 관계자도 있다.

비리는 이것으로 끝나지 않았다.

중난하이에 출입할 수 있는 중국 정부 당국자가 진상을 이야기해 주었다.

"사실은 링지화가 보시라이 사건에 연루되었다는 의혹이 부상한 거야. 보시라이가 심복인 왕리쥔에게 홍선전화의 도청을 사주했는데, 그 과정에서 링지화가 협력했던 모양이야. 당시 링지화는 중난하이를 관리하는 최고 책임자인 당중앙 판공청 주임이었으니 홍선전화의 보수나 관리도 담당하고 있었지. 링지화의 협력이 없었다면 그런 기밀 회선의 도청은 도저히 불가능했을 거라고 본 거지."

링지화의 행위는 후진타오에 대한 명백한 배신이다.

후진타오는 장쩌민과의 권력 투쟁에서 승리하기 위해 마지막 순간에 장쩌민의 측근인 보시라이를 실각으로 몰아넣었다. 그 사건의 전담 수사팀을 이끌던 것이 바로 링지화였다. 수사 책임자가 뒤로는 용의자와 내통하고 있었다는 이야기가 된다.

공산당의 권력 투쟁에서는 경쟁자의 심복을 쳐서 상대의 발밑을 흔드는 과정이 되풀이되어 왔다. 후진타오와 장쩌민도 서로의 측근을 끊임없이 물고 늘어지면서 피투성이가 될 때까지 투쟁을 되풀이하고 있었다.

그렇다면 링지화는 왜 보시라이에게 협력했을까?

자세한 설명은 다음 장으로 넘기지만, 이 사건은 중국공산당을 뿌리째 흔드는 거대 스캔들로 발전하게 된다.

베이다이허 회의가 끝나고 불과 보름 뒤인 9월 1일, 링지화는 당 중앙 판공청 주임에서 해임되어 한 단계 낮은 당통일전선 공작부장으로 강등되었다. 역대 주임들이 대부분 정치국원으로 승진했던 것을 감안하면 명백한 좌천 인사였다.

후임으로는 시진핑과 지방 근무 시절부터 알고 지낸 리잔수栗戰書 구이저우 성 당서기가 취임했다. 총서기가 취임하지도 않았는데 당 중앙 판공청 주임이 먼저 결정되는 것은 이례적인 일이다.

심복을 잃은 후진타오는 급속도로 구심력을 잃었고 당내는 혼란에 빠졌다.

그때까지 당대회는 대부분 9월이나 10월에 열렸지만 그해에는 9월에 들어서도 구체적인 일정이 나오지 않았다. 전국에서 모여드는 약 2300명의 당대표를 위해 10월 중순에 잡혔던 베이징 시내 주요 호텔 예약도 모두 취소되었다.

국영 언론은 스케줄대로 당대회를 앞두고 분위기를 띄우기 위해 공산당의 빛나는 업적과 역할을 강조하는 특집 프로그램과 기사를 연일 내보내기 시작했다. 상층부에서 일어난 초유의 비상사태를 무마하려는 듯이.

'원로정치'의 종언

측근의 비리로 흔들렸던 후진타오 지도부는 9월 28일 정치국 회의에서 겨우 제18회 당대회 개최 일자를 결정했다. 예년보다 한 달 정도 늦은 발표였다.

게다가 대회 개최는 11월 8일. 장쩌민이 후진타오에게 총서기를 물려준 2002년 제16회 당대회에 버금가는 역대 가장 늦은 날짜였다. 당시는 장쩌민이 10월 말 방미 예정 때문에 그에 맞추어 일부러 개최를 늦춘 사정이 있었다.

분명히 이상 사태였다. 차기 최고 지도부 인사를 두고 갈등이 빚어진다는 것을 암시했다. 후진타오와 장쩌민의 암투는 수면 아래서 끊임없이 되풀이되고 있었던 것이다.

이를 뒷받침이라도 하듯 한때 '사망설'까지 나돌았던 장쩌민의 동정이 약 1년 만에 공식적으로 보도되었다. 9월 하순에는 부인과 측근들을 동반하고 베이징에서 가극을 감상했고 10월에는 자신의 권력 기반인 상하이 시를 찾아 해양대학교 간부와 면담을 했다. 이처럼 은퇴한 당 고위 관료의 활동이 잇달아 보도되는 일은 드물었다.

당 내부에서는 혼란이 최고조에 달한 채 당대회 개막일을 맞이했다.

나는 대회장인 인민대회당의 3층에 마련된 기자석 맨 앞줄에 앉아 고위 관료들이 출석하기를 기다렸다. 5년에 한 번씩 열리는 당대회나 매년 열리는 전인대와 같은 회의는 당의 고위급 관료들을 직접 볼 수 있는 귀중한 기회다. 그런 만큼 매번 쌍안경을 들고 가서 고위 관료들의 몸짓을 관찰한다. 연설을 들으면서 원고의 어느 부분에 줄을 긋는지, 어느 고관과 잡담을 하는지, 때로는 입의 움직임으로 대화 내용을 읽어내기도 한다.

계단식으로 된 회의장 좌석으로 고관들이 속속 올라왔다. 다음 순간 회장 전체에 '와' 하는 감탄이 일었다. 후진타오 총서기와 나란히 장쩌민 전 국가주석이 등장한 것이다. 바로 1년 전 공식 행사 때만 해도 간병인의 부축을 받으며 비틀거렸던 그였다. 하지만 이번에는 참석자들과 일일이 악수를 나누며 허리를 꼿꼿이 세운 채 걷고 있는 것이 아닌가.

원래 이번 당대회는 후진타오가 임기를 마치고 화려하게 대미를 장식하는 모습을 선보이는 자리여야 했다. 하지만 장쩌민은 '내가 아직도 우두머리다'라는 것을 과시하며 후진타오의 마지막 무대까지 망치려는 듯 느껴졌다. 맨 앞줄에 마련된 자리에 이르자 후진타오는 장쩌민을 부축하려 손을 내밀었지만 장쩌민은 오른손을 크게 흔들며 거부하는 몸짓을 보였다.

여느 때는 무대 위에서만큼은 사이좋은 분위기를 과시하지만 이번에는 달랐다. '지도부 인사를 둘러싸고 아직도 치열한 공방이 이어지고 있다.' 그렇게 느낄 수밖에 없는 광경이었다.

맨 앞줄의 양쪽 끝에는 군복을 입은 네 명의 고위급 간부들이 앉아 있었다. 인민해방군을 총괄하는 군사위의 부주석이자 중앙정치국 위원이기도 한 궈보슝郭伯雄과 쉬차이허우徐才厚, 그리고 바로 일주일 전에 폐막한 제17기 중앙위원회 7차 전체회의에서 군사위 부주석으로 막 선출된 판창룽范長龍, 쉬치량許其亮이 나란히 앉아 있었다.

관례대로라면 궈보슝과 쉬차이허우가 이번 당대회에서 은퇴하고 난 뒤 그 후임으로 새로운 부주석이 선출되어야 한다. 그럼에도 네 명이 나란히 서게 된 배경에 대해 전 당 고관을 친척으로 둔 정부 관계자가 밝혔다.

"궈보슝과 쉬차이허우가 은퇴를 거부해서 그런 거야. 장쩌민에게 달라붙던 두 사람은 총서기에서 은퇴한 뒤에도 군사위 주석으로 남으려던 후진타오에게 압력을 넣었겠지. '만일 당신이 군사위 주석으로 남아 있겠다면 우리도 물러나지 않겠다'고 하면서 후진타오에게 은퇴를 강요한 거야. 이에 맞서 후진타오는 이례적으로 자신과 가까운 판창룽과 쉬치량을 먼저 부주석으로 밀어 올려서 두 사람을 은퇴로 밀어 넣으려고 한 거지."

장쩌민은 나아가 당 최고 지도부 인사에서도 반격에 나섰다. 정부 관계자는 말을 이었다.

"여름의 베이다이허 회의에서는 후진타오측이 제시한 인사안을 승인하지 않고 철회하도록 강요했어. 대신 인사안에는 없던 장더장張德江 충칭 시 당서기, 류윈산劉云山 당 중앙선전부장, 장가오리張高麗 톈진 시 당서기 세 명을 새롭게 상무위원에 억지로 밀어 넣었어. 최고 지도부 일곱 명 중에 후진타오와 가까운 건 결국 리커창 한 명만 남은 셈이지."

최초의 인사안에서는 후진타오의 직계가 과반수를 차지했지만 이렇게 되자 후진타오의 패색이 짙어졌다.

궁지에 몰린 후진타오가 선택한 최후의 수단은 모든 자리에서 물러나겠다는 '완전 은퇴'였다. 대립이 심화되던 차기 지도부 인사를 정리하고 혼란의 절정에 이른 사태를 해결하려면 어쩔 수 없는 선택이었다.

당대회 폐막 다음 날인 11월 15일, 시진핑을 총서기로 하는 신지도부가 선출되었다. 후진타오는 군사위 주석을 포함해 모든 자리를 시진핑에게 물려주고 정계에서 완전 은퇴하기로 결정했다.

"솔선해서 당 지도자의 지위를 물려준 것은 후진타오 지도부의 숭고한 인품과 절조를 나타내는 것이다."

시진핑은 만면에 미소를 띠며 지위를 인계하고 은퇴하는 후진타오를 이러한 극찬으로 치켜세웠다.

이 회의에는 은퇴한 당 고위 관료들이 대부분 출석했지만 장쩌민의 모습은 보이지 않았다. 장장 10년에 걸친 장쩌민의 '상왕정치'에 종지부가 찍히는 순간이었다. 동시에 신중국 성립으로부터 반 세기에 걸쳐 중국 정계에 뿌리 깊게 횡행하던 '원로정치'가 끝났다는 사실도 의미했다.

마오쩌둥은 실각 후인 1966년 정치적 부활을 꾀하며 문화혁명을 일으켰다. '홍위병'으로 불리는 청소년 조직을 부추겨 당시 당 고관이나 지식인을 박해하면서 실권을 되찾았다. 그 10년 동안 중국 사회와 경제는 대혼란에 빠졌다.

덩샤오핑은 은퇴 후에도 최고 지도자로서 군림하며 총서기를 초월하는 영향력을 휘둘렀다. 그 때문에 중국에서는 오랫동안 제도와 법률을 뛰어넘어 한 사람의 지도자가 자신의 뜻대로 나라를 다스리는 '인치人治'에 의한 지배가 이어졌다.

후진타오와 가까운 공청단 출신의 전 당 간부는 그의 완전 은퇴를 두고 '진정한 법치 국가로 혁신하기 위해 자신을 희생한 위대한 업적으로 평가될 것'이라며 극찬했다.

덕분에 시진핑 지도부는 원로들의 간섭을 받지 않고 정권을 운영할 수 있는 제도적 기반을 마련할 수 있었다. 최고 실력자 덩샤오핑의 그림자에 가려 떨던 장쩌민, 그 장쩌민의 상왕정치에 얽혀 옴짝달싹 못하던 후진타오, 시진핑 지도부는 이 양대 정권과는 다른 본격적인 독립 정권으로 볼 수도 있다.

2013년 1월, 군의 전 고관 장례식을 보도하는 국영통신사는 장쩌민의 이름을 열두 번째로 소개했다. 그때까지의 서열 '1.5위'에서 강등된 사실을 두고 장쩌민이 '스스로 요청했다'고 설명했다. 그 뒤에 시진핑이 후진타오를 칭찬한 '숭고한 인품과 절조'라는 말을 일부러 여기서도 사용했다.

같은 해 3월 17일에 있었던 전인대 폐막식에서 후진타오는 마지막으로 남아 있던 국가주석의 자리를 시진핑에게 양도하고 완전히 은퇴했다.

명실상부 당과 국가, 군부의 수장이 된 시진핑은 취임 연설에서 스스로 내세운 캐치프레이즈 '중궈멍中國夢, 중국의 꿈'을 외치며 민족주의에 호소하는 열변을 토했다.

그 옆에 앉아 있던 후진타오는 시종일관 굳은 표정을 풀지 않았다. 초점이 풀린 눈에 낯빛도 좋지 않았다. 후진타오는 당대회 이후 건강을 해쳤다는 소문이 돌았다. 장쩌민과의 암투로 인해 심신이 쇠약해졌는지도 모른다.

제9대 중국공산당 총서기 시진핑은 그렇게 장쩌민과 후진타오의 처절한 권력 투쟁 끝에 탄생했다.

이들 권력 투쟁의 여파는 바다 건너 일본에까지 미치게 된다.

일본의 노다 정권은 엎치락뒤치락하는 중국 정부의 장단에 놀아 나듯 센카쿠 열도를 둘러싼 진흙탕 싸움에 말려들고 있었다.

5장

반일 광란곡

센카쿠 열도 국유화 발표 후 중국 전역에서 성난 파도처럼 반일 시위가 펼쳐졌다.

원자폭탄급 파괴력

중국 내에서 격렬한 정쟁이 펼쳐지던 2012년 9월 상순, 중국 외교부 고위 관료 한 명이 하네다 공항에 내렸다. 통역과 소수의 수행원만을 동반한 극비 방문이었다.

그 며칠 전 일본 측에 돌연 방일을 타진해와서 성사시킨 밀어붙이기식 방문에 가까웠다.

중국 외교부 간부에 따르면 이 고위 관료는 일본 외무성 간부와 만나자마자 강한 어조로 요청했다고 한다.

"만일 일본 정부가 수속을 진행시키면 중국 인민의 분노가 화산처럼 폭발할 것이다. 중일 관계에 대한 파괴력은 원자 폭탄 못지않을 것이다."

당시 일본 정부가 진행하던 센카쿠 열도 국유화에 대한 항의였다. 도쿄 도지사인 이시하라 신타로가 그해 4월 미국 워싱턴에서 열린 강연에서 도쿄 도가 센카쿠 열도를 사들여 항만 시설과 정박소를 만들겠다고 발표했다. 중국과의 관계 악화를 우려한 노다 정권이 기타코지마(중국명 베이샤오다오), 미나미코지마(중국명 난샤오다오), 그리고 우오쓰리지마(중국명 댜오위다오)를 구입하기 위해 사이타마 현에 거주하는 섬 소유주들과 교섭을 마무리하는 중이었다.

외교 무대에서 피폭국에게 원폭을 예로 제시하는 것은 통상 생각할 수도 없는 일이다. 중국 고관의 어조는 한층 더 과열되었다. "이참에 류큐 귀속 문제를 제기하고자 한다."

미리 설명해두자면 일부 중국인 연구자는 '명나라부터 청나라에 걸쳐 중국의 속국이었던 류큐 왕국을 메이지 정부가 폐번치현廢藩置縣을 통해 오키나와 현으로 편입한 것은 무력으로 류큐를 빼앗은 것이나 마찬가지'라고 주장한다. 이에 동조하는 중국 언론과 인터넷 상에서는 '오키나와 탈환론'조차 나오고 있는 실정이다.

그러나 중국 정부는 공식적으로 오키나와 현을 일본 영토로 인정하고 있다. 이 고관이 자국 정부의 견해에서 벗어나는 주장을 하는 것은 외교관으로서 비상식적인 행동이다.

그는 일본 측에 발언할 기회도 주지 않고 30분 동안이나 일방적으로 비판을 되풀이했다. 해당 고관의 이름은 장즈쥔張志軍, 중국 외교부 차관급인 상무부 부장이다.

실은 그 3개월 전에도 그는 일본을 찾았다. 그때는 마치 다른 사람처럼 온화한 회담이었다. 6월 11일, 야마나시 현 야마나카 호반의 호텔 회의실. 장즈쥔은 테이블을 사이에 두고 일본 외무 사무차관인 사사에 겐이치로와 마주하고 있었다.

정기적으로 열리는 중일 외교부 차관급의 전략 대담으로, 화제의 대부분이 두 달 전 도쿄 도가 구입하겠다고 발표한 센카쿠 열도에 대해서였다.

> 장즈쥔: "양국의 우호 관계를 해치는 일은 단연코 제지해서 중일 관계의 현재 추세를 정확하게 지켜야 한다."
>
> 사사에 겐이치로: "센카쿠 열도의 평온과 안정적인 유지 관리가 중요하다."

주장은 서로 달랐지만 결코 대립하지는 않았다. 대중 정책에 참가했던 일본 정부 관계자는 당시를 회상했다.

"회담은 상당히 온화한 분위기였다고 들었습니다. 센카쿠 열도의 국유화에 대해서는 '도쿄 도가 구입하는 것보다는 양국 관계에 대한 악영향을 줄일 수 있다'고 확실히 전달했습니다. 당시 중국 측에서는 별다른 반대 의견을 내세우지 않았고 일종의 이해를 보이는 듯했습니다."

장즈쥔은 회담 후 일본 정부 관계자와 가이세키(일본식 코스 요리)를 맛보고 온천을 즐긴 뒤 귀국했다.

일본 정부 관계자는 당시 중국측 반응을 보고 센카쿠 열도의 국유화에 대한 자세를 이렇게 해석했다.

"중국 외교부도 이 단계에서는 명확한 태도를 정하기 어려웠던 듯합니다. 대중 강경파인 이시하라 신타로가 이끄는 도쿄 도보다는 일본 정부가 사는 편이 더 나을지 모른다고 생각하는 듯했습니다."

야마나카 호반에서의 전략 대담 이후에도 중국 측 반응은 온화했다고 할 수 있다.

그런데 대담 약 2개월 후인 8월 15일, 스스로 댜오위다오 수호대라 칭하는 '바오댜오 행동위원회' 회원들이 센카쿠 열도에 상륙하는 사건이 발생했다. 일본 정부가 회원 열네 명을 출입국관리법 위반 혐의로 체포했지만 검찰에 송치하지 않고 홍콩으로 강제 송환했다. 중국인 선장을 공무집행방해 혐의로 체포하고 검찰에 송치했던 2010년 9월의 어선 충돌 때와 비교하면 중국 정부는 항의의 목소리를 그다지 높이지 않았다.

하지만 그 한 달 후인 9월, 일본 정부 관계자는 장즈쥔의 대응이 3개월 전과 너무 달라서 '다른 사람인가 싶을 정도였다'며 놀랐다고 한다.

그의 변화를 보면 중국 내에서 센카쿠 열도 국유화 문제를 둘러싸고 방침을 크게 전환한 것이 8월 하순에서 9월 상순 무렵이었다는 것을 알 수 있다. 이 기간 동안 중국공산당과 정부 사이에서 어떤 정책 결정이 이루어졌던 것일까?

'진짜 외교부'의 결정

중국공산당에서 외교 업무에 종사하는 한 관계자는 어떤 조직이 관여했다고 증언했다.

중앙외사공작영도소조. 외교에 대한 최고 의사결정회의로 참가하는 면면들은 공표되지 않는다. 관계자가 이 소조의 체제에 대해 알려주었다.

"외교, 상무, 공안 등 각 부처의 수장과 군의 부총참모장이 참석한다. 외교부 장관도 영도소조 멤버 중 한 명에 지나지 않는다. 조장은 총서기가 맡는 것이 원칙이지만 당시는 이미 후진타오 대신 시진핑이 취임해서 외교 정책을 진두지휘하고 있었다."

중앙외사공작영도소조가 지금과 같은 형태를 갖춘 것은 1999년 유고슬라비아의 중국 대사관 오폭 사건 때문이라고 한다. 당시 외교부와 군의 연계가 제대로 이루어지지 않아 대처가 늦어졌다. 당이 외교를 진두지휘할 필요가 생기자 총서기가 수장이 되어 각 부처를 총괄하는 지금과 같은 형태가 되었다. 모델은 미국의 국가안전보장회의NSC라고 한다.

회의는 부정기적으로 열리며 각 부처로부터 정보 분석과 정책 제안을 받아들여 전반적인 외교 정책을 구상한다. 정부 연구소의 연구원에 따르면 '진짜 외교부'라고 불린다. 중국 외교부는 소조가 결정한 사항에 따라 실무를 집행하는 기관에 가까워서 일본의 외무성과 비교하면 권한이 한정적이다.

소조는 외국 정상과의 회담이나 중국에 방문하는 외국 요인을 접대할 중국 고위 관료를 결정할 수 있는 권한도 있다. 고위 관료가 외국 요인과 회담을 열거나 접촉할 때는 소조가 정한 범위에서 상무위원의 승인을 얻도록 되어 있다. 당의 수장인 총서기 후진타오라도 소조의 결정을 따라야 한다.

센카쿠 열도 국유화를 둘러싼 대응 방식을 결정한 것도 이 소조였을 가능성이 높다. 관계자는 이렇게 말했다.

"중국 외교부는 9월 상순, 도쿄 도의 댜오위다오 매입을 막기 위해 일본 정부의 '국유화'를 소극적으로나마 인정하는 안을 소조에 제출했다. 하지만 군을 중심으로 거센 반발에 부딪히는 바람에 취소하지 않을 수 없었다. 결국 '우리 나라의 주권과 영토 문제에 관한 어떠한 타협도 없다'는 안으로 변경하고 조장인 시진핑이 허가를 한 것이다."

이 이야기를 들으면 장즈쥔이 왜 허둥지둥 일본을 찾아와 맹렬하게 항의했는지 이해할 수 있다. 센카쿠 열도 국유화를 떨떠름하게 인정했던 중국 외교부에게 군의 의향을 전달받은 소조가 브레이크를 건 것이다.

물론 중국군은 당초부터 국유화에 강하게 반발했던 것을 알 수 있다. 이시하라 도지사가 도쿄 도가 센카쿠 열도를 구입하겠다고 발표한 직후, 군사 작전 책정에 참여한 적이 있는 중국군 연구소 연구원에게 국유화에 관해 묻자 이렇게 즉답해왔다.

"만일 일본이 국유화를 강행한다면 중국군은 전쟁도 불사할 것이다."

일본 측과 대화하려는 중국 외교부와 달리 군은 강경 일변도의 자세를 관철했다.

단, 뒤에서 밝히겠지만 당에서 가장 일본에 호의적으로 알려진 후진타오의 입장은 중국 외교부와 가까웠다. 더군다나 이 시점까지만 해도 그는 일본과의 관계 개선에 적으나마 기대를 품고 있었던 듯하다.

'일본에게 배신당했다'며 격노

2012년 9월 9일 러시아 블라디보스토크. APEC이 열리는 회의장 한쪽 구석에서 일본 총리인 노다 요시히코와 중국 국가주석인 후진타오가 마주 서 있었다.

일본 정부 관계자가 뒷이야기를 밝혔다.

"APEC 기간 중에 중국과 정상회담을 할 예정은 없었습니다. 센카쿠 열도의 국유화 결정을 앞두고 있어서 중국 측도 만나고 싶지 않을 것이라고 생각했으니까요. 그래서 일부러 중국어 통역도 데리고 가지 않았지요. 만일 1%라도 가능성이 있었다면 동행했겠지요. 노다 총리과 후진타오 주석은 회의장에서 급작스럽게 외교 기록에 남지 않는 '선 채로 회담'을 하게 된 셈이지요."

쌍방 모두 영어 통역을 통해 이야기를 나누었다.

'선 채로 회담' 중 후진타오는 시종일관 험악한 표정을 풀지 않았다. 노다 총리는 회의 직전 중국의 윈난 성에서 발생한 지진에 대해 유감을 표했다. 하지만 후진타오는 노다의 발언을 가로막듯이 "일본의 어떠한 '섬 구입'도 위법이며 무효다. 일본은 사태의 중대성을 충분히 인식하고 잘못된 결정을 내려서는 안 된다."고 항의했다.

약 15분 동안이나 후진타오는 일본 정부의 대응을 일방적이다시피 거칠게 비판했다. 앞서 보았던 장쩌민의 항의 태도와 어딘가 닮아 있었다. 노다 총리는 "양국 관계는 대국적인 관점으로 대응하고 싶다."고 답했지만 논의는 맞물리지 않고 평행선을 달릴 뿐이었다.

이 일을 보도한 중국 국영 언론을 보면 중국 정부도 충분히 준비하지 못했다는 사실을 알 수 있다.

중국 관영 통신인 신화사는 회담 이후 '일본의 어떠한 섬 구입도 위법이며 무효'라는 기사 제목을 뽑고 후진타오 총서기가 노다 총리에게 국유화에 대해 엄중하게 항의한 내용을 소개했다. 그런데 약 30분 후 신화사가 돌연 기사 취소를 공지해왔다. 대체된 기사는 '후진타오, 중일 관계와 댜오위다오 문제에 대해 입장 표명'처럼 한층 절제된 표현으로 바뀌었고 후진타오가 노다 총리에게 항의한 부분이 삭제되었다. 그런데 그날 밤 다시 취소된 기사가 복구되어 발신되었다.

지금껏 이렇게 허둥대는 보도 자세는 본 적이 없었다.

국가 정상의 외유 기사는 동행하는 중국 외교부의 보도국 간부가 초고를 써서 국영 언론 기자에게 넘긴다. 기자는 글자 하나, 문구 하나도 바꿀 수 없다. 보도의 동요는 중국 정부의 자세를 그대로 반영하고 있다. 그 단계에서도 중국 정부는 일본의 '센카쿠 열도' 국유화에 대해 확고한 입장을 결정하지 못했을 가능성이 높다.

한편 후진타오의 항의는 사태 해결에 아무런 영향을 미치지 못했다. 일본 정부는 예정대로 다음 날인 9월 10일 관계자 각료 회의를 열고 센카쿠 열도의 국유화를 결정했으며 11일에 소유권 이전 등기를 마쳤다.

중국 측 고위 관료는 이에 강하게 반발했다. 총리인 원자바오는 "우리 정부와 인민은 주권과 영토 문제에 대해 단 한 발짝도 양보할 수 없다."며 일본과 대립할 자세를 내비쳤다. 그중에서도 강렬한 어조로 비판한 이는 후진타오의 최측근인 리커창 부총리다.

"일본의 댜오위다오 문제에 대한 태도는 세계 반패시즘 전쟁의 성과를 부정하는 것이며 전후 국제 질서에 대한 도발이다. 평화를 사랑하고 정의를 아는 나라와 인민이라면 이를 인정할 수 없다."

이는 센카쿠 열도를 역사 문제와 결부시킨 최초의 연설이며, 제2차 세계대전 후 일본의 전후 처리까지 끌어들인 발언이다. 하지만 패전 직후 타이완을 접수하면서 중화민국 정부는 센카쿠 열도의 인도를 요구하지 않았다. 중화인민공화국으로서 영유권을 주장하기 시작한 것은 그로부터 20년이나 지나서였다. 이번 발언은 센카쿠 열도 문제를 일본의 침략, 식민지 지배와 엮어서 국제 여론을 끌어들이려는 목적이 뚜렷하다.

중국 정부는 연일 센카쿠 열도 주변에 감시선과 항공기를 파견했다. 정상을 포함한 정부 간 교류도 거의 정지 상태였다.

2012년 9월 27일 베이징의 인민대회당에서 열릴 예정이었던 중일 국교 정상화 40주년 공식 기념식전도 취소되었다. 식전은 1972년 중일 국교 정상화를 축하하는 행사로 10년마다 열려왔다.

고이즈미 준이치로 총리의 야스쿠니 신사 참배로 중일 관계가 악화되었던 2002년 30주년 때에도 기념식은 개최되었고, 막 국가부주석에 취임한 후진타오가 출석했다. 당시는 후진타오가 물밑에서 일본 측과 조정해 겨우 실현될 수 있었다.

하지만 이번에는 달랐다. 공청단 출신의 당 관계자는 중국의 이례적인 강경 태세에 대해 설명해주었다.

"일본 정부의 대응에 가장 격분한 것이 후진타오 주석이었습니다. 지금까지 일본과는 우호적인 관계를 쌓기 위해 애썼고 또 성과도 있었다고 생각했겠지요. 일본 측과 직접 대화하면 조금이라도 사태를 호전시킬 수 있다고 내심 기대했을 것이고요. 주석과 관계가 가까운 원자바오와 리커창 이 두 사람이 잇달아 강경 발언에 나선 것도 그의 의향을 따른 것으로 추측할 수 있습니다. 만일 일본이 국유화 시기를 조금이라도 늦춘다든지 후진타오에 대한 배려를 보였다면 상황은 전혀 달라졌겠지요."

그때까지 주로 중국 외교부를 상대로 교섭하던 일본 정부는 군을 포함한 당과 정부의 전체 상황을 미처 파악하지 못했고, 또 당시 혼란스러운 중국 내정을 제대로 읽어내지 못한 듯하다.

그도 그럴 것이 복수의 일본 정부 당국자가 국유화를 서두르는 이유로 "시진핑 지도부가 발족하기 전에 센카쿠 열도 문제를 마무리 짓자."고 하는 것을 들었기 때문이다.

노다 정권은 센카쿠 열도의 소유주나 이시하라 도쿄 도지사의 움직임 등 자국 사정에만 정신이 팔려 중국 내의 격렬한 권력 투쟁을 전혀 파악하지 못한 것이다. 마침 이 무렵 후진타오는 측근인 링지화의 비리 문제 수습에 쫓기고 있었다. 차기 지도부 인사를 둘러싼 장쩌민과의 암투도 치열해져 갔다.

일본의 센카쿠 열도 국유화를 인정해버리면 장쩌민 등 강경파로부터 '매국노'라는 비판을 뒤집어쓰게 된다. 게다가 후진타오가 노다 총리에게 항의한 바로 다음 날 국유화가 결정되었지 않은가. 호시탐탐 기회를 노리는 장쩌민에게 그야말로 절호의 공격 기회를 쥐어준 셈이다.

그동안 대일 중시 입장을 견지해온 후진타오였는데 은퇴하기 바로 직전, 일본 정부의 국유화 결정은 말 그대로 뒤통수를 맞은 격이었다. 덕과 인의를 중시하는 중국인이 가장 싫어하는 행위인 것이다.

전 당 고위 간부를 친척으로 둔 당 관계자가 말한다.

"후진타오는 당내에서도 첫손에 꼽히는 친일파야. 그런데 노다 총리와 직담판을 벌였음에도 일본 정부가 그에 응해주지 않았으니 '배신당했다'고 격노한 거지. 적어도 시기만 좀 늦추어 주었더라도 중국인이 가장 소중하게 생각하는 체면은 지킬 수 있었을 텐데. 일본 정부가 왜 후진타오의 얼굴에 먹칠을 하는 짓을 했는지 도저히 이해할 수 없어."

그가 당내 첫째가는 친일파라는 말은 거짓이 아니다. 4년 전 내가 후진타오를 취재했을 때의 대화가 뇌리에 떠올랐다.

"기자님 기사는 자주 보고 있어요."

고대 유럽의 궁전을 떠올리게 하는 새하얀 기둥이 늘어서 있는 거대한 응접실. 그곳의 하얀 문이 천천히 열렸다. 맞춰 입은 듯 짙은 감색 양복과 붉은 넥타이 차림의 일행이 들어섰다.

베이징 인민대회당 신장홀. 17만 제곱미터의 면적을 자랑하는 장엄한 건물 안의 300여개 홀 중에서 특히나 호화로운 곳이다. 천장은 샹들리에 조명이 빛나고 벽 전면이 거울로 장식되어 있다.

2008년 5월 4일, 방일을 앞둔 후진타오가 일본 언론과 회견을 가졌다. 총서기가 된 후로는 첫 번째 일본 방문이고 중국 원수로서도 1998년 이래 10년 만이다.

지금까지 국제회의장의 먼발치에서 후진타오를 본 적은 있었다. 하지만 일본 총리처럼 직접 밀착 취재할 수 있는 기회는 없었다. 그는 언론을 멀리하는 듯 취임 이후 중국 언론의 취재가 많지 않았고 해외 보도 기관의 회견에 응하는 일은 거의 없었다. 베일에 휩싸인 중국 최고 지도자의 생생한 언어를 끄집어내려고 다들 어깨에 힘이 들어갔다.

후진타오의 눈동자 안쪽에서는 냉철함이 엿보였다. (좌측 = 필자)

일행의 선두를 걷던 후진타오는 기다리던 수십 명의 일본 언론 특파원과 악수하면서 입장했다. 마지막 순번인 내가 손을 뻗어 자기소개를 했다. 맞잡은 손은 차갑고 촉촉이 젖어 있었다. 순간 후진타오의 굳은 표정이 살짝 풀리면서 미소가 떠올랐다.

"기자님 기사는 자주 보고 있어요."

생각지도 못한 그의 말에 당황했다. 중국 최고 지도자가 일본의 신문 기사를 읽다니. 순간 어떤 일이 떠올랐다.

도쿄의 중국 대사관원은 매일 아침, 일본 언론의 기사를 확인하고 번역해서 중국 외교부에 보고한다. 특히 중국 정부를 비판하는 내용의 기사나 공식 발표가 아닌 독자적인 기사를 주로 선택한다고 한다.

그해 초, 지바와 효고 현에서 중국산 냉동 만두를 먹은 열 명의 시민이 식중독을 일으킨 사건이 발생했다. 이와 관련해 내가 중국 정부의 대응을 비판하는 기사를 썼던 것이 떠올랐다.

아마도 후진타오가 읽은 것도 그 기사의 일부일 것이다. 커다란 금테 안경 너머로 보이는 눈동자는 엄격하고 차가웠다.

회견은 팽팽한 긴장감 속에서 시작되었다. 첫 번째 질문자로 내가 나섰다. 방일 목적과 후쿠다 야스오 총리와의 정상회담에서 어떤 이야기를 나누고 싶은지 물었다.

"이번 방일은 '따뜻한 봄날의 여행'으로 생각하고 있습니다. 양국 민의 우정이 늘 봄날의 따뜻함처럼 이어지기를 바라고 있습니다. 상호 신뢰를 촉진하고 전략적인 호혜 관계를 앞으로도 적극 추진하고 싶습니다. 후쿠다 총리와는 진솔한 의견 교환을 기대하고 있으며 반드시 성과를 얻으리라고 믿고 있습니다."

'따뜻한 봄날의 여행'이라는 캐치프레이즈는 주도면밀하게 구상한 것이었다. 만두 사건이나 티베트 문제로 악화된 중일 관계를 개선하고자 하는 의욕이 느껴졌다.

특히 양국이 정면으로 대립하던 동중국해 가스전 문제에 대해서는 '양국 외교 당국이 건설적인 협의를 추진한 결과 적극적인 진전이 있었'며 여느 때보다 더 심도 있는 발언을 했다.

동중국해는 자원 개발이 가능한 양국의 배타적경제수역EEZ이 일부 겹치기 때문에 경계선에 대한 의견이 첨예하게 대립하고 있는 지역이다.

일본은 양국 해안선에서 등거리인 '중간선'까지로 정했지만 중국은 오키나와 제도의 서쪽까지 튀어나온 대륙붕의 말단, 즉 '오키나와 트로프'까지를 주장하며 중간선의 존재를 인정하지 않는다.

이 중간선 부근에는 아스나로(중국명 룽징) 등 네 개의 가스전이 확인되고 있다. 그중에서도 2003년 무렵 중국이 시라카바(중국명 춘샤오) 가스전 개발을 시작한 것에 일본 측이 반발하여 2004년부터 정부 차원에서 공동 개발을 논의하고 있지만 평행선을 걷고 있었다.

중국과 일본이 마찰을 빚고 있는 동중국해 가스전.

하지만 앞서 후진타오의 발언은 해결이 가까워졌음을 암시했다.

반면 지금까지 중국 지도자들이 기회가 있을 때마다 일본을 비난했던 역사 문제에 대해서는 '다른 의견이 있는 것은 정상적인 현상'이라고 가볍게 언급했을 뿐이다.

한편 일본과 일본인에 대한 인상을 묻자 기다렸다는 듯이 손가락으로 안경을 추켜올리며 몸을 앞으로 내밀고 열변을 토했다.

"중국에서도 방영된 드라마 〈오싱〉이 기억에 많이 남습니다. 많은 일본 친구들과 교류를 통해 일본 국민의 지혜와 강한 인내심에 깊은 인상을 받았습니다."

그 순간 내 옆에서 메모를 하던 양제츠楊潔篪 외교부장은 조금 놀란 듯 얼굴을 들어 후진타오를 바라보았다. 아마도 중국 외교부 측이 사전에 준비한 원고에는 없는 표현이었던 듯하다. 평소 정해진 원고를 그대로 읽기만 하던 후진타오로서는 보기 드문 즉석 담화라고 할 수 있다.

후진타오의 입에서 일본인에 대한 긍정적인 의견이 튀어나오리라고는 생각하지 못했다. 항일 전쟁의 승리를 정통성의 기반으로 삼는 중국공산당의 총서기가 공식 석상에서 일본을 칭찬하는 일은 자기 부정으로 이어질 수도 있기 때문이다. 더욱 놀란 것은 당내에서는 금기 중의 금기인 30년 전 '일본인 친구와의 교류'에 대한 언급이었다.

'대일 교류 사업의 책임자'라는 과거

후진타오는 공청단 수장이었던 1984년 10월, 중국 건국 35주년 기념식전에 3000명의 일본 청소년을 중국으로 초청하는 사업의 책임자를 맡았다. 모든 일정에 동행했고 도중에 급작스럽게 병에 걸린 일본 참가자 곁에서 간병하기도 했다. 기념식전이 열리는 톈안먼 광장에서도 당 고위급 관료가 관람하는 특등석 가까이에 일본 참가자를 위한 자리를 마련하는 등 후하게 대우했다.

이 사업을 진행한 것은 당시 총서기인 후야오방胡耀邦이다. 3000명이나 되는 대규모 초대에 드는 비용도 만만치 않았으므로 당내에서 비판의 소리가 있었지만 이를 무릅쓰고 실현시켰다.

당시 후야오방이 행사 일체를 맡긴 사람은 심복인 후진타오였다. 간쑤 성 수력 발전소의 일개 기사였던 그를 당 중앙위원으로 끌어올렸고 자신의 출신 모체인 공청단의 수장으로까지 발탁했다. 그런 후야오방을 후진타오는 '스승님'으로 받들었다.

그런데 후야오방은 당내 개혁과 민주화를 서두르다가 은퇴 후에도 최고 실력자로 군림하던 덩샤오핑 일파의 반발을 샀고 1987년 사임을 강요당했다. 이때 3000명이나 되는 일본인의 방중 사업을 개인적인 판단으로 진행한 것이 '낭비'로 비판받았다. 실제로는 후야오방이 은퇴한 고위 관료의 정치 개입을 막으려다 덩샤오핑 일파의 반발을 산 것이 실각의 원인으로 알려졌다.

하지만 대외적으로는 과도한 일본 편들기를 '죄상'으로 삼아 비판을 받았다. 그 결과 중국공산당원들에게 대일 정책은 일종의 위험 요소로 각인되었다.

'스승'의 실각을 눈앞에서 목격하고 그 '죄상'에 직접 관여한 후진 타오에게 대일 정책은 심각한 트라우마가 되었다. 그럼에도 방일을 앞둔 민감한 시기에 스스로 '금기'를 언급한 후진타오의 속내가 듣고 싶어졌다.

기자회견 후 짧은 시간이지만 후진타오와 잡담을 나눌 기회가 있었다. 일본에 머무르는 동안 어떤 즐거움을 기대하는지 물었다.

"외국인 친구 중에 일본인이 가장 많습니다. 일본에 있는 동안 옛 친구들과의 만남을 진심으로 고대하고 있습니다."

외교상의 립서비스로는 들리지 않았다. 동석했던 중국 외교부 간부도 놀라면서 '그의 일본에 대한 관심과 호의는 정말 당내에서도 손꼽힌다'며 내 귀에 속삭였다.

회견 모습은 중국 국영 방송의 톱뉴스로 약 10분간 보도되었고 다음 날 주요 신문에도 '따뜻한 봄날의 여행을 하고 싶다'는 후진타오의 표현이 헤드라인으로 걸렸다. 중국 국민에게 양국의 우호를 촉진하는 내용이었다.

이러한 우호 분위기는 내가 처음 중국 대륙에 발을 디딘 2005년 여름에는 생각지도 못할 일이었다.

베이징 중국인민대학교로 파견되어 1년간의 연수를 막 시작했을 무렵이었다. 그해 봄, 일본의 UN 상임이사국 진출이나 고이즈미 준이치로 총리의 야스쿠니 신사 참배에 반대하는 반일 시위가 중국 각지에서 일어나 반일 분위기가 고조되었다.

중국인민대학교는 원래 당과 정부의 관료를 양성하는 학교였으므로 학생들은 정치와 외교 문제에 관심이 높았다. 수업이나 식사 중에도 중일 관계와 역사 문제를 화제로 삼는 일이 적지 않았다. 아무리 사이가 좋은 친구라도 난징 대학살이나 센카쿠 열도 이야기가 나오면 적대적인 감정을 그대로 드러내면서 논쟁을 걸어왔다.

가족이나 친척이 일본군에게 살해당한 경우라면 태도는 더욱 강경했다. 내가 중국에 온 이래 적어도 공식적인 자리에서 일본과 일본인에 대해 호의적인 의견을 들은 적은 없었다.

이런 중국 내 반일 분위기를 완화시키기 위해 최고 지도자가 직접 나서서 우호 분위기를 조성하려는 의도를 잘 알 수 있었다. 그것은 일본과의 관계 개선이라는, 상당한 리스크가 동반되는 일대 승부를 위한 포석이기도 했다.

기자회견 이틀 후, 하네다 공항에 도착한 전용기의 계단을 내려오는 후진타오의 표정은 분명히 굳어 있었다.

가까이서 본 일본 정부 당국자는 '지금까지 본 적이 없을 정도로 긴장하고 있었다'고 회상했다. 중국 내의 반일 여론이나 강경파의 반발이 그의 머릿속을 맴돌았을지도 모른다.

후진타오는 도착 후 곧장 도내의 호텔 연회장으로 향했다. 그를 기다리고 있던 것은 '오랜 옛 친구'인 3000명의 청년 방중단 멤버들이었다. 가수 세리 요코와 〈오싱〉의 아역을 연기했던 여배우 고바야시 아야코의 모습도 보였다.

　세리 요코와는 체재하는 호텔 객실에서 부인과 함께 따로 만났다. 그녀의 '사계의 노래'는 중국에서도 인기를 끌었고 후진타오는 일본어로 부를 정도로 열성적인 팬이라고 했다. 후진타오 세대의 청년기는 일본 가요와 영화가 대유행하던 시기와 겹친다.

　정상회담에서는 '역사를 직시하고 미래를 향한다'고 기록한 공동 성명을 발표했다. 1972년 국교정상화가 이루어진 이래 양국 정상이 작성한 최초의 공동 성명이었다. 지금까지 문서에 담겼던 전쟁과 침략에 대한 일본의 '사과'나 '반성'은 기록되지 않은 미래지향적인 내용이었다. 현안인 동중국해 가스전의 공동 개발에 대해서도 '가능한 한 빠른 시일 안에 합의한다'며 전향적인 태도를 보였다.

　와세다 대학교에서 열린 기념 강연에서는 역사 문제 대신 일본 정부의 중국 원조에 대해 강조했다.

　"일본 정부는 중국에 엔 차관 협력을 제공하고 중국의 근대화 건설을 촉진하는 데 적극적인 역할을 수행했습니다. 많은 일본인들이 중일 우호 사업을 위해 심혈을 기울였다는 사실을 중국 인민은 오랫동안 가슴 깊이 간직하겠습니다."

　엔 차관이란 은행보다 낮은 금리로 장기간에 걸쳐 자금을 빌려주는 원조를 말한다. 일본은 1979년 이후 총액 3조 엔이 넘는 엔 차관을 중국에 제공했고 그 자본은 댐과 발전소 같은 사회 인프라 정비에 이용되었다. 베이징 수도국제공항이나 지하철도 그 일부다.

그런데 그 사실에 관해 아는 중국인은 거의 없다. '중일 전쟁의 배상금을 포기한 중국이 일본에게 원조를 받는 것은 당연한 일이다'라는 인식이 중국 정부 내에 존재하기 때문에 엔 차관에 대해서는 적극적으로 알리지 않았다. 중국 정상이 일본 요인과의 회담에서 이 이야기를 언급하는 일은 거의 없었다.

후진타오의 강연은 중국 국영 방송을 통해 전국에 방영되었다. 많은 중국인들이 이때 처음으로 일본의 원조가 어떤 역할을 했는지 알게 되었다.

후진타오 지도부는 일본과의 새로운 관계를 구축하는 데 한 발 내딛었다는 사실을 국내외에 공표했다. 이 일에는 바로 10년 전 같은 장소에서 강연했던 전임자 장쩌민에 대한 빈정거림도 암암리에 담겨 있었다.

장쩌민이 '역사 문제'에 집착하는 이유

10년 전인 1998년 11월, 장쩌민은 중국의 국가 원수로서는 처음으로 일본을 방문했다. 후진타오와 마찬가지로 와세다 대학교에서 강연한 장쩌민은 역사 문제를 집중적으로 다루며 일본에 깊은 반성을 촉구했다.

"일본 군국주의는 전면적인 대중국 침략 전쟁을 일으켰고 중국은 군민 3500만 명이 사상당하는 비극과 6000억 달러 이상의 경제적 손실을 입었습니다. 일본은 중일 관계사에 벌어진 그 불행한 사건을 직시하고 그 속에서 역사적 교훈을 진지하게 배우지 않으면 안 됩니다."

장쩌민은 일본에 있는 동안 정상회담이나 기자회견 때 반복해서 역사 문제를 끄집어내었다. 오부치 게이조 총리와 교환한 중일 공동 선언에도 서명하지 않았다.

궁에서 열린 저녁 만찬에서는 일왕 앞에서 '일본 군국주의는 대외 침략 확장이라는 잘못된 길을 걸었고 중국 인민과 아시아의 다른 나라 인민에게 큰 재난을 안겼다'며 꼬집어 언급했다. 이 일은 일본 국민들의 반중 감정을 자극하는 결과를 낳았다.

당시 장쩌민의 방일에 참여한 중국 정부 당국자는 당시 무대 뒷이야기를 회상했다.

"중국측이 침략전쟁에 대한 '사과'를 공동 선언에 포함시키라고 요구했지만 일본 정부가 계속 거부하자 장쩌민 주석이 격분했습니다. 결국 방일 직전, 외교 담당자와의 회의에서 도쿄에서는 분위기를 희생하더라도 역사 문제를 철저히 주장하자는 방침이 결정된 것입니다."

그해 8월, 장쩌민은 각국의 중국 대사들을 소집한 내부 회의에서 대일 정책 방침에 대해 연설했다. 은퇴 후에 출간된 《장쩌민 문선》에는 그 일면이 기록되어 있다.

"일본 군국주의자는 몹시 잔인하다. 전후에도 그들의 군국주의는 철저히 청산되지 못했다. 일본에는 군국주의 사상으로 머릿속이 꽉 찬 사람들이 있다. 우리는 역사 문제를 시종일관 강조하고 끊임없이 말하지 않으면 안 된다."

장쩌민의 역사 문제에 대한 집착과 일본에 대한 강경 자세는 어디서 유래한 것일까? 그것은 그의 복잡한 경력을 빼놓고는 말할 수 없다.

이야기는 중국공산당 역사상 최대 위기라고 할 수 있는 1989년 톈안먼 사태까지 거슬러 오른다.

그해 4월, 정치 개혁을 추진하며 국민들에게 인기가 높았던 후야오방 총서기가 사망하자 베이징 대학교 학생들이 추도 집회를 열었다. 이 집회를 계기로 민주화를 요구하는 시위가 톈안먼 광장을 중심으로 시작되어 순식간에 100만 명 규모로 확대되었다. 시위의 불길은 수그러들지 않았고 강경한 일부 학생들을 진압하기 위해 같은 해 6월 4일, 군이 발포하는 참사까지 발생했다.

당시 최고 권력자였던 덩샤오핑은 마지막까지 무력 진압에 반대하고 시위대에 동정적이었던 자오쯔양 총서기를 해임하고 그 후임으로 상하이 시 당서기인 장쩌민을 등용했다. 상하이에서 민주화 운동을 엄격히 진압한 태도가 높이 평가받은 것이다.

전임자의 급작스러운 실각 뒤라고는 하지만 예상 외의 발탁이었다. 정작 누구보다 놀란 것은 장쩌민 자신이었는지도 모른다. 취임 직후 지인인 미국인 학자와의 만남에서 그는 당시 심경을 털어놓았다.

"나는 오랫동안 식품, 비누, 자동차, 전자공업 같은 분야에서만 일해서 중앙 정치 경험은 적었다. 그런데 갑자기 총서기에 지명이 되었으니 마음의 준비를 미처 하지 못한 상태였다."

총서기에 오르는 준비 기간이 없었던 장쩌민은 당내 지지 기반이 거의 전무한 상태에서 출발한 셈이다. 당연히 덩샤오핑 등 원로들의 안색을 살피면서 정권을 운영할 수밖에 없었다.

그런 그가 자신의 기반을 탄탄히 하려고 최초로 착수한 작업이 애국주의 교육이다.

보수파 원로들 사이에는 '요즘 젊은이들이 공산당에 대한 충성심이 부족한 탓에 톈안먼 사태가 일어났다'는 의견이 많았다. 장쩌민은 곧장 그 의견을 받아들여 다음 해인 1990년부터 항일 전쟁에서 공산당의 역할을 강조하는 교육을 전국적으로 전개했다. 중일 전쟁에서 일본군을 쳐부순 공산당 군대를 그리는 드라마를 제작하고 방영을 지시했다.

역사 수업 외에도 중국 근현대사에 대한 지도를 강화하도록 지시하고 전국에서 200곳이 넘는 항일전쟁기념관이 '애국주의 교육 기지'로 지정되었다.

나도 베이징 시 교외의 '중국 인민 항일전쟁기념관'과 랴오닝 성

선양 시의 '9·18 역사박물관'을 방문한 적이 있다. 9·18 역사박물관은 만주 사변을 초래한 류탸오후 사건*이 일어난 장소에 세워졌다.

두 곳 모두 일본 침략의 잔혹함에 중점을 두어 일본군 병사가 중국인을 칼로 베거나 세균을 이용한 인체 실험으로 죽이는 장면을 재현한 밀랍 인형들이 가득 전시되어 있다. 현장에는 학교에서 견학 온 어린 학생들이 많았다.

"어른이 되면 군인이 되어서 르번구이쯔日本鬼子, 일본인을 경멸하는 의미로 부르는 말들에게 복수하겠다."

"원자 폭탄으로 도쿄를 불바다로 만들어버리자."

출구에 놓인 방명록에는 전시를 보고 반일 감정이 솟구친 학생들의 글들이 눈에 띄었다.

한편 애국주의 교육이 당내에서 보수파를 중심으로 지지받자 장쩌민은 구심력을 높이게 된다. 그가 애국주의 교육을 진행한 배경에는 개인적인 체험이 깊이 관련된 듯하다.

친부는 옛 일본군의 협력자였다

1995년 8월 〈아사히신문〉과의 인터뷰에서 장쩌민은 중일 전쟁 당시 자신의 체험을 이렇게 밝혔다.

"당시 나는 양저우의 학생이었는데 일본 침략자의 만행을 보고

---

* 1931년 9월 18일, 류탸오후에서 일본 관동군이 남만주 철도의 선로를 폭파한 사건. 관동군은 폭파 사건이 중국군의 소행이라며 출병의 구실로 삼았고 만주 침략을 개시했다.

들은 후 큰 충격을 받았습니다. 반 친구들과 함께 양저우 시 교외에 있는 민족의 영웅, 사가법의 묘비를 바라볼 때마다 항일애국의 격정에 휩싸여 혁명 투쟁에 몸을 바치겠노라 결심했습니다."

장쩌민의 고향 양저우는 장쑤 성에 속하는데 당시 일본군에게 점령당한 상태였다. 공식적인 장쩌민의 경력을 보면 1943년부터 공산당의 지하 학생 운동에 참가했다고 되어 있다. 장쩌민 전기에 따르면 그의 숙부가 전쟁 중에 목숨을 잃었다.

이에 대해 전 당 고위 관료를 친척으로 둔 당 관계자는 의문을 던진다.

"장쩌민이 전쟁 중에 항일 학생 운동에 참가했다는 기록은 발견되지 않았어. 오히려 대학 시절에 일본어를 공부했고 일본에 호의적이었던 것 같아. 게다가 그의 친부는 점령군인 구 일본군의 협력자였거든. 그 사실을 숨기기 위해 숙부의 양자로 들어간 거야."

장쩌민의 전기에 따르면 장쩌민을 양자로 들인 숙부는 28세 때 사망했다. 하지만 구 일본군이 아니라 중국인 무장 집단에게 살해된 듯하다. 개인적인 전쟁 체험이 장쩌민의 대일본관에 영향을 미친 건 아닌 것 같다.

오히려 이 당 관계자가 말한 대로 장쩌민의 일본어 실력은 일상회화가 충분히 가능한 수준이었다. 그와 회견한 일본 요인들 대부분이 장쩌민의 일본어를 들은 적이 있다.

상하이 엑스포의 일본관장을 맡았던 에하라 노리요시도 그중 한 사람이다. 그는 개막 직전인 2010년 4월, 일본관을 견학하러 방문한 장쩌민을 직접 안내했다. 나는 그가 수석 이코노미스트로 일하는 국제무역투자연구소의 도쿄 사무소를 방문했다.

— 장쩌민 전 주석이 일본관을 방문한 계기는 무엇이었습니까?

: 그 전에 시찰한 측근 쩡페이옌曾培炎 전 부총리가 장쩌민 주석에게 추천한 듯합니다.

— 장쩌민 주석은 어떤 전시에 관심을 보였습니까?

: 중일 교류의 역사를 소개한 전시입니다. 일본 율종의 시조인 간진 화상을 소개한 곳에서 멈춰 서서 "나와 고향이 같네요." 하고 감동한 듯이 말씀하셨습니다.

— 인상에 남는 에피소드가 있나요?

: 주석은 관람하는 내내 기분이 좋아 보였고 '일본관은 정말 뛰어나다'며 일본어로 말씀하셨습니다. 그러고 나서 갑자기 일본어로 노래를 부르기 시작하셔서 깜짝 놀랐습니다.

— 노래를 불렀다고요?

: 최고 지도자이신 분이 너무 갑작스럽게 그것도 일본어로 노래를 부르셔서 놀란 나머지 확실히 기억나지는 않습니다만, 전래 민요 '탄항절'이었다고 생각합니다. 그리고 '거북아 거북아'라는 창가도 부르셨어요.

— 일본 혐오 이미지와는 꽤 다르네요.

: 일본 생활이나 문화에 관심이 많으신 듯했습니다. 그 밖에도 쩡칭훙曾慶紅 전

국가부주석처럼 장쩌민 주석과 관계가 가깝다고 알려진 고위 관료들이 참관하셨습니다.

일왕 앞에서 얼굴을 찌푸리며 역사 문제를 끈질기게 역설하던 인물이 일본 전통 민요를 부르는 모습은 상상하기 어려웠다. 에하라 씨가 노래 이름을 잊어버릴 정도로 충격을 받은 것도 무리는 아니다.

장쩌민의 '반일 감정'은 일본에 대한 개인적인 원한만으로는 설명되지 않는다. '구 일본군에 협력한 자의 자식'이라는 불편한 사실을 숨기기 위해서 일부러 더욱 엄격한 태도를 취했던 일면이 엿보였다.

이런 장쩌민과 겹쳐서 떠오르는 것이 한국의 박근혜 대통령이다. 친부인 박정희 전 대통령이 일제 강점기에 '다카키 마사오'라는 일본 이름으로 일본 육군사관학교에서 공부한 경력이 매국을 의미하는 '친일 행위'에 해당하는지 여부가 지금까지도 한국에서는 논쟁거리다. 비판이 두려운 대통령일수록 일본에 대해 강경 일변도의 자세를 취하지 않을 수 없다는 지적도 있다.

제2차 세계대전의 기억이 남아 있는 아시아, 특히 중국과 한국에서는 대일 관계가 자국의 권력 투쟁과 여론의 지지를 모으는 데 이용당하기 쉬운 경향이 있다.

그런 의미에서는 후진타오도 일본에 대한 순수한 개인적인 생각만이 아니라 전임자와 차별화하기 위해 대일 중시 정책을 진행하는 측면도 있을 수 있다. 장쩌민과 후진타오는 국내의 권력 투쟁에서 승리하기 위해 일본이라는 '카드'를 쓴 것이다.

일본 대사관에서 근무했던 중국 외교부 고위 관료가 대일 정책의 어려움을 털어놓았다.

"인터넷이 급속도로 발달한 터라 수십 년 전처럼 중국 정부가 모든 여론을 관리 통제할 수 있는 시대는 이미 아닙니다. 다른 나라와 비교해도 대일 감정에 있어서는 여론이 특히 민감하기 때문에 정부가 제대로 제어하지 못하고 있는 실정입니다. 그만큼 일본에 대한 중국 국민의 생각이 복잡하다고 할 수 있지요."

중국 누리꾼들도 일본을 칭찬하다

시계 바늘을 2008년 후진타오가 일본을 방문한 시기로 되돌려 보자.

전임 정권의 '반일 저주'에 종지부를 찍고 독자적인 대일 중시 정책을 내세웠던 후진타오는 5일간의 일본 일정을 마치고 귀국했다.

그 직후 진도 8.0의 지진이 중국 중서부의 쓰촨 성을 덮쳤다. 9만 명에 가까운 희생자가 발생한 대참사였음에도 당 지도부의 대처가 너무 미비했다. 군대의 출동이 늦어지는 바람에 구조 활동이 좀처럼 성과를 얻지 못했다. 그 이유에 대해 후진타오와 가까운 공청단 출신의 당 관계자가 밝혔다.

"실은 일본에서 돌아온 후진타오 주석이 과로로 앓아누웠습니다.

방일 기간 동안 지나치게 긴장한 탓에 심신이 모두 지쳤던 게지요. 군사위 주석인 후진타오의 지시가 없으면 아무도 군부대를 이동할 수 없습니다. 원자바오 총리가 현장에 긴급 출동해서 진두지휘했지만 총리도 군대를 움직일 권한은 없으니까요. 지도부의 늑장 대응을 두고 피해자는 물론 정부 내에서도 비판의 목소리가 높았습니다."

지진이 발생한 지 4일이 지나서야 후진타오는 겨우 피해 지역으로 들어갔다. 구조 작업의 지연을 만회하려는 듯 위문 활동에 동분서주했다.

그리고 중대 결단을 내렸다.

처음으로 외국의 구조대를 받아들이기로 한 것이다. 외국 정부의 개입을 극단적으로 싫어하는 중국 정부는 대지진이나 수해가 일어나도 외국 구조대를 거부해왔다.

당 관계자는 말을 이었다.

"특히 피해 지역 주변에는 미사일 부대나 핵 관련 시설이 밀집해 있어서 외국인이 이 땅에 발을 들이는 것에 대해 군 일부에서는 극력 반대했습니다. 하지만 후진타오 주석은 반대를 무릅쓰고 수용을 결정했지요."

어느 나라보다 가장 먼저 현지 진입을 허가받은 것은 일본의 국제구조대다. 방일로 싹튼 대일 우호 분위기를 고조하려는 의향이 다분히 있어 보였다. 중국 국영 언론이 동행하면서 밤낮을 가리지 않고 구조 활동에 힘쓰는 일본 구조대의 성실한 모습을 중국 전역에 중계했다. 그러던 중 구조대의 어떤 행동이 중국 내에 큰 반향을 불러일으켰다.

일본 구조대는 완전히 파괴된 건물에서 생후 2개월 된 여자아이와 모친을 발견했지만 안타깝게도 이미 사망한 뒤였다. 스무 명의 일본인 구조대원들은 두 사람의 시신을 감싸듯 정렬한 채 헬멧과 장갑을 벗어 합장하고 묵도를 올리며 명복을 빌었다. 그 광경이 중국 언론을 통해 보도되자 평소에는 일본에 비판적인 글이 많았던 인터넷 상에서도 '일본인에게 감사하고 싶다', '중국인도 그들의 예의 바름을 배워야 한다'며 칭찬의 글들이 이어졌다.

이제와 돌이켜보면 이 무렵이 양국 관계가 좋았던 마지막 순간이 아니었나 싶다.

일본 대사관저로 전달된 한 장의 팩스

지진에서 보름이 지난 5월 27일, 중국 국방부 담당자가 베이징의 일본 대사관저로 한 장의 팩스를 보내왔다.

'피해자들을 위한 텐트 원조를 부탁한다.'

비밀주의인 중국 군대가 먼저 연락하는 일은 극히 드물었다. 있다 해도 항의할 때 뿐이었다. 일본 측에서 연락해도 무시하기 일쑤였다. 자위대에서 대사관에 파견된 방위 주재관이 미국과 다른 나라 대사관에 확인해보니 동일한 팩스가 도착해 있었다.

일본 대사관 간부에 따르면 방위 주재관이 즉시 중국국방부 담당자에게 연락을 취했다고 한다.

주재관 : "중국은 정말 텐트를 요청하는 것인가?"
중국국방부 : "팩스 내용 그대로다. 상부도 허가한 사항이다."
주재관 : "텐트를 보내려면 자위대 수송기가 적절하다."
중국국방부 : "자위대 수송기도 괜찮다."
주재관 : "다시 한 번 의미를 확인하고 싶다."
중국국방부 : "중국 공항까지 자위대 비행기로 운반해달라는 말
이다."

중국 내에서 자위대에 대한 반감이 가장 심한 군 당국자의 요청에 일본 정부도 놀라움을 금치 못했다. 방위성에서는 즉시 항공 자위대의 C130 수송기를 이용해 사흘에 걸쳐 텐트와 모포를 운반할 계획을 세우고 만반의 준비를 갖추었다.

다음 날 28일, 마치무라 노부타카 관방장관이 회견에서 중국 측의 요청이 있었다고 공식 인정하자 중국 인터넷에도 일본의 보도가 번역되어 퍼지기 시작했다.

"두 번 다시 일본군이 우리 나라에 발을 들여놓는 것을 용서하지 마라."

"중국 영토에 외국 군대를 들이다니 치욕이다."

시간이 흐를수록 자위대 수송기의 파견에 반대하는 글이 늘어났

다. 중국 인터넷 사이트가 실시한 투표에서는 반대가 55%로 찬성 45%를 웃돌았다.

은퇴한 당과 군의 고위 관료 일부에서도 부정적인 목소리를 내기 시작했다. 중국공산당에서 대일 정책에 관여하는 당 관계자는 말한다.

"징쩌민과 가까운 고위 관료들을 중심으로 후진타오 주석의 대일 정책을 비판하는 목소리가 높아지고 있었습니다. 결국 장쩌민 주석의 측근으로 언론과 사상 교육을 담당하는 리장춘 상무위원이 '이대로 가다가는 여론이 위험하다'고 판단해서 자위대 수송기에 의한 운반 계획을 중지하기로 결정한 것입니다."

주요 정책에 대해서는 정치국 상무위원들이 다수결로 결정하지만 각 부처의 일은 담당 상무위원의 의견을 그대로 따르는 것이 일반적이다. 최고 지도자인 총서기라도 무시하기는 쉽지 않다.

그 다음 날, 중국 측은 외교 루트를 통해 일본 측에 자위대 수송기에 의한 운반을 거절한다고 연락해왔다.

'우리 나라 국내 여론을 이해해주는 방향으로 원조를 부탁한다.'

결국 일본 정부는 자위대의 중국 본토 수송을 단념하고 민간기를 대여해서 물자를 운송했다. 대일 정책에 참가하는 중국 정부계 연구소 연구원은 당시 중국 정부와 군부의 동향에 대해 이렇게 회상했다.

"원래 군 내부에는 대일 강경파가 많지만 일본과의 관계를 중시하는 후진타오 주석의 의향을 파악하고 자위대 파견에는 긍정적이었습니다. 하지만 중국의 인터넷 여론이 '폭발'한 데다 은퇴 후에도 군 내부에 영향력을 행사하던 장쩌민 일파의 원로들이 반대하자 꼬리를 내린 셈이지요."

익명으로 글을 쓸 수 있는 중국 인터넷에는 일본과 마찬가지로 외국에 대한 강경한 의견이 많이 올라온다. 인터넷 유저의 다수를 차지하는 20, 30대는 장쩌민의 애국주의 교육을 받고 자란 세대라 반일 감정을 적나라하게 드러낸다.

인터넷 여론은 이제 중국 당국이 외교 정책을 결정할 때 무시할 수 없는 존재가 되었다. 특히 대일 정책은 인터넷 여론이 열쇠를 쥐고 있다 해도 과언이 아닐 정도다. 그 사실을 뒷받침하듯 이 직후 어떤 사건이 일어나 공산당 최고 지도자의 지위를 위협하는 사태가 벌어졌다.

불어닥친 매국노 비판

'동북 3성도 일본과 공동 개발하고 티베트는 인도와 공동 개발할 것인가?'

'Hu는 리훙장李鴻章과 같이 중화민족 최대의 매국노다.'

중일 양국 정부가 동중국해 가스전의 공동 개발 합의를 발표한 2008년 6월 18일, 나는 베이징 〈아사히신문〉 중국 총국에서 모니터와 마주하고 있었다.

중국 인터넷 사이트에서는 개발 합의에 반대하는 글들이 넘쳐났다. 리훙장은 청일 전쟁에 패하고 타이완 할양에 동의하는 시모노세키 조약에 서명한 청나라 대표였다. 평소 본 적이 없을 정도로 극심한 비난 일색이었다.

글을 클릭하면 바로 '해당 사이트는 존재하지 않거나 삭제되었습니다.'라는 경고문이 나왔다. 바로 십여 분 전까지 보던 페이지도 열리지 않았다.

그 수수께끼에 대해 언론과 인터넷 정책에 종사하는 중국 정부 관계자가 설명했다.

"인터넷을 관리하는 중앙선전부에서 '동중국해 가스전 개발과 관련하여 정부에 대한 비판은 물론 중립적인 글도 모두 삭제하라'는 내부 지시가 각 지방 정부를 통해 사이트 운영 회사에 내려졌습니다. 나아가 '우마오당'을 가동해 정책을 지지하는 댓글을 쓰도록 지시했습니다. 지도부가 인터넷 여론의 반발을 얼마나 경계하는지 잘 알 수 있지요."

'우마오당五毛黨'이란 중국 정부에 유리한 발언을 인터넷 상에서 퍼뜨리는 단체를 말하며 '인터넷 댓글 부대'라고도 한다. 한 번 글을 쓰면 당국으로부터 5마오(한화 약 90원)를 받는다고 해서 붙여진 이름이다. '얼마 되지도 않는 돈을 받고 자기 의견을 굽히는 녀석들'이라는 비아냥거림도 담겨 있다.

우마오당은 정부와 당의 직원에 국한되지 않고 일반 시민도 고용

된다. 중국 당국의 인터넷 규제를 분석한 하버드 대학교의 게리 킹 교수 연구팀에 따르면 중국 전역에 25만에서 30만 명 정도의 우마오당이 활동하고 있다고 한다.

중앙선전부가 지방 정부의 선전부를 대상으로 만든 내부 매뉴얼인 '보도관 훈련 교재'를 본 적이 있다. 그중에 우마오당이 글을 작성할 때 주의해야 하는 사항들이 자세히 나와 있다.

1. 부정적인 정보 하나 당 최소 세 개의 댓글을 단다.
2. 동일 유저명이나 IP 주소는 쓰지 않는다.
3. 초등학교 6학년도 알 수 있는 쉽고 간단한 문장으로 쓴다.
4. 직장 컴퓨터는 사용하지 말고 투고할 때마다 문체를 바꾼다.

공산당 기관지인 〈인민일보〉도 개발 합의를 '양국의 쌍방 승리'로 보도하는 등 총력을 다해 국민의 이해를 얻으려 애썼다. 하지만 인터넷 여론의 분노는 잦아들 줄 몰랐다.

양국의 구체적 합의 내용은 다음과 같다.

• 시라카바 가스전을 개발하는 중국 기업에 일본 법인이 출자한다.
• 아스나로 가스전 남측의 새로운 해역에서 공동 개발을 한다.

하지만 중국 측에 더 가까운 해역이 공동 개발 범위에 포함되자 중국의 인터넷에서는 '일본과 타협했다'는 여론이 퍼졌다. 설상가상으로, 일본 정부 고위 관료가 '일본 측의 승리'라는 발언을 하여 더욱 중국 국민을 자극했다.

그날 밤까지 인터넷 게시판을 살펴보았지만 비난의 글들은 그대로였다. 당국의 삭제 작업이 따라잡지 못할 정도의 엄청난 속도로 댓글이 달리기 시작했기 때문이다.

사태를 수습하기 위해 외교부 차관인 우다웨이武大偉가 다음 날 긴급 기자회견을 열었다. 주일 대사를 지냈고 중국 외교부를 대표하는 지일파知日派다. 중국 고위 관료로서는 드물게 밀착 취재에도 흔쾌히 응해준 인사였다. 일본어로 농담을 섞어가며 응대해주는 털털한 성품이었다. 보통 보도관이 매일 정례 회견에서 기자들의 질문에 답하는데 교섭을 담당하는 외무차관이 직접 회견하는 것은 이례적이었다.

회견장에 들어온 우다웨이의 표정은 상당히 굳어 있었다. 준비한 원고에 시선을 떨군 채 힘없는 목소리로 읽어 내려갔다.

"중국의 인터넷 사용자들도 관심이 높은 듯해서 설명드립니다. 이번 합의는 어느 한쪽이 주권을 잃고 나라를 욕되게 하는 문제가 아닙니다. 어디까지나 우리 나라의 주권이 미치는 가스전 개발에 일본 기업이 참가하는 것을 인정했을 뿐입니다. (일본 정부가 주장하는) 소위 중간선의 존재를 우리는 한 번도 인정한 적이 없습니다."

일종의 해명 회견이었다.

중국 측도 어느 정도의 반발은 예상했다. 비난의 창끝이 후진타오를 향하는 것을 방지하기 위해 합의 발표를 일부러 방일에서 한 달 정도 늦추기까지 했다. 하지만 인터넷 여론의 분노는 예상을 뛰어넘었다. 최고 지도자가 움직여야만 하는 상황까지 몰린 것이다.

다음 날 20일 오전, 후진타오는 〈인민일보〉 본사를 방문했다. 인터넷 여론의 반발이 심각해지자 이 회사가 운영하는 사이트 '인민망'의 게시판인 '강국논단'에서 인터넷 이용자들과 대화를 시도하고자 한 것이다.

'가능한 한 인터넷을 보고 있습니다'

〈인민일보〉의 간부가 회상했다.

"갑작스러운 방문에 정말 놀랐습니다. 정식으로 통지를 받은 것이 시찰 바로 전날이었으니까요. 현장에는 당일 아침에야 연락이 갔으니 책상 위를 치울 시간도 없을 정도였습니다. 일부러 우리 회사를 고른 이유는 '강국논단'에 반일 성향의 글이 가장 많이 올라오기 때문이겠지요."

국가주석이 인터넷에 등장해서 시민들과 교류하는 것은 전대미문의 사건이었다. 언론 담당 상무위원 리장춘도 동행해 주석의 행동을 지켜보았다. 직원이 인터넷 이용자의 질문을 골라 읽어주면 후진타오가 그에 대답하는 형태로 대화가 진행되었다.

- 주로 언제 인터넷을 보십니까?

: 평상시에는 상당히 바쁘지만 가능한 한 시간을 내서 보려고 애씁니다.

- 어떤 사이트를 보십니까?

: 국내외 뉴스 외에 인터넷을 통해서 당과 정부 업무에 대한 의견과 제안을 이
  해하고 있습니다.

- 댓글도 살펴보십니까?

: 우리는 정책 결정에 있어 국민 여러분의 생각을 대단히 존중하고 있습니다.
  여러분의 의견을 이해하고 지혜를 모으는 데 인터넷은 중요한 수단입니다. 저
  는 여러분이 올려주시는 글을 진지하게 읽고 공부하고자 합니다.

4분 남짓한 '대화' 중에 가스전 개발 합의에 관한 언급은 없었다. 언론 정책에 종사했던 전 간부는 후진타오의 지나친 '인터넷 중시' 발언 의도에 대해 이렇게 설명했다.

"그는 '인터넷 여론을 존중해서 가스전의 공동 개발을 단념했습니다'라고 공표하기 위해 일부러 〈인민일보〉를 찾은 거야. 자위대 수송기 사태와 마찬가지로 리장춘이 여론과 군부의 반발을 앞세워 개발 합의에 강하게 반발했거든. 물론 리장춘은 장쩌민의 뜻에 따라 움직였을 테고."

그렇다면 왜 중국군은 완고하게 가스전 공동 개발에 반대했을까. 영토 문제나 전략 책정에 참여한 중국 해군 소장 인줘尹卓에게 이유를 물었다.

"일본이 주장하는 '중간선'의 존재는 결코 인정할 수 없지만 적어도 '중간선'보다 서쪽인 중국 측은 우리 관할지로 분쟁의 어지가 없는 해역이지. 공동 개발의 협의 대상은 어디까지나 '중간선'보다 일본에 가까운 해역이야. 중국 쪽 해역은 결코 협의 대상이 될 수 없어. 일본 교섭 담당자는 이 사실을 잘 알면서 고의적으로 혼동하고 있는 것에 불과해."

이번 합의의 핵심은 중간선에 걸친 해역을 공동 개발 대상으로 지정한 것이다. 인쥐의 발언은 양국의 합의 자체를 부정한다는 뜻이다. 그만큼 군의 강력한 반발을 시사하는 것이기도 하다.

이후 공동 개발은커녕 합의 내용을 정식 조건으로 작성하기 위한 교섭조차 진행되지 않았다.

후진타오가 대일 관계 개선을 위해 내세운 두 가지 시도는 여론과 군의 반발, 그리고 그들을 이용한 장쩌민 일파의 방해로 실패하고 말았다. 이후 후진타오가 일본과의 관계에서 발전적인 정책이나 발언을 하는 일은 찾아볼 수 없게 되었다.

후진타오의 좌절은 대일 정책에만 국한되지 않았다. 그는 장쩌민 시대의 경제 성장 지상주의를 시정해서 균형 잡힌 발전을 목표로 하는 과학적 발전관을 내세웠다. 동시에 서민의 생활을 우선시하는 정책인 '이인위본以人僞本, 사람을 기본으로 한다' 사상을 제창했다.

하지만 그 어느 것도 제대로 실현되지 못한 공허한 외침으로 끝났고 환경 오염과 빈부 격차는 점점 더 악화되었다. 이런 후진타오

지도부를 향해 '정령불출 중난하이政令不出中南海, 정책이 지도부가 있는 중난하이 밖으로는 전해지지 않는다'라는 조롱 섞인 비판이 일었다.

그러나 결과만을 두고 후진타오에게 실패한 지도자의 낙인을 찍기에는 너무 가혹한 면이 있다.

후진타오에게는 늘 장쩌민의 그림자가 따라다녔다. 은퇴한 원로로서 장쩌민은 음지에서 양지로 끊임없이 간섭의 손을 뻗었고, 최고 의사결정기구인 상무위원에 자신의 측근을 심어서 후진타오의 손발을 묶어버렸다.

6장
불사의 사나이

장쩌민은 마지막까지 후진타오에게 실권을 넘기지 않았다.

장쩌민 전용 별장

베이징 시 중심부에서 북동쪽으로 차를 몰았다. 고속도로를 타고 30분 정도 달리다 보면 주변 풍경이 고층 빌딩의 무기질 회색빛에서 살아 있는 녹색으로 바뀌는 것을 느낄 수 있다. 베이징수도국제공항을 지나면 환상적이던 스모그의 유백색이 옅어지고 햇빛에 시야가 열린다. 주변 일대가 짙은 녹색으로 뒤덮인 코발트블루의 호수 수면이 눈에 들어왔다.

베이징 시 교외에 있는 화이러우 구 옌치후에 도착했다. 중심 시가지에서 불과 50킬로미터 정도밖에 떨어지지 않았는데도 맑고 싸늘한 공기를 느낄 수 있었다.

높은 언덕에서 시가지를 내려다보면 스모그가 마치 돔처럼 도시를 뒤덮고 있다. 휴일이면 많은 관광객들이 찾아와 낚시나 캠핑을 즐긴다. 이곳에서 2014년 11월 APEC 회의가 열렸다.

개인 저택이라고는 생각지 못할 장쩌민의 호화 별장.

호수에서 조금 떨어진 산기슭에 중국 전통 양식으로 지어진 사합원 건물이 보인다. 부지 출입구에는 방문객을 가로막는 듯한 게이트가 있고 경비원은 출입하는 차들을 일일이 세웠다. 운전석에 앉은 화이러우 구 당국자가 정부 신분증을 보이자 경비원은 경례를 하고 게이트를 열었다.

'관구초대소寬沟招待所'의 문을 통과했다. 베이징 시가 1982년 당과 정부, 군의 간부들을 위해 만든 휴양 시설이다. 일반인의 출입은 제한되지만 동반한 당국자가 특별히 조치해주었다.

도쿄돔 42개분에 달하는 약 200만 제곱미터의 부지에는 400개 정도의 객실이 있고 식당도 40개나 된다. 온천과 체육관 외에 대형 회의실도 있다. 녹색 수림으로 둘러싸인 부지 내에는 인공 폭포와 강이 흐르고 있어 마치 한 폭의 산수화 속에 머무는 듯한 느낌이다.

부지를 차로 돌다보니 조금 높은 산이 나타났다. 터널을 지나자 거대한 사합원 양식 건물 두 동이 보였다. 지붕 일부는 금박으로 칠했고 장엄한 입구 양옆으로는 두 마리의 사자 석상이 놓여 있었다. 다른 건물에 비해 훨씬 호화로웠다.

지인인 화이러우 구 당국자가 자랑스럽게 설명하기 시작했다.

"이 두 건물은 모두 장쩌민 부처 전용 별장입니다. 이곳의 아름다운 풍경이 상당히 마음에 드셨는지 총서기 시절에도 격무 틈틈이 들르셨지요. 부하나 친척들을 동반한 적도 있고요. 총서기가 머무실 때는 터널이 완전 봉쇄되니 사생활 보장도 완벽합니다. 쉬는 날에는 자주 손자를 데리고 등산이나 낚시를 즐기셨어요."

특별히 건물 안을 안내해주었다. 창문 너머 실내에는 벽 전체에 수묵화가 걸려 있었다. 고가로 보이는 비취 조각상과 도자기가 장식되어 있었다. 다른 건물로 연결되는 복도를 걸어가는데 아래쪽으로 두 개의 원형 수영장이 보였다.

"3000미터 지하에서 끌어올린 천연 온천수예요. 수영을 좋아하셔서 이곳을 자주 이용하셨지요. 은퇴하신 뒤에도 베이징에 오시면 대부분 여기서 머무르신 것으로 알고 있어요. 현역 당 고위 관료나 군 간부들도 자주 찾아와 회식이나 회의를 한 듯합니다. 어떤 이들은 이곳을 '음지의 중난하이'라고도 하지요."

장쩌민은 2004년 모든 직책을 후임인 후진타오에게 물려주고 무관의 원로가 되었다. 그럼에도 불구하고 변함없이 호화 별장에 머무르며 현역 고위 관료들과 회의를 열었다는 이야기다.

은퇴 후의 특별 대우는 그뿐이 아니었다.

당과 정부의 중추 기관이 모인 중난하이와 군 최고 기관인 군사위 건물 '바이다러우' 안에 각각 장쩌민의 집무실이 마련되어 있다. 중난하이에 출입한 적이 있는 당국자가 그 속사정을 밝혀주었다.

"중난하이와 바이다러우에 집무실이 있다는 건 당과 정부, 그리고 군 모두에 권력을 유지하고 있다는 뜻입니다. 그래서 장쩌민은 은퇴 후에도 인사와 정책 관련 문서에 결재하거나 현역 간부를 불러 회의를 여는 등 영향력을 행사할 수 있었습니다. 극히 일부 고위 간부급 외에는 접할 수 없는 기밀 문서도 볼 수 있었지요. 장쩌민 집무실에 들어가본 적이 있는데 현역 주석인 후진타오의 집무실보다 더 넓은 데다 고가의 회화와 장식으로 꾸며져 있었어요."

집무실의 크기와 호화로움의 차이는 그대로 권력 차이를 이야기해주는 셈이다.

장쩌민은 은퇴한 뒤에도 '당의 주요 사항은 장쩌민에게 보고한다'는 내부 규정을 만들어 인사와 정책 결정권을 놓지 않았다. 그 밖에도 자신의 영향력 유지를 위해 후진타오의 권한을 약화시킬 궁리를 했다.

정부 관계자가 어느 군 고위 관료의 이름을 들었다. 군사위 부주석인 쉬차이허우다.

"장쩌민은 군사위 주석에서 물러나는 대신 쉬차이허우를 부주석으로 올려놓았어. 은퇴 후에도 쉬차이허우를 통해 군의 인사와 정책을 뜻대로 주무를 속셈이었겠지. 쉬차이허우는 주석인 후진타오을 무시하고 장쩌민의 명령만 따랐어. 중요한 내부 회의가 있으면 후진타오가 준비할 시간이 없도록 직전까지 일정을 알려주지 않는 식으로 훼방을 놓았지. 후진타오는 이름뿐인 주석이었고 장쩌민을 따르는 쉬차이허우가 군을 실질적으로 지배했기 때문에 군내에서는 '두 개의 사령탑이 있다'고 비아냥거리는 사람들도 많았지."

돌이켜보면 후진타오는 군내를 시찰할 때면 늘 어딘가 자신이 없어 보였다. 무엇인가에 겁을 내고 경계하는 듯한 모습이 느껴질 때조차 있었다. 군인과 단체 사진을 찍을 때도 곁에 장쩌민이 늠름하게 버티고 있어서 후진타오의 존재감은 희미했다.

후진타오가 2011년 베이징에서 미국 국방장관 로버트 게이츠와 회담할 때 일이다. 미 국방장관이 중국군의 최신 스텔스 전투기 '젠20'이 시험 비행한 사실을 묻자 후진타오는 당황해서 옆에 앉은 군고위 관료에게 확인했다. 쉬차이허우 일파가 고의적으로 시험 비행에 대한 내용을 후진타오에게 보고하지 않았을 가능성이 높다.

그리고 이 정부 관계자는 또 다른 당 고위 관료의 이름을 들었다. 후진타오 정권이 2기째에 접어드는 2007년에 최고 지도부인 정치국 상무위원으로 입성한 저우융캉이다.

장쩌민은 당시 저우융캉을 정법위원회 서기로 임명했다. 전국 경찰과 무장경찰, 정보 기관부터 재판소와 검찰까지 그야말로 무력에 관련된 모든 집단을 좌지우지할 수 있는 강력한 자리다.

"저우융캉은 중요한 정책과 인사를 후진타오에게 묻지도 않고 장쩌민과 의논해서 결정했어. 그가 관리하는 사법과 경찰 부문에 후진타오는 일절 간섭하지 못했지. 그야말로 '독립 왕국'과 같은 상태였던 거야. 게다가 장쩌민은 후진타오의 권한을 축소하기 위해 자신이 총서기 때 썼던 '핵심' 칭호도 물려주지 않았어. 후진타오에게는 다른 여덟 명의 상무위원과 동등한 권한밖에 주지 않은 셈이야."

조금 보충 설명을 해두자. 장쩌민 집권 당시에는 국영 언론과 각종 회의에서 '장쩌민 동지를 핵심으로 하는 당 중앙'이라고 소개했다. 반면 후진타오는 은퇴할 때까지 '후진타오 동지를 총서기로 한다'는 표현밖에 듣지 못했다. 후진타오는 최후까지 진정한 최고 지도자의 권한을 손에 넣지 못한 것이다.

후진타오의 발언이 국영 언론이나 인터넷에서 삭제되는 일도 종종 있었다. 중국 거대 신문사의 간부가 일례를 들었다.

"후진타오가 2008년 방일했을 때, 인권과 민주를 나타내는 '보편적 가치'를 추구하기 위해 일본과 협력한다고 말했습니다. 그때까지 '보편적 가치'란 당내 보수파를 중심으로 반대가 심한데다 금기시되는 단어였기 때문에 꽤 적극적인 발언이구나 싶었습니다. 그런데 한참 후 당 중앙선전부에서 '보편적 가치라는 단어는 기사에 사용하지 말라'는 내부 공지가 왔고 해당 발언을 삭제하라는 지시를 받았습니다. 나중에야 장쩌민의 측근인 저우융캉 일파의 공작이라는 이야기를 들었습니다."

장쩌민은 은퇴하고 나서도 특별한 내부 규정을 만들어 실권을 놓지 않았다. 군 내부에는 쉬차이허우를, 당에는 저우융캉을 심어놓고 꼭두각시 인형처럼 操縱하면서 후진타오 체제를 허수아비로 만든 채 상왕정치를 펼쳤다. 장쩌민은 1989년 취임 이래 20년도 넘는 세월 동안 사실상 최고 지도자로 군림해온 셈이다.

덩샤오핑과의 악수

때는 다시 거슬러 올라가 2002년 11월, 제16회 당대회에서 총서기에 취임한 후진타오는 다음 달 첫 시찰지로 허베이 성의 산촌, 시바이포를 택했다. 마오쩌둥 일행이 1949년 봄, 베이징으로 진입하기 직전 중요 회의를 열고 공산당 정권의 방침을 내걸었던 땅이다.

이 '혁명의 성지'에서 후진타오는 "권력은 인민을 위해 행사하고, 인정은 인민과 연결되며, 이익은 인민을 위해 추구한다."라는 신삼민주의新三民主義를 제창하며 인민을 중시하는 정권 운영을 호소했다.

그 모습을 보도한 중국 국영 방송 뉴스에는 후진타오 옆에 바싹붙어 서서 손짓 발짓으로 함께 이야기하는 또 한 사람의 고위 관료가 비춰졌다.

쩡칭훙. 당 서열 5위의 정치국 상무위원이다. 총리보다도 격이 낮은 쩡칭훙이 후진타오 총서기와 동격이라는 사실을 강조하기 위한 연출이었다. 〈인민일보〉에도 후진타오와 쩡칭훙이 어깨를 나란히 하고 서 있는 사진이 사용되었고 기사에도 '후진타오와 쩡칭훙'이라고 병기되었다. 어느 쪽이 주역인지 알 수 없을 정도의 취급이다.

당 고위 관료의 동향 기사나 사진은 언론을 감시하는 당 중앙선전부가 세세하게 지시를 내린다. 방송 화면이나 언론에 내보내는 사진의 크기는 권력과 거의 비례한다.

중국 정치 연구가이자 공산당 내부에 다양한 인맥을 가진 보스턴 대학의 조셉 휴스미스 교수는 이 보도의 배경을 이렇게 해석했다.

"장쩌민은 측근인 쩡칭훙을 일부러 동행시켰습니다. 총서기에서 물러났지만 자신의 영향력이 건재하다는 사실을 과시하려고 한 것이지요. 게다가 후진타오가 절대적인 최고 지도자가 아니라 다른 상무위원과 동격에 지나지 않는다는 암묵적인 신호였습니다."

쩡칭훙은 장쩌민이 총서기에 취임하면서 상하이에서 베이징으로 데리고 온 심복이다. 쩡칭훙의 모친은 마오쩌둥 일행과 함께 중국공산당의 역사적 행군인 대장정에 참가했으며 부친도 상하이 시의 부시장을 지냈다. 그는 양친의 인맥을 십분 활용해 장쩌민의 정적을 차례차례 쓰러뜨리고 권력 기반을 굳히는 데 큰 도움을 주었다.

제16회 당대회에서 장쩌민은 일개 정치국원 후보에 지나지 않던 쩡칭훙을 2계급 특진시켜 정치국 상무위원으로 끌어올렸다. 그러기 위해서 일곱 명이던 상무위원 수도 아홉 명으로 변경했다. 알 만한 사람들은 모두 쩡칭훙을 위해 상무위원 수를 늘렸다고 말한다. 또 국가주석 자리를 후진타오에게 물려준 다음 해 3월에는 쩡칭훙을 국가부주석에 앉혔다.

쩡칭훙 이외에도 장쩌민은 측근인 우방궈, 자칭린, 황쥐黃菊, 리장춘을 상무위원으로 올려 최고 지도부의 과반수를 자신의 심복들로 채워놓았다. 정치국 상무위원회에서는 의견이 나뉠 경우 한 사람이 한 표씩을 행사해서 다수결로 결정하기 때문이다.

장쩌민 자신도 군사위 주석 자리를 좀처럼 내놓지 않았다. 앞에서도 설명했듯이 230만 명의 병력을 좌지우지하는 명실상부한 최고 지도자의 자리다.

공산당 이론을 연구해온 당 관계자는 후진타오 정권의 '출항'에 대해 다음과 같이 평했다.

"허수아비 정권이나 다름없었습니다. 중요한 정책은 장쩌민이 고개를 끄덕여주지 않으면 무엇 하나 결정할 수 없었으니까요. 상무위원회에서도 쩡칭훙이 사사건건 후진타오에 반대하고 나섰지요. 실질적으로는 장쩌민과 쩡칭훙의 정권이었습니다. 그럼에도 후진타오를 총서기 자리에 앉힐 수밖에 없었던 이유는 어떤 이의 유언 때문이었습니다."

이 당 관계자의 설명은 이렇다.

1997년 초, 베이징 시 서부에 위치한 '인민해방군총의원', 일명 '301병원'의 특별 병동 한곳에 당 고위 관료들이 집결했다. 병상이 악화된 최고 실력자 덩샤오핑을 문병하기 위해서였다. 덩샤오핑은 가족과 고위 관료 한 사람 한 사람과 악수하고 이야기를 나누었다. 장쩌민에 이어 후진타오의 손을 잡으면서 말했다.

"후진타오 동지, 우리 나라의 미래를 맡아주시오."

후진타오가 장쩌민 총서기의 후임으로 내정되는 순간이었다.

'유서에 적혀 있다', '훨씬 전에 유언을 전달했다'는 관계자도 있다. 어느 쪽이든 덩샤오핑이 사망하기 직전 후진타오를 장쩌민의 후임으로 내정했다는 점은 다르지 않다.

덩샤오핑은 후진타오의 성실함을 높이 산 듯하다. 1989년 후진타오가 서기로 있던 티베트 자치구인 라사에서 승려들이 독립운동을 벌이자 즉각 계엄령을 선포하고 진압한 것을 높이 평가했다고 한다. 후진타오는 1992년 사상 두 번째로 젊은 나이에 정치국 상무위원 자리에 올랐다.

장쩌민은 후진타오 대신 자신의 측근인 쩡칭훙을 후계자로 만들기 위해 애썼지만 결국 이루지 못했다.

덩샤오핑이 숨을 거두는 마지막 순간에 건넨 악수는 후진타오의 '수호신'이 되었고 장쩌민 일파의 공세를 물리치고 최고 지도자까지 올라가는 힘을 주었다.

중국 국가주석이 된 후진타오는 이번에는 자신의 힘으로 발목에 걸린 족쇄를 풀기 위해 반격에 나섰다. 첫 번째 조준 대상은 물론 눈엣가시인 쩡칭훙이었다.

쩡칭훙을 흔든 특종 기사

"누구의 루녕인가?"

중국 유력 경제지인 〈차이징〉이 2007년 1월 산둥 성의 국유 전력 기업인 루녕에 관한 특종을 터뜨렸다. 이 회사의 주식 매각을 둘러싼 부정 의혹을 다룬 기사였다. 루녕의 총 자산액은 704억 위안이나 되는데도 주식 92%가 불과 37억 위안이라는 싼 값에 베이징 시내에 있는 한 민간 회사에 매각되었다는 사실을 폭로한 것이다.

매각 과정에서 복수의 당 고위 관료가 관여했다는 소문이 파다하게 퍼졌고 그중 한 사람은 당시 국가부주석이던 쩡칭훙이었다.

중국 언론은 사건의 수사 보도를 거의 하지 않는다. '권력의 감시'를 중시하는 민주주의 국가의 언론과는 정반대로 공산당과 정부의 방침을 그대로 전달하는 것이 가장 중요한 기능이기 때문이다.

게다가 정부의 일부라고 할 수 있는 국유 기업을 둘러싼 비리를 독자적으로 보도하는 일은 생각할 수도 없다. 베이징 시내의 〈차이징〉 본사를 방문해 기사를 취재한 기자에게서 직접 이야기를 듣기로 했다.

보도 담당자에게 취재 기자를 만나고 싶다고 부탁하자 흔쾌히 승낙해주었다. 유리로 둘러싸인 응접실에서 기다리고 있자 자그마한 체구의 한 여성이 들어왔다. 왕효빙, 서른네 살. 에너지와 전력 회사에 관한 기사를 담당한다고 했다.

– 왜 루닝을 취재하셨나요?

: 2000년대 초빈에 중국에서는 많은 국유 기업이 민영화되었습니다. 그때 몇
군데 회사에서 부정한 주식 매각을 했다는 정보가 들어왔습니다. 루닝은 그중
하나였지요.

– 어떤 조사를 하셨나요?

: 후배 기자 한 명과 반년 동안 이 회사의 자료를 모두 조사하고 회사 간부들도
인터뷰했지요. 다들 입이 무거워 꽤나 고생했습니다. '협력자'로부터 입수한 내
부 정보에 도움을 많이 받았습니다.

– 두렵다거나 외압을 느낀 적은 없었습니까?

: 거대 국영 기업이니만큼 보복이나 위협이 있을까봐 굉장히 걱정했습니다. 솔
직히 무서웠어요.

– 쩡칭홍이 이익을 취했다는 이야기가 있습니다만……

: 누가 돈을 벌었는지는 알 수 없습니다. 그 이상은 취재상 비밀이라서 말씀드릴
수 없네요.

이 말을 그대로 받아들인다면 공산당의 검열에도 굴하지 않고 취
재한 훌륭한 조사 보도처럼 생각할 수 있다. 단 '협력자'나 쩡칭홍
이야기에 화제가 미치자 그녀의 입이 무거워졌다.

공청단 출신의 당 관계자가 사건의 진상을 알려주었다.

"해당 주식을 매각하면서 쩡칭홍의 친척이 막대한 이익을 취한
건 사실 당 고위 관료들 사이에서는 공공연한 비밀이었어. 후진타오

주석과 가까운 관계자가 〈차이징〉 편집 간부에게 내부 자료를 흘린 것 같아. 형사 책임을 추궁당할까봐 두려웠던 쩡칭훙은 이때부터 장쩌민과 거리를 두고 후진타오 편에 붙게 되었지."

후진타오의 반격이었다. 비리 사건에 쩡칭훙을 끌어들인 데다 장쩌민과 심복의 동맹 관계에도 쐐기를 박은 것이다.

그해 10월 15일에 열린 제17회 당대회 개막식에서는 그의 말을 증명하는 듯한 장면이 연출되었다.

상무위원과 원로들이 나란히 서는 인민대회당 단상의 첫째 줄. 후진타오가 연설을 시작하자 장쩌민은 의자 등받이에 깊숙이 기댄 채 천장을 올려보거나 눈을 감고 있었다. 2시간 반 내내 자는 것처럼 도 보였다.

그리고 개막식이 끝나자 그는 서둘러 일어나 근처에 있던 쩡칭훙과는 눈도 마주치지 않고 자리를 떠났다. 홍콩 신문이 '공식 석상에 모습을 나타내는 것은 이번이 마지막'이라고 보도했듯이 장쩌민은 영향력과 체력 저하가 동시에 진행된 듯이 보였다.

국가 부주석 지위를 계속 유지할 듯했던 쩡칭훙도 결국 은퇴했다. 내부에서 결정된 상무위원의 정년이 70세에서 68세로 낮아졌기 때문이다.

당 관계자가 말을 이었다.

"그해 마침 68세가 된 쩡칭훙을 은퇴시키기 위해 후진타오 주석이 일부러 정년을 낮춘 거지. 상무위원의 정년은 제16회 당대회 때

경쟁자였던 리루이환李瑞環을 물러나게 하려고 장쩌민과 쩡칭훙이 결탁해서 만든 제도였어. 후진타오 주석은 그것을 역이용해서 쩡칭훙에게 정년제를 들이밀어 은퇴시켜버린 거야. 뒷배가 되어줄 장쩌민도 차이징의 특종 기사 때문에 쩡쩡훙에게 배신당했다고 분했던 터라 그를 지켜줄 생각을 하지 않았지."

후진타오는 집권 1기차인 5년간 전력을 쏟아 쩡칭훙의 힘을 배제하는 데 겨우 성공했다.

대신 장쩌민과 가까운 저우융캉과 허궈창이 새롭게 상무위원이 되었다. 장쩌민 일파가 상무위원회의 과반수를 차지하는 상황은 바뀌지 않았다. 장쩌민 자신도 군사위 주석에서 물러났지만 후진타오에 이어 '1.5위'라는 특별한 지위는 놓지 않았고 그의 '상왕정치'는 계속되었다. 단 장쩌민이 공식 행사에 출석하는 기회는 확연히 줄어서 건강 불안설까지 나돌게 되었다.

그리고 얼마 지나지 않아 그를 둘러싼 '충격적인 뉴스'가 중국 정계를 뒤흔들었다.

젊은 군인의 피를 모아 되살아나다

'장쩌민 전 국가주석 병사病死!'

2011년 7월 6일, 홍콩의 ATV가 '베이징의 소식통'을 인용해 장쩌민 사망 기사를 특종으로 내보냈다.

중국 산둥 성 정부가 운영하는 뉴스 사이트인 '산둥 성 신문망'에도 '경애하는 장쩌민 동지는 영원히 불멸'이란 제목의 애도 페이지가 만들어졌다. 곧장 폐쇄되기는 했지만 정부 내에서도 장례 절차 등을 준비하고 있던 것은 틀림없다.

나는 즉시 사실 확인에 들어갔다.

'서거한 듯하다', '아니다, 위독하다.' 몇몇 당 관계자들과 접촉해보아도 정보는 착종 상태였나. 각료급 간부들에게 출장 자제라는 금족령이 내려져서 사태가 긴박하다는 사실을 알 수 있었다. 장쩌민이 입원했다고 알려진 301병원으로 내달렸다. 특별 병동의 경비원이나 근처 주민을 탐문하며 돌아다녔지만 특별한 변화는 없는 듯했다.

국영 통신사가 복수의 권위 있는 소식통을 통해 '전혀 사실무근'으로 부정하는 영문 기사를 내보냈다. 진상은 밝혀지지 않은 채 애꿎은 시간만 흘렀다.

그리고 약 3개월 후인 10월 9일, 신해혁명 100주년 기념 식전이 열린 인민대회당의 단상에, 그가 등장했다. 곁에서 걱정스럽게 지켜보는 간병인의 부축을 뿌리치고 오른손을 크게 흔들며 자기 발로 걸어 보였다. 세간의 사망설을 비웃으며 건재함을 과시하려는 듯했다. ATV 뉴스부의 량자룽梁家榮 부총재가 오보의 책임을 지고 사임했다. 그는 홍콩 의회 청문회에서 사망설의 보도 경위에 대해 의미심장한 해명을 했다.

"어느 정보원으로부터 즉시 뉴스를 발신하도록 요청받았습니다.

사실 확인 작업을 하려고 했지만 불가능했고 결국 그 정보원을 믿고 보도한 것입니다."

정보원이 누구인지는 밝히지 않았다. 중국에서 언론 행정에 종사했던 전 정부 관계자는 다음과 같이 설명했다.

"그 정보원은 후진타오 주석의 측근인 당 고위 관료로 알려졌습니다. 당시 장쩌민은 실제로 위독한 상태였다고 합니다. 그런데 후진타오 측에서 성급하게 정보를 흘린 듯합니다."

그러고 보니 나에게 '사망설'을 확인해준 것도 모두 후진타오와 가까운 사람들이었다.

한편 장쩌민은 사망설이 나돌 정도로 위독한 상태에서 어떻게 회복할 수 있었을까? 군 병원 관계자는 흥미로운 증언을 했다.

"301병원이 최고 의사진과 기술을 동원해서 치료했기 때문이지요. 전국에서 수십 명에 달하는 젊고 건강한 군인의 혈액을 모아 장쩌민의 전신 혈액을 교체하기도 했습니다. 군부 내에서는 여전히 장쩌민의 영향력이 막강했고, 그가 죽으면 곤란한 간부들이 적지 않았으니까요."

이미 언급한 쉬차이허우를 비롯한 군 간부들의 면면을 보면 하나같이 장쩌민이 발탁한 인물들이다. 자신들의 정치 생명을 지키기 위해서도 '상왕'을 죽게 내버려둘 수는 없는 노릇이었다.

이미 은퇴한 지도자임에도 그 생사를 둘러싸고 군부가 우왕좌왕하는 모습은 장쩌민의 권력이 얼마나 절대적이었는가를 시사한다.

상무위원의 비서였고 후진타오의 권력 기반인 공청단 출신 당 관계자는 분통을 터뜨렸다.

"만일 그때 장쩌민이 서거했다면 후진타오가 '핵심'이 되어 진정한 최고 지도자가 될 수 있었을 겁니다. 그렇게 되면 누구에게도 방해받지 않고, 뜻하는 대로 개혁을 진행할 수 있었을 텐데. 그리고 일본과의 관계도 이 지경까지 악화되지는 않았을 겁니다."

장쩌민은 결국 은퇴 후까지 합쳐서 사반세기가 넘는 세월 동안 최고 실력자로 군림했다. 덩샤오핑을 넘어서는 장기간이다. 어떻게 이렇게 오랜 기간 권력을 손에 쥘 수 있었을까? 당 관계자가 그 이유를 설명해주었다.

"장쩌민은 덩샤오핑에 비해 지도력이나 카리스마는 물론 능력도 한참 뒤떨어졌습니다. 유일한 성과라면 경제 발전인데 그마저도 덩샤오핑이 앞서 깔아 놓은 노선을 그대로 따라갔을 뿐이지요. 하지만 권력에 대한 집착과 부하를 끌어들여 파벌을 만드는 능력만큼은 타의 추종을 불허했습니다. 은퇴 후에도 자신의 권력을 유지하기 위해 기존 관습을 무시하고 멋대로 규칙을 만들었지요. 당 전체의 질서를 파괴한 죄는 크다고 생각합니다."

역사는 아이러니하다. 후진타오와 장쩌민이 서로 반목한 덕분에 시진핑에게 최고 지도자의 자리가 떨어졌다. 나아가 둘의 동시 은퇴로 시진핑은 중국공산당이라는 세계 최대 독재 조직을 한 손에 거머쥔 것이다.

그리고 이들 세 사람이 벌인 운명의 장난에 철저히 농락당한 한 사내가 있다. 차기 황제로 가장 유력한 후보였던 현 총리 리커창이다.

물론 시진핑도 거저먹기로 총서기 자리에 앉은 것은 아니다. 장쩌민과 후진타오가 전쟁을 벌이고 있을 때 시진핑과 리커창은 물밑에서 불꽃 튀기는 암투를 벌여야 했다. 그 사실을 제대로 그리지 않고는 겹겹이 펼쳐졌던 권력 투쟁의 치열함을 이해하기 어려울 것이다.

다음 장에서는 차기 황제로 불렸던 사내, 리커창을 주인공으로 하여 옥좌를 둘러싼 투쟁의 이면사를 펼쳐보자.

7장

황태자의 비극

李 克 强
LI KEQIANG

리커창은 최후의 순간까지 황제 레이스의 선두에서 달리고 있었다.

작은 거인

첫인상은 '의외로 작다'는 것이었다.

2007년 10월 15일, 제17회 중국공산당 전국대표대회의 개막식이 시작되었다.

거대한 붉은 별이 천장에서 빛나는 베이징의 인민대회당, 그 계단식 단상에 200명이 넘는 중국공산당의 고위 관료들이 줄지어 서 있다. 약 8600만 명의 당원 중에서 선출된, 중앙위원이라 불리는 간부들이다.

자세히 보면 맨 앞줄과 둘째 줄 사이가 크게 떨어져 있다. 둘째 줄 이후로는 한 줄에 서른여섯 명씩 빽빽이 앉아 있어서 답답해 보일 정도다.

첫째 줄과 둘째 줄 사이의 간격, 이것이 당내 권력을 그대로 반영한다. 첫째 줄에 앉는 상무위원은 당의 중요한 정책을 결정하는 최고 지도부다. 형사 책임을 추궁당하지 않는 특권도 있다.

둘째 줄 맨 끝에서 시진핑을 발견했다. 양쪽 옆자리 위원에게 송구스럽다는 듯 180센티미터, 100킬로그램에 가까운 거구를 웅크린 채 앉아 있다. 이미 상하이 시 수장인 당서기였지만 이때만큼은 200여 명의 중앙위원 중 하나에 지나지 않았다.

"과학적 발전관을 경제와 사회 발전의 각 방면에서 철저히 실현시켜야 합니다."

집권 2기를 맞이한 총서기 후진타오의 연설이 시작되었다. 자신이 제창한 정책을 설명하는 부분에서는 목소리가 한층 더 높아졌다. 전보다 힘 있는 어조였고 자신감도 느껴졌다.

그동안 시진핑은 몸을 앞으로 숙인 채 원고에 줄을 긋기도 하고 메모도 하면서 쉴 새 없이 손을 움직였다. 상사의 말씀을 한마디라도 놓치지 않으려는 충실한 부하의 모습이었다.

이때 나를 포함한 외국인 특파원들의 시선은 시진핑을 향하지 않았다. 같은 둘째 줄이지만 시진핑과 정반대 쪽을 주시하고 있었다.

랴오닝 성 당서기인 리커창이다. '포스트 후진타오'로서 최고 유력한 총서기 후보로 알려진 그의 일거수일투족을 카메라가 쫓고 있었다. 등을 꼿꼿이 편 채 원고를 잡아먹을 듯 들여다보면서 중요한 부분에서는 고개를 들고 연단의 후진타오를 향해 박수를 쳤다. 텔레비전 카메라가 가까이 오면 자세를 다듬었다. 한 치의 빈틈도 없는 우등생의 모습이었다.

두 사람의 유망주와 함께 이번 당대회에서 화제가 된 인물이 있었다. 전 총서기인 장쩌민이다. 2005년 3월에 이미 모든 자리를 후진타오에게 물려주고 평당원이 된 뒤로는 이렇다 할 근황이 알려지지 않았다. 영향력이 약해졌다느니 건강이 좋지 않다느니 억측만 돌았다.

그런 소문을 깨끗이 잠재우기라도 하듯 장쩌민은 후진타오의 옆에 앉아 실력자의 위세를 만인에게 과시하고 있었다. 의자 등받이에 깊숙이 기대앉은 채 천장을 올려다보거나 눈을 감기도 하면서 역력히 지루해하는 모습이었다. 중간중간 모델 같은 장신의 젊은 여직원이 탁상에 놓인 컵에 따뜻한 물을 부어주러 올 때만 몸을 일으켜 미소와 함께 그녀의 얼굴을 들여다보았다.

이 건강한 노인네는 여기서 또다시 두 사내의 운명을 좌우하게 된다.

시진핑과 리커창은 긴장을 늦출 새 없이 2시간 20분에 달하는 후진타오의 연설에 열중했다. 그리고 다음 날 열린 기자회견에서 두 사람의 실력 차는 적나라하게 드러난다.

지나가는 자동차 열 대의 번호를 기억한다

대회 이틀째, 각 성의 대표단 토론회가 열렸다. 이번 당대회부터 기자가 각 대표단에게 직접 질문할 수 있는 기회가 주어졌다.

가장 주목을 모은 것은 리커창이 이끄는 랴오닝 성 대표단. 약

120명의 기자를 앞에 두고 리커창은 직접 랴오닝 성에서 진행하는 빈곤 대책을 소개했다.

"저는 재임한 약 2년 동안 1300만 제곱미터나 되는 빈민가를 부수고 새로운 주택을 건설했습니다."

양손을 크게 펼치면서 발언할 때마다 플래시 세례가 쏟아졌다. 원고는 전혀 준비하지 않았음에도 실업률이나 오염 지수를 소수점까지 외우면서 역설했다.

리커창의 부하로 일했던 당 관계자는 그의 암기력에 혀를 내둘렀다. "세 시간짜리 연설 정도는 거의 다 암기하셨지요. 지나가는 열 대쯤 되는 자동차 번호를 전부 외우신 적도 있습니다."

리커창은 연설 중에 공청단 출신의 후진타오를 치켜세우는 일도 잊지 않았다. 30분 남짓한 질의응답 속에서 후진타오가 제창하는 '과학적 발전관'과 '허시에 사회和諧社會, 공정하고 조화로운 사회'라는 두 키워드를 열세 번이나 사용했다. 자신이 후진타오의 직계라는 사실을 확실히 각인시켰다.

기자들로부터 최고 지도부 입성에 관련한 질문이 나왔다.

"각국 언론은 당신을 미래의 정치 스타라고 말하고 있습니다만."

그때까지 즉답을 이어가던 리커창은 잠시 뜸을 들이더니 손목시계를 흘깃 보고는 "유감스럽지만 사무국이 정한 시간이 지나버렸네요. 우리 당은 제도와 질서를 중시합니다. 우리도 대회 규칙을 잘 지켜야겠지요?"라고 주변의 웃음을 유도하면서 자리를 떠났다.

공식 무대에 익숙한 여유로움이 느껴졌다. 기자의 질문에 막힘없이 답하면서 당의 '황태자'임을 과시하는 듯했다.

리커창을 중심으로 한 랴오닝 성 대표단과는 대조적으로 시진핑이 이끄는 상하이 대표단의 회견장 분위기는 무겁기 그지없었다.

바로 1년 전에 상하이 시 당서기였던 천량위陳良宇가 비리 사건으로 해임되었기 때문이나. 천량위는 상하이방의 실력자였지만 연금과 실업 보험의 자본이 되는 사회보장기금을 지인의 회사에 부정하게 융자한 혐의로 조사를 받았다. '상하이방'이란 장쩌민을 정점으로 하는 권력 기반을 가리킨다. 덩샤오핑에 의해 갑작스레 총서기에 발탁되어 중앙의 지지 기반이 없던 장쩌민은 자신이 상하이 시당서기로 근무하던 시절의 부하들을 잇달아 중앙 정계로 불러들여일대 파벌을 형성했다.

장쩌민과 가까운 전 상하이 시 정부 관료가 사건의 배경을 설명해주었다.

"장쩌민은 제17회 당대회에서 천량위를 최고 지도부로 올려 후진타오의 후임으로 앉힐 생각이었지. 그런데 천량위가 회의 석상에서 공공연하게 지도부의 경제 정책을 비판하는 바람에 후진타오 일파와 정면으로 대립하게 된 거야. 후진타오는 일부러 당대회 직전에 천량위를 적발해서 상하이방 후계자의 싹을 잘라버린 거지."

상하이방 해체를 목표로 한 후진타오의 전략이었다. 해당 사건으로 장쩌민과 가까운 상하이 시 간부나 대기업 국유 기업 간부들 약

스무 명이 잇달아 적발되었다.

이때 급히 천량위의 '대역'으로 등용된 이가 장쑤 성 당서기였던 시진핑이다. 정부 관료는 말을 이었다.

"후진타오는 원래 공청단 출신의 다른 당 고위 간부를 염두에 두었지만 장쩌민이 반발했어. 상하이방에 수사의 칼날이 들어오는 것을 막고 싶었을 거야. 결국 양측이 모두 수용할 수 있는 타협안이 공청단 출신도 상하이방에도 속하지 않은 시진핑이었던 셈이지."

시진핑이라는 선택은 그야말로 정권 투쟁 끝에 탄생한 타협의 산물이었다.

천량위를 대신해서 이제 막 대표단 단장에 앉은 시진핑을 향해 회견장에 모인 약 100여 명의 기자들은 한 치의 양보도 없이 질문 공세를 퍼부었다. 질문은 천량위 사건의 수사에 집중되었다.

하지만 사회를 맡은 한쩡韓正 상하이 시장은 시진핑이 아니라 다른 간부에게 답하도록 명령했다. 결국 아무도 시진핑의 육성을 듣지 못한 채 회견이 끝나버렸다. 기자들 사이에서 실망의 한숨이 흘러나왔다. 홍콩 신문의 한 기자는 '저래서는 도망가는 흑마 아니야?'라며 비꼬았다. '흑마'란 '다크호스'를 뜻하는 중국어다.

리커창이 진짜 유력 후보라면 시진핑은 기껏해야 대항마보다 한 단계 낮은 깜짝 후보에 지나지 않았던 것이다. 유일하게 화제가 된 것은 시진핑의 패션 정도였다. 그가 소파에 앉자 검은 양말과 발목이 그대로 드러났다. 바지 길이가 짧았는지 아니면 접혀 올라갔는지 모를 노릇이다.

상하이에 부임한 지 불과 반년이니 실적이라고 할 것도 없었다. 한눈에도 준비 부족을 알 수 있었다. 어설프고 서툰 지방 정치가라는 인상만이 남았다.

나를 포함한 회장 안의 기자 대부분이 다음 최고 지도자는 리커창이 틀림없다고 확신을 굳혔다. 둘의 경력을 살펴보아도 격차는 확연했다. 관계자의 증언을 토대로 두 사람이 후보에 이르기까지의 여정을 되짚어보자.

구멍 뚫린 와이셔츠

1980년 7월 어느 날, 아침부터 온종일 살을 태울 듯한 강렬한 태양빛이 내리쬐었다. 어느 일본 기업 간부가 지인인 중국 정부 기관의 국장댁 저녁 모임에 초대되었다.

이날 다른 네 명의 당과 군 동료들도 함께 초대되었는데, 당시 정부 직원은 나라에서 주택을 분양받고 새집으로 이사할 때 지인들을 불러 축하하는 것이 관례였다.

다들 모여 중국식 만두인 쟈오즈를 만들고 있는데 자전거를 탄 거구의 사나이가 찾아왔다.

"기다리게 해서 죄송합니다."

긴팔 와이셔츠는 온통 땀에 젖어 몸에 들러붙었다. 뒤에서 보니 셔츠에 작은 구멍도 뚫려 있었다. 이 간부는 속삭이듯 국장에게 물어보았다.

"어이, 저 볼품없는 덩치는 누군가?"

"시진핑. 본인은 별로 말하고 싶어 하지 않지만 전 부총리 시중쉰의 아들이야."

이때 그의 나이 스물일곱 살. 군 고위 관료의 비서로 군사위 변공청에서 일을 시작했다. 이 간부는 그날 저녁 모임을 이렇게 회상했다.

"남들 이야기할 때 맞장구만 치고 자기 의견이나 생각을 말하는 법이 없던 게 인상적이었어. 다섯이서 도수가 60도에 가까운 백주를 열 병 가까이 비웠지 아마. 마지막까지 수다를 떨지도 않고 흐트러지는 모습도 없었어. 친구 사이인데도 마음을 놓거나 긴장을 풀지 않는구나 생각했지."

막역한 친구 사이에서도 시진핑이 경계심을 늦추지 못한 데는 이유가 있었다. 그 바로 직전까지 부친이 유폐 상태였기 때문이다.

그의 아버지 시중쉰은 13세 때 공산 혁명에 참가해서 산시 성, 간쑤 성 등 서북 지구에 혁명 본거지를 구축하고 사실상 최고 책임자에 올랐다. 시진핑이 태어난 1953년에는 38세의 젊은 나이로 중앙선전부장이 되었다. 1959년에는 부총리로 승격해서 저우언라이周恩來의 측근으로 활약했다.

그런데 권력 투쟁에 휘말려 1962년에 실각했고 마오쩌둥이 일으킨 문화혁명에서는 '반혁명 분자'로 몰려 수감되었다.

216

어머니인 치신齊心 여사도 종종 거리로 끌려나와 뭇매를 맞았다고 한다. 시진핑도 문화혁명이 한창 진행 중이던 1969년 '농민에게 배워라'는 정치 운동인 하방에 밀려 산시 성의 산골짜기 량자허촌으로 보내졌다. 겨우 열여섯 살 때다. 토굴식 집인 야오둥에서 6년을 살았는데 지독한 가난을 견디지 못해 베이징으로 도망친 적도 있었다고 한다.

문화혁명이 끝난 1978년, 시중쉰은 정치적으로 복귀했고 광저우 성 제1서기가 되어 선전 지역의 경제특구 프로젝트를 추진하게 되었다. 시진핑도 명문 칭화 대학교를 졸업하고 군에서 사회생활을 시작했다.

전 각료급 간부를 친척으로 두고 자신도 하방당한 적이 있는 당 관계자는 문화혁명이 시진핑의 인격 형성에 미친 영향을 지적한다.

"부총리까지 올랐으면서 하룻밤 사이에 죄인으로 몰려 박해당하는 아버지의 모습이 시진핑의 뇌리에 뚜렷이 박혔겠지. 남의 말을 쉽게 믿지 못하고 권력이야말로 유일하게 믿을 수 있는 대상이라고 생각하게 되지 않았을까? 남들은 모르겠지만 우리처럼 사춘기를 문화혁명의 소용돌이 속에서 보낸 세대들에게는 공통된 가치관일 거야."

그 2년 후, 시진핑은 허베이 성의 시골 정딩 현에 부임해서 서열 3위인 부서기가 되었다. 최고 지도부인 정치국 상무위원회에 입성할 때까지 25년 간, 단 한 번도 중앙 정계로 돌아오는 일 없이 지방을 전전하게 된다.

그 무렵 리커창은 문화혁명으로 중단된 대학 입시가 재개되자 1977년 중국 최고 명문인 베이징 대학교 법학부에 합격했다.

"리커창은 지독할 정도로 학업에 매진했습니다. 법학부 동기생 82명 중에서 늘 1등을 차지했지요. 특히 영어 공부에 열심이어서 밥 먹을 때도 단어장과 문법책을 손에서 놓지 않았습니다. 재학 중에 이미 영어로 된 법률 서적을 10권 정도 번역해서 출판할 정도로 뛰어난 실력이었어요."

당시 동급생이자 지금은 베이징 대학교 교수인 장밍안姜明安의 회상이다.

리커창의 우수함은 공부만이 아니었다. 공청단의 정치 활동에도 적극적으로 참가해서 연설과 토론에서 두각을 나타냈다.

졸업 후에는 유창한 영어 실력을 살려 미국 유학을 준비하고 있었다. 유명 대학교에 입학할 수 있는 영어 검정시험 점수도 이미 따놓은 상황이었다. 유학 준비가 순조로이 진행되던 무렵 공청단 간부가 그를 불렀다.

"1만 명의 우리 공청단 단원을 이끌어 갈 사람은 자네밖에 없다."

공청단의 간부가 되라는 권유였다.

"밥도 못 먹고 잠도 자지 못할 정도로 고민했다."

리커창은 당시 심정을 훗날 공청단 기관지에서 이렇게 회상했다.

1982년 고심 끝에 그는 공청단 베이징 대지부의 서기가 되기로 결심했다. 장밍안 교수는 "이때 그는 '정치 세계에서 살아가자'고 결심한 듯합니다."라고 말했다.

그리고 이 공청단에서 그의 정치 인생을 뒤바꾼 '스승'과 만난다.

총서기를 약속받은 두 남자

"저 두 사람이 장차 중국공산당의 지도자가 될 거라던데."

1985년 3월, 도쿄 신바시의 중화 레스토랑. 방일한 중국 공청단의 환영회에서 많은 사람들이 명함을 교환하거나 사진을 찍고 있었다.

대표단의 단장은 공청단 제1서기였던 후진타오, 부단장은 직속 부하이자 후보서기인 리커창이었다. 공청단을 맞이한 일본측 관계자가 당시를 회상했다.

"두 사람은 그때 42세와 29세였지만 이미 주목의 대상이었지요. 당시에도 다음 총서기는 후진타오고, 그 후임은 리커창이라고 다들 수군댔으니까요."

대표단의 방일은 당시 총서기였던 후야오방이 주장한 중일청년교류 프로젝트의 일환이었다. 후야오방은 자신의 출신 모체인 공청단에 중책을 맡겼다. 리커창은 일정 조정 같은 실무를 요령 있게 처리하면서 단장인 후진타오를 도왔다. 공청단에서 두 사람과 함께 일한 적이 있는 당 간부의 증언이다.

"둘은 서로 형님 아우 하면서 이름을 부를 정도로 사이가 좋았어요. 친형제 같았지요. 후진타오는 리커창의 재능을 높이 평가해서 이때부터 장래 자신의 후계자로 점찍은 것 같아요."

30년도 전부터 '미래의 총서기'로 주목받은 리커창은 후진타오에게 이끌리듯 최고 지도부로 향하는 엘리트 코스를 순조롭게 올라갔다.

후진타오가 1992년 정치국 상무위원이 되자 리커창은 다음 해 공청단 제1서기로 승격되었다. 1998년 후진타오가 국가부주석에 오르자 리커창은 다음 해 1999년 허난 성 성장에 취임했다. 전국 최연소인 43세의 성장이었다.

한편 시진핑은 허베이 성 정딩 현에서 3년간의 근무를 마치고 1985년 서른두 살의 나이로 푸젠 성 아모이 시의 부시장이 되었다.

그는 이곳에서 장래 부인이 될 펑리위안과 맞선을 본다. 당시 그녀는 스물네 살로 인민해방군 전속 가수였다. 중국 최대 국영 방송인 CCTV의 설맞이 예능프로그램 〈춘제롄환완후이〉에서 늘 대미를 장식할 정도로 국민적인 인기 가수였다. 반면 시진핑은 일개 지방 공무원에 지나지 않았다.

펑리위안은 〈인민일보〉 계열의 잡지인 〈환구인물〉과의 인터뷰 중에서 시진핑과 교제하게 된 계기를 다음과 같이 말하고 있다.

나는 별로 내키지 않았지만 친구가 계속 권해서 일부러 지저분한 군복을 입은 채 나갔어요. 그런데 그이도 평상복 차림으로 나온 거예요. '무슨 노래가 인기가 많은가', '출연료는 얼마나 받나'라고 다들 하는 그런 질문이나 하겠지 싶었는데, 느닷없이 '성악 발성법을 가르쳐주면 좋겠다'고 해서 놀랐어요. 그 후로는 그이와 나누는 대화에 푹 빠져서 그날 바로 결혼하겠다고 마음을 정했어요. 나중에 들었지만 그이도 '나도 당신과 만난 지 40분도 되지 않아서 내 아내로 삼겠다고 결심했다'고 해요.

국민 스타를 눈앞에 두고도 전혀 기죽지 않았던 시진핑의 무심한 성격이 엿보이는 일화다. 그리고 평리위안과의 결혼으로 시진핑은 군인 인맥이 생겼고 이후 그의 정치 인생에도 큰 변화가 찾아온다.

시진핑은 사생활 면에서 별 스캔들 없이 충실했지만 업무에서는 눈에 띄는 실적을 남겼다고 말하기 어렵다. 시진핑이 아모이 부시장으로 있을 때 그를 찾아간 정부 간부는 친구들과 함께 클럽에 갔던 때를 회상했다.

"옛날부터 술을 좋아했지. 주량이 늘었는지 만날 때마다 살이 쪄 있었어. 그날 밤도 혼자서 좋아하는 브랜디 한 병을 홀딱 비워버렸지 뭐야. 그 다음 날도 아침부터 골프라고 했던 걸 기억해. 현지의 토박이 간부나 기업과는 거리를 두면서 적당히 일하고 있었던 것 같아."

이 직후 두 가지 시련이 잇달아 시진핑의 정치 인생을 위협하게 된다.

151명 중 151번째 '최하위 당선'

중국공산당의 지도 기관은 중앙위원회라고 불리는 곳이다. 중앙위원회는 약 8600만 명의 당원 중에서 선거로 뽑힌 200여 명의 중앙위원과 150명의 중앙위원 후보로 구성된다.

중앙위원은 대부분 정원보다 약 8% 많은 후보자 중에서 당내 선거로 선출된다. 이 중에서 총서기도 총리도 탄생하는 것이다.

1997년 제15회 당대회에서 푸젠 성 부서기였던 시진핑은 중앙위원에 들지 못했고 그보다 급이 낮은 중앙위원 후보에 만족해야만 했다. 게다가 발표된 명부에서는 151명 중 151번째, 즉 중앙위원 후보 중에서도 최하위 득표율이었다.

당의 각료 역임자를 친척으로 둔 당 관계자의 증언이다.

"정원은 원래 150명이었지만 시진핑을 차세대 지도자로 밀던 고위 간부들이 무리해서 정원수를 늘린 덕에 가까스로 당선된 거지. 득표수가 별로 높지 않았던 이유는 딱히 이렇다 할 실적도 없는데다 유명 가수를 부인으로 두었으니 다들 시기한 탓이었을 거야."

당시 리커창은 이미 중앙위원이었다. 시진핑의 이때 당내 서열은 344위. 이 시점에서는 총서기 자리에서 가장 먼 '간부 후보'였다.

설사가상 앞서 4장에서 설명한 푸젠 성 아모이 시의 국유 무역회사를 둘러싼 밀수 사건이 발생한다.

시진핑이 푸젠 성의 대리 성장에 취임한 1999년 4월, 중앙당에서는 특별 조사팀을 푸젠 성에 파견했다. 목표는 아모이 시에 거점을 둔 무역회사 위안화 그룹. 밀수한 석유 제품과 자동차를 불법으로 전매轉買해서 거액의 이익을 취한 혐의를 받고 있었다.

당의 조사 기관에서 일했던 당 관계자가 이 회사의 혐의에 대해 설명해주었다.

"위안화 그룹의 대표는 소유하던 호텔의 1층을 개조해서 레스토랑과 고급 클럽을 갖춘 전용 접대소를 만들었어. 그리고 그곳에서 경찰, 세관 등 현지 정부 간부들을 전방위적으로 접대한 거야. 덕분에 단속 정보는 사전에 현지 경찰로부터 얻어내고 세관에는 밀수를 위해 문서와 인감 위조까지 사주했지. 군 간부에게도 접대 공세를 퍼부어서 군함을 경호원 대신 고용하고 밀수품을 실은 배를 조사하려는 세관 조사함까지 쫓아버렸어."

현지 정부와 군부까지 얽힌 이 거대 스캔들은 조사 기관이 밝힌 것만 해도 273억 위안 상당의 자동차와 석유 제품, 담배를 밀수했고 탈세액만 약 140억 위안에 달한다. 이 회사의 총재는 국가 간부 약 64명에게 3900만 위안 상당의 부동산과 자동차를 선물했다고 밝혔다. 그중에는 시진핑의 후임으로 취임한 아모이 시 부시장과 그 부하들도 포함되어 있었다.

조사와 공판 자료에 따르면 밀수가 이루어진 것은 1995년부터 1999년. 시진핑이 아모이 시를 떠나 푸젠 성 부서기로 있던 시기와 겹친다.

당 관계자에게 시진핑의 사건 연루 가능성을 물었지만 그는 말끝을 흐렸다.

"시진핑에 대해서는 뚜렷한 증거를 찾지 못한 것 같아. 하지만 직속 상사나 부하가 적발되었으니 그가 완전히 결백했는지는 나도 알 수가 없어."

이렇게 시진핑이 제자리걸음을 하는 동안 리커창은 2002년 허난 성 당서기로 승격했고 2004년에는 랴오닝 성 당서기에까지 오른다. 그가 가는 곳에서는 어디든 '사상 최연소'라는 수식어가 따라다녔다.

해외 언론들이 리커창을 두고 '포스트 후진타오'라고 보도하게 된 것도 이 무렵이다. 일본 자민당 간사장이었던 다케베 쓰토무나 민주당 대표였던 오자와 이치로 등 각국 요인이 잇달아 랴오닝 성을 찾았다. 리커창과 관계를 구축하기 위한 행보라는 평이었다.

"잔인한 짓을 저지른 것은 일본인이기 때문일까요? 아니 일본인이 나쁜 것이 아닙니다. 우리 인류가 왜 잔혹한 짓을 되풀이하는지 그 역사를 제대로 반성하고 생각해야 합니다."

2007년 4월 일본 기업 간부를 이끌고 랴오닝 성을 방문한 일본 정부 관계자는 회식 자리에서 리커창이 중일 전쟁에 대해 열변을 토하던 모습을 잊을 수 없다고 했다.

"일본의 전쟁 책임에만 집착하던 지금까지의 공산당 입장과는 달리 유연한 사고방식의 소유자라고 느꼈습니다. 차기 최고 지도자가 될 것을 본인도 확신하는지 자신감에 차 있었습니다."

추종을 불허하는 재능과 경력, 그리고 당시 최고 지도자의 총애를 받고 있었으므로 그의 앞날에 걸림돌이 될 만한 것은 아무것도 없다고 여겨졌다. 제17회 당대회에서 최고 지도부로 입성해 차기 총서기의 자리에 선출될 것을 누구나 믿어 의심치 않았다.

나도 '포스트 후진타오, 리커창'이라는 원고를 준비하고 당대회 마지막 날을 맞이했다.

대역전

인민대회당에 몰려든 수백 명의 기자들이 순간 대회당 안에 울려 퍼질 정도로 웅성거리기 시작했다.

제17회 당대회 폐막 다음 날인 2007년 10월 22일, 새롭게 발족한 신지도부의 인사 회견에서 정치국 상무위원 아홉 명이 당서열에 따라 무대 한쪽에서 모습을 드러냈다.

시진핑이 서열 6위, 리커창이 7위……

믿을 수 없는 역전이었다.

상무위원 사이에서는 서열이 한 단계만 달라도 권한과 지위에 엄청난 차이가 난다. 또 한 번 정해진 서열을 뒤집기는 간단치 않다. 게다가 5위보다 윗자리의 상무위원들은 5년 후에 열릴 다음 당대회에서 모두 은퇴할 예정이다. 결국 시진핑이 다음 최고 지도자가 될 가장 유력한 후보로 뛰어올랐다는 사실을 의미했다.

"54세와 52세로 아직 젊은 형제들입니다."

시진핑과 리커창을 소개하는 후진타오의 표정은 굳어 있었다. 평소에도 감정을 드러내지 않는 '철가면'이었지만 이날은 더욱 경직된 듯 보였다.

비리 사건 수사로 장쩌민의 아성이었던 상하이방을 해체하고 최측근인 리커창을 후계자에 올린다. 후진타오의 이런 계획은 순조롭게 진행되는 듯했다. 그런데 마지막 순간에 계획은 무산되었다. 그 분함과 억울함이 철가면 뒤에서 뿜어져 나오는 듯했다.

사실 그 4개월 전, 대역전극의 서막은 후진타오 스스로 소집한 어느 내부 회의에서 열렸다.

2007년 6월 25일, 베이징 시내 모처에서 400명 남짓한 당 간부를 소집했다. 후진타오의 사회로 회의가 진행되었다. 출석자들에게 주황색 투표용지가 배포되었고 용지 겉면에는 '정치국원 제안을 위한 민주 추천표'라고 쓰여 있었다. 내용에는 약 200명의 당 간부 이름이 획수 순으로 기록되어 있었다. 제17회 당대회에서 최고 지도부인 상무위원회에 입성할 가능성이 있는 만 63세 이하 유력 간부의 실력을 묻는 비공개 신임 투표였다.

"우리 당에서는 처음으로 실시되는 민주적인 투표였습니다. '당내 민주화' 그리고 '인사의 제도화'를 주장하던 후진타오 주석이 당내 반대를 무릅쓰고 실현시킨 것입니다. 당원이 직접 지도부를 선출하는, 당사에 길이 남을 위대한 업적이었습니다."

공청단 출신의 당 간부는 이 회의의 의의를 이렇게 강조했다.

그때까지 마오쩌둥이나 덩샤오핑과 같은 최고 실력자의 한마디로 후계자를 결정하던 시절과 비교하면 당내의 제한된 간부들에 의한 선거라고는 하지만 큰 변화였다.

그런데 선거 결과는 후진타오의 예상에 크게 빗나갔다.

이 회의에 출석했던 간부를 친척으로 둔 당 관계자가 속사정을 밝혀주었다.

"시진핑의 득표가 압도적으로 많았던 거야. 반면 리커창은 반대표가 눈에 띄게 많았고. 투표를 통해 공개적으로 세력을 확대하려던 후진타오를 경계한 상하이방과 시진핑이 소속된 태자당 일파가 힘을 합쳐 리커창 죽이기에 나선 거지."

그야말로 아이러니한 결과였다. 후진타오가 자신의 정치 생명을 걸고 시행한 일대 개혁이 최측근인 후계자를 위험에 빠지게 한 것이다. 이때 후진타오가 느꼈을 분함과 안타까움은 이루 표현할 수 없을 것이다.

측근의 잇따른 비리 적발로 벼랑 끝에 몰린 장쩌민은 생각지도 못한 '적의 실책' 덕분에 구사일생으로 살아남았다. 그리고 염두에 두었던 시진핑을 등에 업고 대반전의 공세에 나선다.

톈안먼 사태 주모자와의 접촉

시진핑과 리커창, 두 사람의 운명을 결정한 것도 그해 '여름 전쟁'이었다.

제17회 당대회가 열리기 전인 2007년 7월 허베이 성 베이다이허에서 비공식 회의가 열렸다.

정치국원과 그 경험자만이 출석할 수 있는 '예비 회의'에서는 연일 제17회 당대회에서 선출할 새로운 상무위원에 대한 논의가 이어졌다. 후진타오의 후계자 후보가 될 50대 상무위원의 선출에 초점이 모아졌다.

회의의 주인공은 여느 때와 마찬가지로 장쩌민과 후진타오였다. 두 사람의 신경전이 시작되었다.

상하이방 척결에 성공하며 기세가 등등한 후진타오가 최측근인 리커창을 후계자로 밀어붙였다. 수세에 몰린 장쩌민은 어느 스캔들을 무기로 후진타오에게 뼈아픈 일격을 가한다.

이때 마치 5년 후인 2012년 회의 장면이 과거로 타임 슬립한 듯한 광경이 펼쳐졌다.

계속 침묵하던 장쩌민이 발언을 요청했다. 그리고 한 달 전인 6월에 열린 '당내 선거'를 언급했다.

"나는 후진타오 동지가 진두지휘한 '민주 추천'이 당내 민주화를 이룩한 위업이라 평가합니다. 우리 모두 그 결과를 존중해야 하지 않겠습니까?"

베이징 대학교 시절의 리커창(윗줄 오른쪽 끝).

시진핑이 리커창에게 큰 차로 이긴 '민주 추천' 선거의 결과를 내민 것이다. 장쩌민은 한층 더 강한 어조로 말을 이었다.

"그리고 모두 이 기사를 봐주시기 바랍니다. 리커창 동지는 아무래도 반체제 분자와 교류하고 있는 듯합니다."

2005년 홍콩에서 출판된 잡지의 발췌분을 회의 참가자들에게 보란 듯이 추켜올렸다.

리커창은 대학 시절 꽤 자유로운 사상의 소유자로 생각하는 것을 서슴없이 말하는 학생이었다. 정치계에 몸담고 있는 지금과는 상당히 다른 모습이었다. 1989년 5월 학생들이 단식 투쟁을 시작했을 때 나는 리커창과 만나 의견을 나누었다. 베이징 대학 시절과 마찬가지로 그의 사고방식은 냉철했고 예리했으며 또한 관대했다.

기사의 주인공은 1989년 톈안먼 사태를 주도하다가 반혁명 선동죄로 구속된 경제 저널리스트 왕쥔타오王軍濤다. 그는 징역 13년의 실형 판결을 받고 복역하다가 1994년 질병을 이유로 석방된 이후 미국으로 망명했다. 리커창과는 베이징 대학교 동창생으로 공청단에서 함께 활동했다.

이 기사에 나온 '단식 투쟁'이란 민주와 인권, 부패 추방을 요구하는 학생과 시민들이 톈안먼 광장에서 벌인 일을 가리킨다. 그리고 6월 4일, 이 학생들에게 중국 군부대가 실탄을 발포하는 톈안먼 사태로 발전한다.

리커창이 사건 직전 '주모자'의 한 사람과 몰래 접촉했다.

출석한 고위 관료들은 큰 충격을 받은 듯했다.

당 관계자가 회상했다.

"공산당 체제를 뒤흔든 톈안먼 사태는 파벌과 세대를 초월한 위협이었다. 다들 소련의 고르바초프처럼 체제 안에서 일당 지배를 뒤엎는 지도자가 나올까봐 상당히 두려워했다."

장쩌민이 제시한 한 장의 기사 발췌본이 고위 간부들에게 악몽을 다시 불러일으켰다. 곧이어 누군가가 제안했다.

"후보자로 지방 근무 경험이 오래되고 실적이 풍부한 시진핑 동지를 추천합니다. 무엇보다 그는 홍얼다이로 공산당에 대한 충성심이 지극히 높습니다."

'홍얼다이'란 혁명 지도자의 자녀 세대를 가리킨다. 시진핑의 아버지 시중쉰은 마오쩌둥과 함께 항일 전쟁에 참전했던 혁명 전사였다. 8내 원로 중 한 사람이자 덩샤오핑의 라이벌이었던 보수파의 중진, 천원 전 부총리는 "천하는 혁명 지도자의 자녀들이 물려받아야 한다. 그들은 적어도 당의 무덤을 파헤치는 짓은 하지 않을 것이다."라고 강조하며 홍얼다이를 당 간부로 등용해야 한다고 주장했다.

점점 심각해지는 소득 격차와 뿌리 깊은 비리와 부정부패에 대한 시민의 불만이 높아지고 당에 대한 신뢰가 흔들리는 시기였다. 정권 유지가 최고의 당면 과제인 정치국원들은 너 나 할 것 없이 모두 시진핑 지지로 돌아섰다.

나는 미국에 머물러 있는 왕쥔타오에게 동창인 리커창을 공격하는 데 자신이 이용된 사실에 대해 솔직히 물어보았다.

왕쥔타오는 거세게 반론했다.

"리커창과는 벌써 20년도 넘게 만나기는커녕 연락도 하지 않았습니다. 장쩌민 일당이 시진핑을 발탁하려고 저를 이용했을 뿐입니다."

반대표가 1%를 넘었다

리커창을 누르고 그보다 높은 서열의 상무위원에 오른 시진핑은 당의 중책을 맡게 되었다.

후진타오가 총서기가 되기 전에 역임한 중앙당교 교장과 당 업무를 진두지휘하는 당 중앙서기국 필두서기 외에도 2008년 여름에 열린 베이징 올림픽 지도팀 책임자로도 임명되었다.

그해 2월에 열린 전국인민대표대회에서는 시진핑을 국가부주석으로 선출할지 여부를 묻는 인사안이 심의되었다.

반대 28, 기권 17. 약 3000명의 전인대 대표에 의한 투표 결과에서 반대표가 1%를 넘겼다. 국가주석으로 재임된 후진타오의 여덟 표와 비교해도 유별나게 많은 숫자다. 공청단 출신의 정부 관계자는 그 이유를 설명했다.

"승인 도장을 찍기만 한다고 해서 '고무인 의회'로 불리는 전인대입니다. 그런 전인대에서 반대표가 이례적으로 많이 나온 거죠. 대부분은 후진타오 주석과 리커창의 측근들이 던졌을 겁니다. 그들은 그때까지도 리커창의 총서기 취임을 포기하지 못했던 것이겠지요."

후진타오 일파는 더욱 공세를 강화했다. '전장'으로 선택한 것은 역시 여름의 베이다이허다.

2009년 여름, 베이다이허 비공식 회의는 별다른 풍파 없이 끝날 예정이었다.

같은 해 9월 베이징에서 열릴 제17기 중앙위원회 4차 전체 회의가 회의 주제였다. 군사위 부주석 인사가 주요 의제로 올라왔다.

군사위는 군을 총괄하는 최고 권력 기관이다. 후진타오는 당의 수장인 총서기와 국가 원수인 국가주석, 그리고 군사위 주석을 겸임하면서 당, 국가, 군부의 3권을 쥐고 있었다. 2인자인 군사위 부주석은 국가 지도자가 되기 위해서는 반드시 거쳐야 할 경력이었으므로 후진타오도 1999년 제15기 4차 전체 회의에서 그 자리에 선출되었다.

시진핑도 후진타오의 뒤를 이어 군사위 부주석에 오를 것으로 예상되었다. 그런데 뜻하지 않은 '순번 뒤집기'가 일어난다. 당 고위 관료를 친척으로 둔 정부 관계자가 전체 회의 당시의 모습을 회상했다.

"시진핑을 군사위 부주석으로 선출하는 인사안이 검토되던 중이었어. 그런데 후진타오와 가까운 고위 간부들이 시기 상조라며 반대하고 나섰지. 회의 직전인 7월에 신장 위구르 자치구에서 발생한 소요 사태에 대한 대처가 문제시되었기 때문이야."

신장 위구르 자치구의 우루무치에서 2009년 7월 다수의 시민과 무장경찰이 충돌해서 1000명 이상의 사상자가 발생하는 사건이 터졌다. 때마침 후진타오가 외유 중이어서 시진핑이 대리 책임자였지만 상황은 점점 악화되었다. 결국 후진타오가 서둘러 귀국하는 사태까지 벌어졌다. 이를 두고 후진타오와 가까운 당과 군 간부들이 시진핑의 지도력을 비판했다.

결국 이날 회의에서는 시진핑이 스스로 군사위 부주석 취임을 사퇴하는 형식으로 결정이 미루어졌다.

후진타오가 은퇴하는 제18회 당대회까지 이제 3년 남짓. 최고 지도자의 자리로 오르는 사다리가 끊어진 시진핑은 초조해졌다.

그때까지 장쩌민과 후진타오의 그늘에서 숨죽이고 있던 시진핑은 마침내 움직이기 시작한다. 3개월 후 국가부주석으로서 첫 일본 방문에 초점이 맞추어졌다.

승부수 넥타이는 푸른색

2009년 12월 14일, 일본 총리 관저의 회견실. 시진핑은 거구의 몸을 천천히 흔들며 들어왔다. 보도진의 플래시 세례가 눈부신 듯 눈을 깜빡이며, 굳은 표정으로 기다리던 하토야마 유키오 총리와 악수를 나누었다.

회견장의 먼발치에서 바라보았는데도 시진핑의 긴장감이 그대로 전해졌다.

"미래 지도자가 이렇게 찾아와주시다니 중일 관계의 장래에 있어 대단히 희망적인 일입니다."

하토야마 총리의 인사말에 시진핑의 표정이 단박에 굳었다. 옆에 있던 측근들에게 난처하다는 듯 눈짓을 했다.

시진핑의 불편한 표정에는 이유가 있다. 차기 최고 지도자의 유력 후보라고는 하지만 아직 공표하지 않은 인사를 화제로 삼는 건 공산당 내부에서 절대 금기 사항이다. 자칫 입을 잘못 놀렸다가는 비판의 대상이 되기 십상이다.

게다가 바로 석 달 전 확실시되던 군사위 부주석 자리를 눈앞에서 놓친 시진핑으로서는 '미래 지도자' 운운은 더더욱 언급하고 싶지 않은 민감한 화제였다. 일정에 동행한 중국 정부 관계자는 당시 상황을 회상했다.

"사전에 일본 측과 논의되지 않은 발언이었습니다. 하토야마 총리가 즉석에서 말씀하신 겁니다. 시진핑 부주석은 꽤나 당황하셨는지 회담 후에 '왜 저런 말을 하게 내버려둔 거냐'며 측근들에게 불같이 화를 내셨습니다."

인사가 끝나자마자 시진핑은 곧바로 자세를 고쳐 잡고 하토야마의 돌발 발언을 수습이라도 하려는 듯 말을 이었다.

"저의 방문을 위해 세심한 주의를 기울여주셔서 진심으로 감사드립니다. 후진타오 국가주석과 원자바오 총리로부터 잘 부탁드린다는 안부 말씀을 받아들고 왔습니다."

일부러 상사에 대한 말을 언급하고 또 제대로 치켜세우는 것도 잊지 않았다.

회담은 시종일관 우호적인 분위기에서 진행되었다.

나는 회담장을 떠나려는 시진핑의 가슴을 보고 순간적으로 깨달았다.

'넥타이 색깔이 다르다.'

이전에는 본 적 없는 선명한 푸른색이었다. 공산당 내부 규정상, 정치국 상무위원의 복장은 어두운 적색이나 붉은 색의 넥타이에 짙은 감색 양복을 입어야 한다. 시진핑도 상무위원이 된 이후 이 스타일을 고수해왔다. 게다가 이날 오후 하네다 공항에 도착했을 때는 분명히 어두운 적색의 넥타이를 매고 있었다.

하토야마 총리와 회담을 앞두고 직전에 바꾼 것이다. 당 관계자가 그 이유를 설명해주었다.

"푸른색은 시진핑이 좋아하는 색이거든. 이날을 계기로 해서 이후 주요 행사에는 항상 청색 넥타이를 매게 되었지. 내가 들은 바로는 시진핑이 '새로운 지도자의 이미지를 표방하는 편이 좋다'면서 복장 규정을 완화하도록 제안했고 개정되었다고 해. 그만큼 이번 방일에 쏟는 열의가 남달랐다고 할 수 있지."

말하자면 시진핑의 '승부수 넥타이'인 셈이다. 다음 해 방미 일정이나 주요 회담에서도 청색 넥타이를 착용한 장면이 늘었다.

넥타이 색깔 정도야 대수롭지 않게 여길 수 있지만 전례 답습을 중시하는 공산당에서 내규를 바꾸는 일은 간단치 않다.

그때까지 원로와 선임자들의 그늘에 가려 침묵으로 일관하던 시진핑이 차기 지도자 지위를 쟁취하기 위한 행보에 나섰다는 신호이기도 했다.

그리고 이번 방일에서 어떻게든 성공시켜야 할 중요한 과제가 있었다.

목표는 오자와 이치로

"어서 중국으로 꺼져라."

"일본 국민은 당신들을 환영하지 않는다."

중일 정상회담 다음 날인 15일, 평소 같으면 적막에 휩싸여 있을 도쿄 도심의 아카사카 영빈관 일대에 아침부터 시위대의 분노 섞인 구호가 울려 피졌다.

인접한 뉴오타니 호텔에는 시진핑 일행이 머무르고 있었다. 나도 같은 호텔에 묵었는데 선전 차량의 스피커 굉음이 실내까지 울렸다.

시진핑의 귀에도 분명 들렸을 터이다. 수행한 중국 정부 관계자에게 당시 상황을 물었다.

"그야 잘 들렸지요. 부주석은 별달리 말씀은 없으셨지만 당황한 기색은 역력했어요. 호텔뿐 아니라 회견장이고 식당이고 가는 곳마다 항의 시위가 있었습니다. 우리 나라에서는 수뇌부가 그런 항의를 접하는 일은 생각지도 못하니까요. 아마 꽤 놀라셨을 거라고 생각합니다."

격렬한 반발이 일게 된 계기는 이날 예정된 일왕과의 회견이었다. 외국 주요 인사가 일본의 일왕과 회견하려면 적어도 한 달 전까지는 요청해야 한다. 일명 '1개월 규칙'으로 일왕이 2003년 전립선암 수술을 받은 뒤 일왕의 일정을 담당하는 궁내청에서 건강을 고려해 일본 외무성에 요청한 규칙이다.

그런데 중국 외교부가 시진핑의 방일 일정을 일본 측에 전달한 것은 11월 19일. 회견까지 채 한 달도 남지 않은 때였다.

"일왕 폐하와의 회견에 관해서는 '1개월 규칙'의 존재를 중국 측에 확실히 전달했고 가능한 한 빠른 시일 안에 일정을 알려달라고 요청했습니다. 그럼에도 중국 측은 '정부의 중요 회의 일정이 정해지지 않았다'며 답을 주지 않았습니다."

당시 중국 측과 일정을 조율하던 일본 외무성 관계자의 증언이다.

중요 회의란 매년 12월에 열리는 중앙경제공작회의를 말한다. 다음 해 경제 운영의 기본 방침에 대해 논의하는 회의로 시진핑을 포함한 최고 지도부 멤버는 반드시 참가한다.

그 일시가 확정되지 않아서 방일과 일왕 회견 일정도 정하지 못한 것이다. 그 이유에 대해 대일 정책에 참여하는 당 관계자는 다음과 같이 털어놓았다.

"리커창과 가까운 당 간부가 경제공작회의 일시 결정을 일부러 늦췄다는 말을 들었습니다." 리커창의 측근들이 경쟁자인 시진핑의 일왕 회견을 방해했다는 이야기가 된다.

상황은 리커창 일파의 의도대로 흘러갔다. 하토야마 총리는 '1개월 규칙'을 굽히지 않고 일왕 회견을 거절하기로 결정했다. 대신 국빈 대접의 만찬회를 열겠다고 중국 외교부에 타진해왔다.

양제츠 외교부장에게 일련의 보고를 받은 시진핑은 일본의 제안을 받아들이지 않고 이렇게 엄명을 내렸다.

"일왕과의 회견이 없으면 방일도 없다. 무슨 수단을 써서라도 실현시켜라."

시진핑이 반격의 깃발을 들었다.

도쿄의 중국 대사관 직원들이 총출동해서 총리 관저와 민주당 간부들의 설득 작업에 들어갔다. 목표가 된 것은 민주당 간사장인 오자와 이치로였다. 양제츠 외교부장은 곧장 일본을 찾아 국회 간사장실로 직행해서 간곡히 요청했다.

오자와 이치로 간사장은 사실 리커창과 상당히 오랫동안 교류해 왔다. 공청단 방일 당시 일본을 찾은 리커창을 자신의 고향 집에 머무르게 한 일도 있을 정도다. 오자와 간사장과 가까운 민주당 간부는 둘의 관계를 두고 다음과 같이 분석했다.

"원래는 상당히 친밀한 사이였지만 시진핑이 차기 총서기의 유력 후보로 떠오르자 리커창과 거리를 두기 시작했습니다. 시진핑과의 관계 때문에 신경을 쓴 것이겠지요."

시진핑은 둘 사이에 벌어지는 틈을 놓치지 않았다. 민주당내 제일가는 실력자인 오자와 간사장을 집중적으로 공략했다.

작전은 결실을 맺었다. 그때까지 완강히 반대하던 궁내청이 오자와 간사장에게 꺾이는 형태로 마지막 순간 일왕 회견에 응한 것이다.

평소에는 웅크린 채 움직이지 않는다. 하지만 승부의 순간이라고 판단되면 무슨 수를 써서라도 공격의 기회를 놓치지 않는다. 이것이 시진핑의 '승부사 기질'이다.

정상으로 가기 위한 일왕 회견

중국의 최고 지도자는 왜 그렇게 일왕에 대해 집착하는 것일까?

중국인에게 일왕은 중일 전쟁의 최고 책임자라는 의식이 강하다. 또 한편으로는 오랜 전통과 역사를 가진 국가 원수라는 특별한 존재이기도 하다. 역대 중국 지도자들은 일왕과의 접견을 정치적으로 이용해왔다.

1949년 신중국 건국 이래, 중국 지도자로서 최초로 일왕과 회견한 이는 1978년 부총리로 방일한 덩샤오핑이다. 1992년 10월에는 일왕의 중국 방문을 실현시키기도 했다. 그 3년 전에 발생한 톈안먼 사태로 인해 국제적으로 고립되는 상황을 타개하려는 의도도 있었다.

시진핑이 강하게 의식한 것은 전임인 후진타오의 1998년도 방일이다.

후진타오는 국가부주석이 된 그해에 일본을 방문해서 일왕과 회견했다. 공산당 내에서는 일왕과의 회견을 최고 지도자가 되는 과정의 한 단계처럼 여긴다. 시진핑도 후진타오와 같은 길을 밟아 차기 지도자로서 확실히 자리매김하고 싶었던 것이리라.

일왕 회견에 대한 열의는 그날 시진핑의 몸짓에서도 느껴졌다.

에다 사쓰키 참원의장과 회담하던 도중 시진핑은 시계를 흘깃 보더니 수행원에게 눈짓을 하기 시작했다. 예정 시간보다 10분 이상 빨리 회담을 끝낸 시진핑은 의장 관저를 바삐 떠났다. 그리고 일왕과 회견하기 25분 전에 궁에 도착했다.

궁전 '다케노마'의 문이 열렸다. 실내로 들어가기 직전 마중나온 일왕을 향해 시진핑은 몸을 깊숙이 숙여 인사했다. 수행원 중 한 사람이 상세히 묘사했다.

"마침 카메라를 들고 있는 기자단에는 보이지 않는 위치였습니다. 하지만 일왕에게는 확실히 보였겠지요. 중국 내 여론에 신경을 쓰면서 나름대로 예의를 다하신 거라고 생각합니다."

무리한 요청이었음에도 만나준 일왕에게 감사의 뜻을 전하고 싶었을 것이다. 하지만 고개를 숙이는 모습이 중국 내에 보도되면 여론의 반발이 만만치 않을 터, 양측 입장에 모두 신경 쓰면서 고심한 끝에 나온 행동이라고 할 수 있다.

"이렇게 불러주셔서 깊이 감사드립니다."

시진핑은 일왕에게 인사를 했다. 24분 동안 전해에 발생한 쓰촨성 대지진이나 일왕의 즉위 20주년에 대한 축하 등 온화한 대화를 나누었고 회견을 마친 뒤 시진핑은 다시 한 번 같은 인사를 되풀이했다.

"바쁘신 중에 일부러 뵐 수 있는 기회를 만들어주셔서 깊이 감사드립니다."

짧은 회견 중에 사의를 두 번이나 표명하는 것은 이례적이다. 당시 수행했던 관계자는 "일본 정부로부터는 99% 실현이 어렵다고 들었던 터라 부주석은 진심으로 감사하게 생각한 듯합니다."라고 시진핑의 심정을 밝혔다.

그해 10월 시진핑은 염원하던 군사위 부주석으로 취임했다. 정상으로 이어지는 길로 확실히 들어선 것이다.

무엇이 승패를 갈랐는가

늘 선두 주자를 놓치지 않았던 리커창이 어째서 한때는 최하위급 간부였던 시진핑에게 역전당한 것일까?

나는 두 사람 사이의 압도적인 격차야말로 중요한 요인이었다고 생각한다.

출세 경쟁이 치열한 중국공산당 내부에서는 정상에 가까울수록 반발과 비판의 대상이 되기 쉽다. 100명의 경쟁자 중에서 정상에 선 그 순간, 남은 99명에게 공격의 표적이 되고 마는 것이다.

30년도 넘게 황태자로 군림했던 리커창은 혹시 이 압력을 견디지 못한 게 아닐까? 공청단 출신으로 지방 정부에서 당서기를 지냈던 당 간부에게 물었다.

"지방 정부의 당서기는 보통 중앙에서 낙하산식으로 간부가 파견되지. 그러면 현지에서 바닥부터 성장한 토박이 성장과 시장을 이끌고 일을 해야 하는데 그게 쉽지가 않아. 나도 몇 년 동안 지방 단체 당서기를 해봤지만 중앙과 지방 간부들 사이를 조정하느라 몸도 마음도 지칠 대로 지치더군. 과로와 스트레스 때문에 간경변을 잃았을 정도야. 하지만 시진핑은 지방 근무 시절, 현지의 토박이 간부에게 적당히 일을 맡기는 식으로 거리를 두었던 모양이야. 반면 리커창은 전력으로 업무에 매진해서 현지 간부들의 반발을 사기도 했지. 허난 성 시절에 발생한 에이즈촌 사태가 가장 대표적인 예 아닐까?"

리커창이 1999년 성장으로 취임한 허난 성에는 '에이즈 마을'로 불릴 정도로 HIV 감염이 심각한 농촌이 곳곳에 위치해 있었다. 농민에게 혈액을 살 때 업자가 같은 주사 바늘을 계속 돌려쓴 탓에 주민의 과반수가 감염된 마을도 있었다. 감염자는 십수만 명까지 늘어났다.

당 간부는 말을 이었다.

"리커창은 필사적으로 사태를 해결하려고 애썼지만 현지의 토박이 간부들은 책임 추궁을 피하려고 현장 정보를 감추기에 급급했어. 사태 처리와 현지 간부들의 반발에 고민하던 리커창은 사표를 냈지만 후진타오가 받아주지 않았지. 결국 리커창은 문제를 일으킨 장본인도 아닌데 그의 발목을 잡으려는 당 고위 관료에게 엄중히 책임을 추궁당했지."

제17회 당대회 이후에도 후진타오의 공청단파 간부가 필사적으로 리커창을 옹립해 재역전하려 했지만 뜻을 이루지 못했다. 늘 주변의 기대에 부응하기 위해 전력 질주할 수밖에 없던 준마는 마지막 코너에서 상대를 따라잡을 기력이 남아 있지 않았던 것이다.

한편 뒤늦은 출발로 목적지에서 가장 멀리 떨어져 있었던 다크호스는 마지막 스퍼트를 위해 자신의 힘을 비축했다. 중국공산당이라는 거대한 피라미드의 정상에 서기 위해 수면 아래서 다양한 준비를 하고 있었던 것이다. 그동안 시진핑이 거쳐간 직위만 봐도 그의 주도면밀함을 엿볼 수 있다.

최고 지도부인 상무위원으로 입성했을 때 공산당이 발표한 시진핑의 약력에서는 다른 고위 관료에게서 볼 수 없는 색다른 직위가 눈에 띄었다.

- 무장부 당위 제1서기
- 군분구 당위 제1서기
- 고사포 예비역사단 제1정치위원
- 국방위원회 주임
  ⋮

푸젠 성과 저장 성 같은 지방 근무 시절부터 당의 직위와 함께 지역군의 직책도 일부러 쓰고 있다. 후진타오나 다른 상무위원에게는 볼 수 없던 것이어서 눈길을 끌었다.

전 당 간부를 친척으로 두었고 시진핑 일가와 교류가 있는 정부 간부는 그 배경에 대해 설명해주었다.

"아버지 시중쉰이 마오쩌둥에게 '지도자가 되려면 군 경력이 필요하다'는 가르침을 직접 들었다고 해. 시진핑도 그 가르침에 충실히 따른 셈이지. 대학교를 졸업하고 곧장 군사위 판공청에 근무한 것도 장래를 내다본 포석이었던 거야. 군 소속의 유명 가수를 부인으로 둔 것도 적잖이 도움이 되었겠지."

군 관계자들에게 시진핑에 대해 물으면 하나같이 '워먼더런我们的人, 우리 사람'이라는 답이 돌아온다. '동지'라는 의식이 강하게 드러나는 표현이다. 군 내부에서 시진핑을 지극히 친근하게 느끼고 있다는 사실을 엿볼 수 있다.

군 경력이 없는 후진타오나 장쩌민은 군부를 장악하기까지 상당한 시간이 걸린 데 반해 시진핑의 군 경력은 유리하게 작용했다. 후진타오가 군사위 주석을 포함한 모든 자리를 시진핑에게 물려줄 때도 '시진핑 동지는 지방 근무 시절부터 군의 업무에 참여했다'고 이유를 설명했다.

리커창과 시진핑의 성격 차이도 최고 지도자 경쟁에서 중요한 포인트가 되었다.

경제학 석사, 법률학 박사에 달변가인 리커창이지만 당내 인기가 반드시 높다고는 할 수 없었다. 특히 원로들의 평가가 그다지 좋지 않아서 당내 선거에서도 반대표가 늘어났다.

베이징 대학 동창인 왕췬타오는 그에 대해 다음과 같이 지적했다.

"대학 시절부터 논객이었지만 상대를 지나치게 깎아 내려서 다들 좀 꺼리기도 했다."

시진핑도 2002년 칭화 대학교에서 법률 박사 학위를 취득했지만 당시 저장 성 부서기로 일하고 있었다. 당무를 처리하면서 1000킬로미터 이상 떨어진 대학교에 다니기는 어려우므로 본인 실력이 아니라 인맥으로 학위를 취득했다는 의혹이 일고 있다.

리커창과 시진핑의 능력 차는 누가 봐도 명백하다. 하지만 앞서 말한, 고위 관료를 친척으로 둔 당 관계자의 시각은 나와 달랐다.

"자네 말대로 리커창이 개인적으로 유능한 건 사실이야. 하지만 두뇌가 명석한 당원이라면 그 말고도 얼마든지 있어. 최고 지도자에게 가장 중요한 것은 능력 있는 당원들을 단결시키고 이끌어 갈 수 있는 '힘'이야. 시진핑은 은퇴한 고위 관료들을 꾸준히 찾아뵙고 부하의 의견에도 차분히 귀를 기울였어. 내가 아는 한 이 능력에 있어서만큼은 시진핑보다 더 뛰어난 인물을 찾을 수 없을 거야."

중국의 역사는 내분과 분열로 점철되었다. 역대 황제는 광대한 국토와 방대한 인구를 어떻게 하면 하나로 결집시킬지 늘 고심했다. 공산당도 건국 이래 내부 항쟁이 끊이지 않아 몇 번이나 위기에 직면했지만 붕괴하는 지경에는 이르지 않았다.

마오쩌둥이 항일 전쟁 이래 거듭 주창한 '단결'이야말로 무엇보다 중요시되며 지도자에게 가장 필요한 소양이라고 여겨지는 것이다.

지금 중국은 부정부패와 환경 문제, 소득 격차와 같은 심각한 사회 문제에 직면하고 있다. 바로 그 이유 때문에 당이 새로운 지도자에게 요구하는 능력도 '단결력'이었을 것이다.

시진핑이 최대 경쟁자를 쓰러뜨리고 최고 지도자가 되려는 바로 그 순간, 반역의 움직임이 그의 발밑에서 불을 뿜게 된다.

그것은 보시라이 사건에서 발단된 신중국 건국 이래 최대의 정치 스캔들이었다.

8장

쿠데타

권모술수와 모략을 펼쳐 중국 황제가 되고자 한 보시라이.

패배자는 어디로 가는가

베이징 중심부에서 북쪽으로 약 30킬로미터 떨어진 창핑 구 싱서우진. 도심에서 차로 30분밖에 떨어져 있지 않지만 민가가 띄엄띄엄 몇 채 있을 뿐, 산기슭으로 보리와 옥수수 밭이 펼쳐지는 한적한 교외다. 근처에 온천이 있어 베이징 시민의 관광 명소이기도 하다.

이 평화로운 풍경과는 어울리지 않게 칙칙한 회색 벽돌의 거대한 건물군이 서 있다. 10미터에 가까운 차단벽이 부지를 둘러싸고 감시 카메라가 입구와 벽 곳곳에 설치되어 있다. 몇 번 가보았지만 근접하기 어렵고 뭐라고 형언할 수 없는 기이한 분위기를 뿜어낸다.

친청교도소.

중국에서는 '가장 신비로운 형무소'로 불린다. 1960년에 소련의 원조로 건설되었고 사법부가 관리하는 다른 형무소와는 달리 전국에서 유일하게 공안부 관할이다.

수감자는 대부분 정부 고위급 인사를 포함한 정치범이다. 문화혁명 중에는 다수의 고위 관료와 그 가족들이 수감되었다. 문화혁명을 주도했던 마오쩌둥의 부인 장칭江靑을 비롯해 왕흥원王洪文, 장춘차오張春橋, 야오원위안姚文元 등 소위 '문혁 4인방'도 이곳에 수감된 적이 있다.

개혁개방 이후로는 최고 지도부라 할 수 있는 정치국원 두 사람이 잇달아 비리와 뇌물 수수의 죄목으로 실형 판결을 받고 수감되었다. 1998년의 천시퉁陳希同 베이징 시 당서기와 2008년의 천량위 상하이 시 당서기다. 모두 당시 최고 지도자인 장쩌민의 경쟁자였으며 직할시 수장인 실력자들로 상무위원 입성을 눈앞에 두고 낙마했다.

이 감옥은 치열한 권력 투쟁에서 패하고 정치 생명이 끝난 이들이 마지막으로 도달하는, 일종의 '묘지'인 셈이다.

친청교도소를 관리하는 공안부의 전 간부가 베일에 휩싸인 내부 상황을 알려주었다.

"벽돌로 지은 옥사가 열 개 동 있는데 그중 귀빈동은 당과 정부의 간부만이 들어갈 수 있어. 모두 독방으로 넓이는 20제곱미터 정도 되고 침대와 책상, 화장실까지 있지. 일반 수감자의 식사는 밥과 국, 반찬 한 가지뿐이지만 귀빈동은 반찬이 한 가지 더 많고 고급 레스토랑에서 뽑혀온 요리사가 직접 요리를 담당해. 죄수복은 입지 않아도 되고 텔레비전이나 신문도 볼 수 있어."

면회가 제한된 것 외에는 평소와 크게 다를 바 없는 생활을 할 수 있게 특별 대우를 하는 것이다. 중국 사회 곳곳에서 벌어지는 빈부 격차는 이곳 감옥 안까지 퍼져 있었다.

그리고 2013년 9월, 또 한 명의 정치국원이 이곳에 발을 들여놓는다.

충칭 시 낭서기였던 보시라이다. 그의 아버지이자 부총리를 역임한 보이보도 문화혁명으로 실각했을 당시 이곳에 수감되었다. 부자 2대에 걸쳐 같은 감옥에 수감된 것이다.

충칭 시는 베이징이나 상하이와 어깨를 나란히하는 직할시이지만 연안부의 발전에서 소외된 탓에 빈부 격차가 심각한 상태였다. 보시라이는 당서기 취임 직후부터 '꽁푸共富', 즉 모두 함께 잘살아보자는 슬로건을 내걸고 저소득층을 위한 공공주택 건설과 창업 지원을 위한 융자 제도를 마련해 서민들의 지지를 넓혀갔다.

또한 마오쩌둥 시대의 혁명 가요인 '홍가' 부르기 캠페인은 전국적으로 유행해서 중앙 정부에서도 주목을 받았다. 국가 부주석이었던 시진핑을 비롯해 고위 관료들이 잇달아 충칭 시를 시찰하고 보시라이의 업적을 칭찬하며 치켜세웠다.

제18회 당대회에서 최고 지도부로 입성이 확실시되었던 찰나, 암운이 드리워지기 시작했다.

4장에서 설명했듯이 보시라이의 심복인 왕리쥔 충칭 시 부시장이 2012년 2월 6일 쓰촨 성 청두 시에 있는 미국 총영사관에 진입한 사건이 일어났다. 한 달 뒤에는 감시 책임을 물어 보시라이까지 당서기에서 해임되었다. 당 최고 지도부인 정치국원의 갑작스런 실각이었다. 게다가 대중적인 인기가 높고 당내 보수파의 지지도 두터웠던 보시라이였기에 지나치게 엄격한 처벌을 두고 당 안팎에서 강한 불만이 일었다.

나도 너무 성급하고 가혹한 처분이라고 생각했다. 하지만 해임 직후 배포된 한 통의 내부 공지를 입수한 뒤에는 이번 사건이 지닌 암흑의 깊이를 실감할 수 있었다.

신중국이 출발한 이래 가장 복잡하고 심각한 사건이다. 보시라이 해임 조치는 당과 정부의 존엄을 지키기 위해 유익한 처분이다. 어떠한 개인도 당의 권위를 뛰어넘는 독단전행을 저질러서는 안 된다.

총서기 직속 비서실에 해당하는 당중앙 판공청으로부터 정부와 군, 대학교 등의 당조직 간부들에게만 배포했으며 일반에는 공개되지 않았다. 내부 공지에는 이번 사건의 중대성과 함께 지도부에 대한 충성심을 요구하는 문구가 적혀 있었다.

처음 이 문장을 읽었을 때 강한 위화감을 느꼈다. 특히 '신중국이 출발한 이래'라는 문장이 거슬렸다.

1949년 공산중국이 탄생한 이후 대사건은 언제나 발생했기 때문이다. 그 일례가 1971년의 린뱌오林彪 사건이다.

당의 2인자로 부주석이었던 린뱌오는 마오쩌둥 암살을 포함해 쿠데타를 모의하다가 실패했다. 그 후 군용기를 타고 소련으로 망명을 시도했지만 몽골 사막에서 추락사했다.

중국의 민주화를 요구하며 베이징 톈안먼 광장에 모인 학생들에게 군부가 발포한 1989년의 톈안먼 사태도 공산당의 지배력을 크게 흔들었고 지금도 그 후유증이 사라지지 않았다.

반면 보시라이는 당내 실력자라고는 하지만 아직 최고 지도부인 상무위원도 아니다. 심복이 망명을 요청한 것만 가지고 이렇게까지 위기감이 고조된 내부 공지를 발송하다니, 납득하기 어려웠다.

그런데 공지의 내용이 결코 과장되지 않았다는 사실을 점차 깨닫게 되었다.

충칭 시 당서기에서 해임된 지 약 한 달 뒤, 보시라이는 겸임하던 정치국원을 포함해 모든 직위에서 해임되었다. 그리고 이때 함께 공표된 사실을 보고 나도 모르게 소리를 지르며 놀랐다.

보시라이의 부인이 지인인 영국인 사업가를 살해했다는 충격적인 내용이었다. 사태는 당 고위 관료의 직계 가족이 살인 혐의로 체포되는 전대미문의 사건으로 발전했다. 보시라이 자신도 2044만 위안이나 되는 뇌물 수수죄로 기소되었고 2013년 9월 무기징역을 언도받았다.

이 정도로도 충분히 충격적인 사건이다. 하지만 드러난 사건은 아직 빙산의 일각에 불과했다.

숙청, 25만 명

'호랑이도 쇠파리도 한꺼번에 때려 잡겠다.'

시진핑은 2012년 11월 총서기에 취임한 뒤 이런 자극적인 슬로건을 내걸고 대규모 부정부패 척결 운동을 전개했다.

취임한 지 2년 남짓한 기간 동안 25만 명이 넘는 공산당원이 체포되고 처벌받았다. 내가 아는 공산당과 정부 관료도 몇 명 구속되거나 연락이 두절되었다. 그야말로 부패 관리를 뿌리째 뽑아낼 기세다.

적발이 진행될수록 대상 직위도 올라갔다. 쓰촨 성 부성장과 공안부의 현역 차관 같은 고위급 인사 50여 명이 검거되었다.

그리고 신중국 건국 이후 전례가 없을 정도의 고위급 관료가 잇달아 비리 혐의로 적발되었다.

2014년 6월 전 군사위 부주석인 쉬차이허우가 직권을 이용해 뇌물을 수수한 혐의로 당적이 박탈되었다. 군의 전 최고 간부가 비리 혐의로 처벌받는 사상 초유의 사태가 발생한 것이다.

그 반년 뒤인 12월 정치국 상무위원을 역임한 저우융캉의 당적을 박탈하고 체포한다는 공식 발표가 나왔다. 전 상무위원이 비리 혐의로 형사 책임을 추궁당하는 것도 건국 이래 최초의 일이다.

저우융캉의 주요 혐의는 거액의 뇌물 수수지만 당의 발표에는 다음과 같은 죄목이 적혀 있었다.

당의 정치, 조직, 기밀 유지의 규율에 중대한 위반을 했다.

권력과 금전을 이용해 다수의 여성과 부적절한 성관계를 맺었다.

보시라이 때보다 사건의 악질성을 강조하는 문구가 더 많이 눈에 띈다.

저우융캉의 가족과 부하가 수사를 받고 있다는 정보는 전부터 나돌았다. 하지만 과연 저우융캉이 체포될 것인가를 두고는 부정적인 의견이 많았다. 이렇게 말하는 나도 마찬가지였다.

그럴 수밖에 없는 것이 당의 최고 지도부인 정치국 상무위원 역임자는 형사 책임을 추궁하지 않는다는 불문율이 있기 때문이다. 절대 권력을 쥔 상무위원들이 상호 보복전을 통해 권력 투쟁이 치열해지는 것을 피하기 위한 암묵적인 규율이다.

8600만 명에 달하는 거대 조직인 중국공산당원을 이끄는 최고 지도부인 정치국 상무위원은 겨우 아홉 명이다(시진핑 체제에서는 일곱 명). 말하자면 그들은 '신'과 같은 존재이며 누구도 침범할 수 없는 성역이라고 생각되었다.

그럼에도 시진핑은 취임 후 얼마 되지 않는 기간 동안 많은 이들이 불가능하다고 생각했던 성역의 처벌을 망설임 없이 전개했다.

공산당과 정부는 이를 두고 '심각해진 부정부패에 쐐기를 박고 법치 실현을 위한 노력'이라고 공식 언론을 통해 의의를 강조했다.

외국 언론의 시각은 두 갈래로 나뉜다. 하나는 집권 초기에 권력 기반을 강화하기 위해 벌이는 시진핑의 권력 투쟁이라는 시각, 또 다른 하나는 부정부패로 인해 고조되는 국민들의 불만에 위기감을 느끼고 신속히 대처한다는 분석이다.

아마도 양쪽 모두 옳을 것이다. 하지만 이것만으로는 충분히 설명되지 않는다. 공산당의 부정부패와 비리는 어제오늘 이야기가 아니다. 또 권력 강화를 위해 비리나 부패 혐의로 정적을 제거하는 수법 또한 되풀이되어 왔다.

하지만 이번에는 다르다. 적발 규모와 대상의 지위가 유례가 없을 정도로 크고 높다.

시진핑은 왜 성역을 침범하는 위험을 무릅쓰면서까지 쉬차이허우와 저유융캉 일파를 처벌했을까? 또 취임하자마자 무엇인가에 쫓기듯 그들을 실각으로 몰아넣은 이유는 무엇일까?

이 의문을 풀기 위해 당 내부 사정에 정통한 관계자를 만나 이야기를 들었다. 그리고 그 과정에서 전혀 별개라고 생각했던 각각의 사건이 땅 속 깊은 곳에서는 하나의 뿌리로 이어진다는 사실을 어렴풋이 짐작하게 되었다.

관계자들은 시진핑이 주도한 부패와의 전쟁이 실은 '군 고위 간부 한 사람의 비리 사건이 단서가 되었다'고 입을 모았다. 나는 사건의 무대가 된 현장에 잠입해서 얽히고설킨 줄기들의 뿌리 찾기에 착수했다.

'장군부'의 주인은 돌아오지 못했다

중국 내륙부에 위치한 허난 성. 성을 동서로 관통하는 황허 강은 비옥한 대지와 풍부한 농작물을 안겨주었다. 중국 고대 문명의 발상지로 수많은 왕조들이 이곳에 수도를 건설했다. 중국 최대인 약 1억 명의 인구를 거느린 성이지만 농업 외에는 이렇다 할 산업이 없어 근내 경제발선에서 뒤처진 빈곤 지역이 많다.

2013년 1월 10일 베이징에서 차를 달렸다. 허베이 성을 통과해 허난 성으로 들어가자 경치가 일변했다.

고층 빌딩과 아파트가 자취를 감추고 모래 먼지가 풀풀 날리는 황토빛 대지가 지평선까지 펼쳐졌다. 고속도로를 타고 남쪽으로 내려가자 회색 건물군이 보이기 시작했다.

허난 성 푸양 시. 거리에는 아직 판잣집이 남아 있고 저층의 잡거빌딩이 어지럽게 늘어서 있다. 한낮인데도 헤드라이트를 켜지 않으면 안 될 정도로 스모그와 분진이 뒤섞인 공기가 무겁게 드리워졌다.

백화점과 사무실 빌딩이 모인 시가지 중심부에서 거대한 구멍이 뚫린 듯 광대한 부지를 발견했다. 약 2만 제곱미터가 되는 부지에는 중정中庭을 둘러싸듯 중후한 회색의 2층짜리 건물 네 동이 세워져 있다. 중국의 전통 가옥인 사합원 형식의 건물이었다.

근처 빌딩에서 내려다보면 외부와 차단하듯 주변에 철조망을 친 높이 3미터에 가까운 벽이 에워싸고 있다. 대리석으로 만든 문 옆에는 거대한 산수화가 걸려 있고 코끼리와 용을 조각한 석상도 보인다. 금으로 벽을 장식한 차실도 있다. 미술관이나 박물관을 연상시키는 장엄한 가옥과 장식품뿐이다.

하지만 닫힌 문의 건너편에서는 인기척을 느낄 수 없었다. 덩치 큰 개가 우렁차게 짖는 소리만 울려 퍼졌다.

마침 근처를 지나던 초로의 남성에게 이 저택에 대해 물었다.

"이 동네 사람들은 다들 '장군부'라고 부르지요. 하지만 1년 정도 되었나, 주인이 통 오지 않는 것 같아요."

자신을 '류'라고 소개한 남성은 근처 집합주택에서 부인과 살고 있다고 했다. 한때 군에서 일하다가 지금은 은퇴해서 연금 생활을 하고 있다.

"이 집 주인은 같은 군인이라도 우리 같은 사람과는 비교도 안 될 정도로 부자예요. 저기 보이는 창고에는 엄청난 금괴와 골동품이 꽉꽉 들어차 있다는 소문이 있죠."

'집주인'이란 군의 예산과 물품 조달을 담당하는 총후근부 부부장 구쥔산을 말한다. 230만 명의 인민해방군을 거느리는 고위급 간부 30명 중에 한 사람으로 군용지와 병사 관리 부문 책임자로 근무했다. 그가 근무한 총후근부는 소위 '돈줄을 쥔 부서'로 군용지 매각과 시설 건설의 결재 권한을 가진다.

류 씨는 말을 이었다. "이 일대는 원래 군용지였는데 현지 토박이인 구쥔산이 5년쯤 전에 지인이 운영하는 부동산 회사에 싸게 팔아

넘겼어요. 그 보답으로 '장군부'를 짓게 했답니다. 근처 부지에 세운 빌딩의 고급 나이트클럽은 구쥔산이 직접 경영에 참여한다고 하던데요."

돈과 권력을 마음대로 주무르던 구쥔산에게 어느 날 갑자기 이변이 닥쳤다.

2012년 2월 국방부는 돌연 구쥔산의 해임을 발표했다. 이유는 밝히지 않았지만 구쥔산은 이후 공식 석상에서 자취를 감추었다.

그리고 내가 '장군부'를 방문하고 이틀 뒤인 2013년 1월 12일 한밤중, 위장복 차림의 무장경찰 수십 명을 태운 녹색 군용 트럭이 '장군부' 현관 앞에 나란히 줄지어 섰다. 대원들은 부지 안에 있는 석상과 그림, 금괴, 그리고 중국의 명주 '마오타이주'가 든 상자를 500개도 넘게 꺼내 트럭에 실었다. 이때 압수된 마오타이주는 옛날에 만들어진 군 특제 술로 한 병에 2만 위안이 넘는 고가품이었다.

군 수사 기관에 의한 가택 수색이었다. 군 간부 한 사람이 진상을 알려주었다.

"구쥔산은 뇌물 수수 혐의로 군의 수사 기관에 구속되었고 조사를 받았습니다. 군부에서 추정한 바로는 총액 3000억 위안 상당의 토지와 주택을 지인의 부동산회사에 30억 위안도 안 되는 헐값에 팔아넘겼지요. 그 대가로 총액 200억 위안이 넘는 뇌물을 받았습니다."

엄청난 규모의 뇌물 액수다. 사태는 인민해방군 창설 이래 최대의

비리 사건으로 발전했다. 하지만 당국의 수사는 그 선에서 끝나지
않았다.

구쥔산 사건은 군과 당을 뒤흔드는 충격적인 의혹으로 발전해
갔다.

계급을 팔다

구쥔산은 원래 지난군구에 속하는 푸양 군분구의 대위에 지나지
않았다. 어느 고위 관료와의 만남이 그의 운명을 완전히 바꾸어버
렸다.

중앙군사위원회 부주석, 쉬차이허우다.

그는 랴오닝 성 다롄 출신으로 동북부의 부대에서 일하다가
1996년 지난군구 정치위원이 되었다.

이곳에서 쉬차이허우와 구쥔산은 상사와 부하로 만난다. 지난군
구에서 두 사람과 함께 일했던 전 군간부는 당시 상황을 회상했다.

"구쥔산은 시찰 오는 고위 관료들을 접대하는 책임자였어. 머리
회전과 눈치가 빨라서 상사들이 다들 좋아했지. 특히 출세 가도를
달리던 쉬차이허우에게는 집중적으로 접대 공세를 퍼부었고 시찰
올 때마다 부대의 젊고 예쁜 여성 병사를 동석시켰다고 해. 이중 몇
명인가는 쉬차이허우가 맘에 들어 개인 비서로 삼았나봐. 구쥔산이
쉬차이허우 결혼식 때 수백 킬로그램이 넘는 금괴를 선물한 일은
부대 내에서도 두고두고 화젯거리였어."

돈과 여자로 쉬차이허우의 환심을 산 구쥔산은 순조롭게 출세 가도를 달린다. 쉬차이허우가 2002년 인사와 사상, 군법을 관리하는 총정치부 주임으로 취임하자 구쥔산도 베이징으로 불려가 전국의 군 소유 부동산을 주무르게 되었다. 다음 해인 2003년에 소장, 2011년에는 중장이 되어 군부 내에서 초고속 승진으로 평가받았다.

게다가 두 사람은 '어둠의 거래'를 하고 있었다. 오랫동안 군의 부패 문제를 연구해온 군 연구소 연구원이 말한다.

"한마디로 군의 계급을 팔아먹고 있었어. 계급마다 아무리 싸도 하급 간부 승격은 50만 위안, 장군이 되려면 3000만 위안이 필요했다고 해. 입대 사례로만 6만 위안 정도를 바쳐야 했다니까. 구쥔산을 통해 군부의 정점인 쉬차이허우에게 돈이 상납되는 시스템이었던 거지."

이러한 매관매직은 진나라나 한나라 시대부터 횡행했다. 능력에 따른 공평한 인사가 불가능할뿐 아니라 상납할 돈을 마련하기 위해 더 많은 뇌물을 요구하게 되므로 부정부패의 근본 원인으로 여겨진다. 군의 간부도 한 달 월급이 1만 위안이 채 못 되는데 이런 거금을 자비로 상납하기란 불가능하기 때문이다.

"군의 수사 기관이 조사한 것만 해도 쉬차이허우 일당에 의한 '매관'은 500건 이상이고 총액은 100억 위안을 넘는다는 사실이 드러났지. 쉬차이허우가 군사위 부주석이 된 이후 자신의 새끼 부하나 돈벌이에 혈안이 된 간부들을 등용한 탓에 유능하고 성실한 간부들은 승진하기 더 어려워졌던 거야."

대부분 군 간부들이 막강한 권한을 지닌 쉬차이허우에게 복종하는 한편, 군의 규율과 질서가 어지럽혀지는 현상을 걱정하는 고위 관료도 있었다. 연구원은 어느 군 고위 간부의 이름을 들었다.

"총후근부 정치위원인 류위안劉源 상장이야. 류위안은 심각해진 군의 부정부패에 위기감을 느끼고 나를 포함한 군내 전문가에게 비밀리에 비리 대책에 대한 의견을 구했지. 그중에서도 특히 직속 부하인 구쥔산의 도를 넘은 뇌물 수수 의혹을 문제라고 생각했기 때문에 부하에게 극비로 조사를 지시하고 증거를 모으고 있었던 거야."

류위안은 전 국가주석인 류샤오치劉少奇를 아버지로 두었다. 당시 2인자까지 올라갔지만 마오쩌둥이 1966년 시동을 건 문화혁명으로 인해 '자본주의의 길을 걷는 실권파'로 공격을 받아 실각하고 1969년 비탄의 죽음을 맞이했다. 명예가 회복된 것은 문화혁명이 끝난 뒤인 1980년에 들어서부터다.

류위안도 학교에서나 하방당한 산시 성의 농촌에서 집단적으로 규탄을 받았다고 한다. 아버지의 명예 회복 후 허난 성의 지방 간부에서 부성장으로 승진했고 그 뒤 무장경찰과 군을 거쳐 2009년에는 최고위직인 상장에 올랐다.

태자당으로 불리는 고위 관료의 자녀 세대인 류위안은 당과 군부의 폭넓은 인맥을 살려 구쥔산의 비리 증거를 수집했고 2011년 말 베이징에서 열린 군사위 내부 회의에서 고발하기에 이른다.

하지만 이 시도는 실패로 끝난 듯하다. 군 연구원이 이야기를 이었다.

"심복인 구쥔산을 보호하려고 쉬차이허우가 묵살해버린 거지. 수장이 머리를 끄덕이지 않으면 군 고위 간부의 처벌은 불가능해. 오히려 고발한 류위안이 위험해졌지. 몇 번인가 암살당할 뻔했다는 소문이야."

궁지에 몰린 류위안은 마지막 카드를 꺼내며 역공에 나섰다.

2012년 2월 초순, 류위안은 군사위 부주석을 겸하던 시진핑을 은밀히 만나 구쥔산의 비리 의혹을 직접 진언했다. 시진핑과는 어릴 적 중난하이에서 함께 생활했던 사이였다.

류위안은 어릴 적 소꿉동무에게 마지막 희망을 걸었고 시진핑은 쉬차이허우 모르게 수사를 계속 진행하도록 지시했다. 군 연구원은 지적한다.

"시진핑은 군 최고 지도자인 후진타오에게도 승낙을 받아 구쥔산의 비리를 본격적으로 수사하도록 류위안에게 명령했어. 둘 사이에 개인적인 신뢰 관계가 있었기 때문에 가능한 일이었지. 구쥔산이 부정하게 벌어들인 자금을 조사하던 중 상당 금액이 쉬차이허우에게 흘러들어갔다는 사실이 드러났지. 구쥔산을 적발하려면 쉬차이허우도 수사하지 않을 수 없게 된 거야. 하지만 지금껏 군의 수장이 비리 사건으로 구속된 적이 없었고 게다가 군부의 반발이 불을 보듯 뻔했으니 시진핑도 망설이지 않을 수 없었겠지. 그런데 그 직후 일어난 어떤 사건이 주저하던 지도부를 마침내 움직이게 만들었어."

왕리쥔이 밝힌 '쿠데타 계획'

이 군 연구원이 말하는 사건은 왕리쥔 충칭 시 전 부시장이 미국 총영사관에 진입한 일이다. 그의 상사인 보시라이를 실각으로 몰아넣은 바로 그 사건이다.

"왕리쥔은 현장에서 근무할 때 수사를 위한 도청 기술을 배웠어. 보시라이는 다른 고위 관료의 동향을 살필 목적으로 그에게 홍선전화의 도청을 명령했는데, 왕리쥔은 비밀리에 보시라이의 통화도 도청하고 녹음까지 해둔 것 같아. 만일의 경우를 대비한 보험 같은 것이었겠지. 미총영사관에 진입했을 때 그 녹음 기록도 들고 간 모양인데 어떤 내용인지는 알 수 없어. 당내에서도 일부밖에 모르는 극비 사항이야."

앞서 소개했듯 홍선전화란 당과 정부의 차관급 이상 고위 관료, 그리고 국유 기업의 사장단, 당 기관지 간부들 수백 명의 집무실을 잇는 전용 전화를 말한다.

왕리쥔의 진입 사건이 일어난 직후인 2월 10일, 국방성은 구쥔산의 해임을 발표했다. 이 일은 최고 지도부가 구쥔산과 그 상사인 쉬차이허우를 본격적으로 수사하기 시작했다는 의미였다. 그렇다면 왕리쥔은 도대체 어떤 통화 내용을 녹음했을까? 그 일만큼은 관계자들이 좀처럼 입을 열려고 하지 않았다.

그러던 중 전직 당의 고위 관료를 친척으로 둔 당 관계자가 정권 핵심과 가까운 인사에게 들었다며 믿기 어려운 사실을 귀띔해 주었다.

"보시라이가 쉬차이허우 일당과 함께 '정변'을 일으킬 준비를 비밀리에 진행했던 모양이야. 제18회 당대회에서 총서기에 취임한 시진핑을 끌어내리고 보시라이가 그 자리에 앉을 계획을 세웠던 거지. 진상이야 지금도 알 수 없지만 시진핑 지도부에 대해 어떤 모략을 획책하고 있었던 것은 틀림없어. 그래서 보시라이와 쉬차이허우를 처리하지 않으면 오히려 시진핑이 당할 수도 있는 상당히 긴박한 상황이었던 거야."

2007년 제17회 당대회에서 시진핑은 서열 6위에 올랐다. 그 5년 후인 2012년에 은퇴할 상무위원들을 제외하면 최고 서열이므로 차기 총서기로 내정된 셈이었다.

당시 보시라이도 유력한 상무위원 후보였지만 결국 그보다 한 단계 낮은 정치국원에 만족해야 했다. 그 상황을 뒤엎고 스스로 총서기가 되려고 했다는 것은 두말할 것 없이 '쿠데타'다. 게다가 실질적으로 군부대를 장악하고 있는 군의 수장이 공모하고 있었다면 건국 이래 최대 위기 상황으로 판단한 것도 납득이 된다.

그렇다고 해도 의문은 남는다.

보시라이도 시진핑도 모두 부총리를 역임한 실력자 부친을 둔 태자당 소속이다. 그런데 왜 같은 일파의 동료끼리 대립하게 된 것일까? 또 쉬차이허우와 보시라이의 연결점은 무엇이며 이 둘은 어떻게 함께 정권 전복을 꾀하게 되었을까? 알면 알수록 실타래는 점점 더 복잡하게 얽혀갔다.

이 수수께끼를 풀어야 한다.

보시라이가 정치 인생의 대부분을 보낸 랴오닝 성 다롄 시로 날아갔다.

부정 축재 60억 달러

중국 동북부 랴오둥 반도의 끝, 보하이 만에 면한 다롄 시. 항구를 내려다보는 시내 한 구역에는 파리를 떠올리게 하는 서양풍 거리와 고풍스런 일본식 가옥이 즐비하다. 청일 전쟁과 러일 전쟁을 거치면서 러시아와 일본이 조차租借하던 무렵의 흔적이 그대로 남아 있는 이국 정서 넘치는 도시다.

시 중심부에는 29층짜리 5성급 호텔이 우뚝 서 있다. 최상층에는 천천히 회전하는 원 모양의 레스토랑과 일본인 대상의 고급 클럽이 있다. 바로 아래 28층은 일반 고객 출입 금지 구역이다.

층 전체를 터서 하나의 객실로 만들었는데 전면이 유리창으로 다롄항을 한눈에 내려다 볼 수 있다.

28층에서 엘리베이터를 내리려 하자 종업원이 황급히 불러 세웠다.

"이 층은 일반 고객은 숙박하실 수 없습니다. 돌아가주세요."

제지하던 종업원은 미소 짓고 있었지만 의심스러운 눈초리로 나

를 살폈다. 불투명한 유리문 탓
에 객실 안쪽은 살필 수 없었
다. 입구 양옆에는 금박으로 칠
해진 액자에 고가인 듯한 그림
이 걸려 있었다. 단 복도의 전
등이 꺼진 채 도기 장식품에
도 먼지가 수북했다. 한참 사용
하지 않은 듯했다. 어떻게 하면
이 객실을 사용할 수 있는지
묻자 종업원은 곤란한 표정으
로 말했다.

필자 촬영

'보시라이 전용 객실'이 마련된 5성급 호텔.

"최근에는 이용되지 않지만 규칙상 시 정부의 특별 간부 외에는
불가능합니다. 요금에 관계없이 일반 고객은 사용이 금지되어 있습
니다. 돌아가주세요."

그렇게 말하면서 나를 엘리베이터 안으로 다시 밀어 넣었다. 당황
한 티가 역력했다.

일반 객실로 치면 열 몇 개는 됨직한 이 로열층을 통째로 차지하
는 간부는 도대체 누구일까?

"그야 보시라이지. 다롄 시장 시절부터 호텔 경영자에게 무상으로
제공받았어. 일주일에 두세 번 애인과 밀회하는 장소로 썼던 모양이
야. 상대는 현지 방송국의 아나운서, 배우, 개인 비서 등 셀 수 없을

정도지만 말이야. 보시라이는 꼭두새벽에도 부하들을 소집해서 회의를 여는 통에 다들 일중독이라고 싫어했지. 밤 생활도 평범한 인간들과는 달랐던 모양이야. 공사 모두 열정이 넘쳤으니 정말 대단한 사내야."

이렇게 증언한 이는 보시라이 밑에서 일했던 전 다롄 시 간부다.

확실히 보시라이의 당적 박탈에 대한 이유로 당은 뇌물 수수 혐의에 더해 '다수의 여성과 부적절한 성관계를 맺었다'고 지적했다. 당의 공식 발표에서 이렇게 노골적으로 여성 관계를 지적하는 일은 드물다. 꽤나 정도가 심했던 모양이다.

나도 기자회견이나 회의장에서 몇 번 보시라이를 취재한 적이 있다. 186센티미터의 훤칠한 키에 배우 뺨치는 시원시원한 이목구비가 인상적이었다. 어딘가 촌스러운 다른 고위 관료 사이에서 단연 돋보였다. 여성들에게 인기가 많을 법하다고 생각했다.

구권산도 그랬지만 비리 혐의로 실각하는 고위 관료들에게는 늘 여성의 그림자가 따라다닌다.

2013년 중국인민대학교 위기관리연구센터가 부정부패 혐의 관료들을 대상으로 조사한 결과 95%에 달하는 사람들에게 얼나이가 있었다고 한다. 중국에서 부정부패 수사를 연구하는 관계자는 이렇게 잘라 말했다.

"지금까지 수많은 비리 사건을 조사했지만 거의 대부분 얼나이가 발단입니다. 관료들은 자기 손은 더럽히지 않고 얼나이에게 불법 행위를 사주해서 비자금을 관리하고 있습니다. 그러다가 헤어지자는 이야기가 나와서 싸우거나 자기 몫을 챙기지 못한 얼나이가 격분해서 밀고하는 패턴이지요. 비리 혐의 사건에서는 제일 먼저 관료의 얼나이부터 내사하는 것이 일반적입니다."

이미 1장에서 소개한 중국 고위 간부의 얼나이들도 미국으로 건너가 자산을 관리하고 있었다. 중국의 부정부패 사건에서는 여성이 중요한 역할을 하고 있는 것이다.

보시라이가 부정 축재로 해외에 빼돌린 재산은 조사 당국이 파악한 것만 해도 60억 달러가 넘는다. 정식으로 형사 처리된 건수는 이 중 일부에 지나지 않는다.

일개 지방 당서기였던 보시라이가 어떻게 한 나라의 왕처럼 돈도 여자도 마음대로 주무르고 권세를 휘두를 수 있었을까? 그의 특별한 출신이 아니고서는 이해할 수 없을 것이다.

"나는 언젠가 천자가 된다."

다롄 시 남서부 해안가에 있는 싱하이 공원. 1킬로미터에 걸쳐 활 모양으로 펼쳐지는 해변은 여름철이 되면 해수욕객으로 넘쳐난다. 1909년 이곳에 본사를 둔 남만주철도 주식회사가 해수욕장과 골프장, 호텔을 갖춘 종합 레저 시설로 개발한 곳이다.

1997년 시정 100주년을 기념해서 이 공원에 인접한 쓰레기장이었던 황무지를 정비한 뒤 싱하이 광장을 만들었다. 아시아 최대 규모의 광장으로 총면적이 110만 제곱미터에 달한다.

광장 중앙에는 하얀 대리석으로 만든 높이 20미터에 가까운 푯대가 있다. 바닥부터 꼭대기까지 용이 푯대를 감아 오르며 승천하는 모습이 조각되어 있다. 주변에는 999개의 검은 대리석이 융단처럼 빼곡히 깔려 있다.

'화비아오'라고 불리는 돌기둥으로 역대 왕조가 궁전이나 능묘로 이어지는 참배 길 양측에 세웠던 푯대다. 한때는 황제가 있는 곳에만 만들 수 있었다. 500년 역사를 자랑하는 톈안먼 광장의 화비아오보다 거의 두 배나 더 높다.

이 거대 정비 사업을 성공적으로 완수한 것이 당시 시장이었던 보시라이다. 화비아오 설계에 참여한 시 정부 당국자는 당시 일화를 들려주었다.

"톈안먼 광장보다 더 높이 세우면 중앙 정부에게 미운털이 박힐까봐 우려하는 목소리가 많았습니다. 하지만 보시라이 시장은 들은 척도 하지 않았어요. '나는 언젠가 천자天子가 될 테니 제일 높아야 한다'면서요."

보시라이는 다롄 시를 '북방의 홍콩'으로 만들겠다며 1993년 취임한 이후 인프라 건설을 계속 추진했다. 시장과 당서기로 재임한 8년 동안 80개 이상의 광장을 정비했고 100만 명분의 주택을 건설했다.

하수 처리 시설을 증설하고 악취를 뿜던 40여 곳의 하천 정화에도 힘을 쏟았다. 이러한 업적이 높이 평가받아 1999년에는 당서기로 승격되었고 명실상부 다롄의 1인자로 군림하게 되었다.

나중에 '쿠데타'를 함께 획책한 쉬차이허우와도 이 무렵 만났다.

전 다롄 시 간부의 증언을 들어보자.

"쉬차이허우는 다롄 출신이어서 이곳에 꽤 영향력이 있었지요. 귀성할 때마다 보시라이를 만났는데 그도 쉬차이허우의 친척이나 지인이 경영하는 기업의 편의를 봐주었습니다. 다롄 교외에 있는 창싱다오 개발 사업에서는 쉬차이허우의 친척을 개발 책임자로 임명해서 거액의 이권을 넘겨주기도 했습니다."

창싱다오는 다롄 시에서 북쪽으로 약 130킬로미터 떨어진, 창강(일명 양쯔강) 이북에서는 최대의 섬이다. 이곳의 개발 사업은 일본 상사나 제조 업체도 참여한 국가적 프로젝트이다.

이곳에서 막대한 비자금을 조성한 쉬차이허우는 상사들에게 뇌물을 건넸고 보시라이와 함께 단숨에 출세 가도로 뛰어오르게 된다.

보시라이가 이 정도 대규모 프로젝트에 투자할 수 있었던 것에는 사실 이유가 있다. 전 다롄 시 간부가 이야기를 계속했다.

"부총리를 역임한 아버지 보이보의 후광 덕분이었지요. 재무부장관도 지냈던 보이보는 은퇴 후에도 지방 정부의 보조금 배정이나 융자 결정에 막대한 영향력을 미치고 있었습니다. 보시라이 시장은 아버지의 권력과 자금을 최대한 이용해서 출세를 위한 바닥 다지기에 힘쓰고 있었던 거지요."

마오쩌둥과 함께 혁명에 참가했던 보이보는 신중국 정부에서 초대 재무부장관, 그리고 1956년에는 부총리까지 오른다. 하지만 문화혁명으로 실각한 뒤, 탄압을 받았고 부인은 음독자살로 비운의 생을 마쳤다. 문화혁명이 끝나자 명예 회복이 이루어졌고 부총리로 정계에 복귀했다.

보이보의 파란만장한 이력은 시진핑의 아버지 시중쉰이 걸어온 길과 닮아 있다. 혁명에 참가했고 1959년에 부총리에 올랐던 그 역시 문화혁명으로 실각당해 구속되었다. 그의 부인도 온 거리를 끌려다니며 돌팔매질을 당했다. 문화혁명 이후 광둥 성 당서기로 취임하면서 정계로 복귀한 것까지 두 사람의 아버지는 일견 같은 길을 걸어온 듯하지만 그 후의 경력은 크게 다르다.

시중쉰은 1993년 은퇴한 이후로는 정치 무대에서 모습을 감추고 칩거 생활을 했다. 2002년 사망할 때까지 공식 언론에 보도되는 일도 없었으며 존재감도 미미했다.

반면 보이보는 1982년 현역에서 물러나자 당 중앙고문위원회에 들어간다. 은퇴한 고관들로 구성된 위원회로 최고 실력자인 덩샤오핑이 주임으로 취임해 있었다. 보이보는 이곳에서도 2인자 격인 부주임으로 실권을 휘둘렀다. 법률과 직책보다 '인치'가 우선하는 중국에서 유력 간부는 은퇴한 이후에도 영향력을 충분히 행사할 수 있다.

특히 마오쩌둥 일파와 함께 혁명에 참가한 세대의 의견은 절대적이다. 따라서 당 중앙고문위원회는 최고 지도부인 정치국 상무위원회를 능가하는 권한을 지니고 있었다. 일례로 1987년 개혁을 추진하던 총서기 후야오방을 해임하고, 그 후임인 자오쯔양도 톈안먼 사태에 대한 대응이 미비했다고 비판해서 낙마시켰다.

덩샤오핑의 심복으로 일련의 숙청 작업을 꾀한 것이 바로 보이보였다. 공산당 총서기의 자리도 마음대로 할 수 있는 무소불위의 권력이었던 셈이다.

아들 보시라이가 다롄 시장으로 취임했을 때 보이보의 권력은 그야말로 절정기였다. 덕분에 아들은 정적들을 차례차례 쓰러뜨리면서 위를 향해 올라갔다.

전 다롄 시 간부는 보시라이가 모임이나 연회 자리에서 입버릇처럼 말하던 내용을 알려주었다.

"우리 아버지는 정말 대단한 사람이다. 그리고 나는 우수한 사람이다."

두 아버지의 은퇴 후 영향력의 격차는 아들들의 앞길에 고스란히 반영되었다.

같은 산에 두 마리의 호랑이가 살 수는 없다

다롄 시내에서 10킬로미터 정도 떨어진 보하이 연안에는 나지막한 구릉에 둘러싸인 별장 지대가 있다. 87만 제곱미터의 부지에 서

양식 흰 벽돌 건물 열세 개 동이 나란히 서 있다. 중앙에는 골프장의 짙은 녹색 잔디가 펼쳐지고 절벽 아래로는 새하얀 백사장이 이어진다.

방추이다오 휴양지다. 1958년에 당 고위 관료를 위한 피서지로 개발되었으며 마우쩌둥과 저우언라이의 전용 별장이 있다. 해수욕을 좋아하는 고위 관료들이 여름이면 베이징보다 시원한 이곳을 찾고 종종 주요 회의가 열리기도 한다.

시장과 당서기 시절, 보시라이는 이 시설을 철저히 활용해서 고위 관료들을 접대했다.

앞서 소개한 전 다롄 시 간부가 설명했다.

"자오쯔양이나 장쩌민 같은 총서기와 그 부하 간부들, 그리고 자녀들까지 초대했습니다. 방문 일자에 맞춰 대로변을 따라 고위 관료들의 초상화를 전시하는 등 아주 세세한 접대를 해서 환심을 샀지요. 심지어 수행원들에게도 고가의 선물과 금권을 제공했어요."

보시라이는 지나치다 싶을 정도로 접대 공세를 퍼부으며 고위 관료들에게 아첨을 했다. 당과 군부의 젊은 실력자나 고위 간부의 자식들에게도 손을 뻗어서 소위 '보시라이 그룹'을 구축했다. 그런 중에 한 번도 초대받지 못한 간부의 아들이 있었다.

"시진핑 주석입니다. 소꿉동무였는데도 한 번을 초대하지 않았지요. 보시라이 시장이 시진핑 주석에 대해 화제로 삼은 적이 있는데 '사람은 좋은데 능력이 없다'고 말했던 기억이 납니다. 두 사람 모두

보시라이가 고위 간부들을 빈번히 초대했던 방추이다오.

부총리 아버지를 두었으니 사이가 좋다고 생각했는데 의외였습니다. 보시라이는 시진핑 주석을 좀 얕잡아 보는 듯했습니다. 그는 자기보다 지위가 높든지 장래 도움이 된다고 판단한 인물 외에는 접대하지 않았습니다. 시진핑 주석이 자신에게 별 도움이 못 될 거라고 생각했나 봅니다."

이 증언은 이후 두 사람의 관계를 분석하는 데 중요한 실마리가 되었다.

대부분의 일본 언론은 두 사람 모두 당 고위 관료의 자녀 모임인 태자당 그룹에 속해 있다고 분석한다. 하지만 이런 시각에서는 보시라이 사건을 설명할 길이 없다. 시진핑이 같은 파벌인 보시라이의 처벌에 찬성할 수는 없기 때문이다.

하지만 실제 시진핑은 보시라이 처벌에 찬성했고 총서기에 취임한 이후에도 적극적으로 재판을 진행시켰다. 두 사람을 잘 아는 당관계자는 중국 고사를 인용하면서 설명했다.

"시진핑은 보시라이의 이웃에 살았고 '형님, 형님' 하면서 잘 따랐던 모양이야. 둘은 같은 파벌이라기보다 형제처럼 가까운 존재였을 거야. 하지만 '같은 산에 두 마리의 호랑이가 살 수는 없다'는 옛말을 생각해보면 이해할 수 있지. 같은 그룹에 속하고 경력도 비슷한 둘은 애초부터 공존하기 어려운 관계였어. 결국 사느냐 죽느냐 사투를 벌여서 어느 한쪽이 쓰러져야 할 운명이었던 거지."

보시라이가 다롄 시 당서기로 승승장구하며 전국구로 이름을 날리던 무렵, 시진핑은 지방 공무원으로 전전하면서 이렇다 할 업적도 없었다. 누구의 눈에도 보시라이가 훨씬 우세하게 보였다.

그런데 두 사람의 격차는 점차 좁혀진다. 보시라이가 아직 다롄 시 서기였던 2000년, 시진핑은 푸젠 성 성장으로 발탁된다. 그 다음해 뒤를 쫓듯이 보시라이도 랴오닝 성 성장이 되었지만 시진핑은 2002년 저장 성 당서기에 취임했다. 두 사람의 지위가 역전되는 순간이었다.

그리고 2007년 두 사내의 정치 운명의 명암을 가르는 전환기가 찾아왔다.

그해 1월, 보시라이의 아버지 보이보가 사망했다. 상무부 부장으로 통상 교섭 분야에서 활약하던 보시라이는 인생 최대의 뒷배가 사라지자, 출세 엔진의 속력도 단숨에 떨어졌다.

그해 10월에 열린 제17회 당대회에서 보시라이는 충칭 시 당서기에 임명된다. 최고 지도부인 정치국 상무위원 아홉 명에는 들지 못했다. 대신 시진핑이 리커창과 함께 상무위원으로 입성했고 차기 최고 지도자의 자리를 손에 넣었다.

압도적으로 우세였던 보시라이는 왜 시진핑에게 역전당했을까?

당 관계자는 그 이유를 설명해주었다.

"출신도 업무 실적도 보시라이가 더 유능했던 건 틀림없어. 하지만 자신의 능력을 과시했고 지나치게 부친의 힘에 의존했어. 게다가 부임하는 곳마다 부하들을 혹사시켰고 상사도 공격해서 낙마시켰으니 원한이 이만저만이 아니었던 거야. 공산당의 최고 지도부 인사는 만장일치가 원칙이야. 아무리 절대 권력을 자랑하는 부친이 버티고 있어도 반대표가 하나라도 나오면 최고 지도부에는 들어갈 수 없어. 반면 아버지의 존재를 과시하거나 자기 주장을 고집하지 않고 주변 사람에게 귀를 기울였던 시진핑을 반대하는 자는 없었던 거야."

앞서 살펴보았던 비운의 황태자 리커창과 보시라이, 이 두 인물과 시진핑을 비교하면 중국공산당이 요구하는 지도자의 모습을 알 수 있다. 그들이 필요로 하는 것은 발군의 기억력과 유창한 언변을 자랑하는 리커창이나 탁월한 실행력을 지닌 보시라이가 아니다. 시진핑처럼 부하의 능력을 이끌어내고 다수를 화합해서 이끌어 갈 수 있는 지도자를 원하는 것이다.

공산당 슬로건에 '단결'이라는 두 글자가 포함된 이유도 그제야 이해할 수 있었다. 세계 최대의 당원들을 거느린 채 권력 투쟁이 끊이지 않는 거대 조직을 하나로 통합하고 이끌 수 있는 능력이 무엇보다 필요한 것이다.

자존심 강한 보시라이가 한참 능력이 못 미친다고 여겼던 시진핑에게 지도자 자리를 빼앗기고 얼마나 분했을지 쉽게 상상할 수 있다. 게다가 오명을 지고 밀려나다니 참을 수 없는 굴욕이었을 것이다.

실각이 눈앞에 닥친 보시라이를 구하기 위해 드디어 '뒷배'가 모습을 드러냈다.

다수의 전차와 장갑차가 출동

2012년 3월 19일 밤 나는 상하이 시 와이탄의 한 레스토랑에서 지인인 군부의 연구원과 마주하고 있었다. 상하이 전통 요리를 앞에 두고 나눈 대부분의 대화 주제는 그 4일 전에 충칭 시 당서기에서 해임된 보시라이였다. 이 관계자의 부친은 군의 고위 관료로 보시라이와 몇 번인가 만난 적이 있어서 사건의 진상을 잘 알고 있었다.

중국 전통 황주인 사오싱 주도 몇 잔씩 비우며 대화가 무르익었을 무렵 두 사람의 휴대폰 벨이 거의 동시에 울렸다.

베이징에서 군사 쿠데타 발생. 다수의 전차와 장갑차가 출동한 듯.

친구인 중국인 대학교수가 보내온 것이다. 마주 앉은 연구원도 같은 내용을 받았는지 순식간에 표정이 굳어지더니 소리쳤다.

"저우융캉이 움직였어!"

앞에서도 설명했듯이 저우융캉은 장쩌민이 은퇴 후 상왕정치를 전개하기 위해 등용한 정치국 상무위원이다. 서열은 아홉 번째이지만 200만 명의 경찰과 무장경찰, 그리고 검찰, 재판소까지 총괄하는 정법위원회 서기를 겸하고 있다. 당이 모든 것을 지배하는 중국에서 체포에서 판결까지 결정할 수 있는 막강한 권한을 지닌 셈이다.

저우융캉은 자신의 힘을 방패삼아 마지막 순간까지 보시라이를 옹호했다. 대부분의 상무위원이 보시라이의 처벌을 인정할 때도 저우융캉만이 강력하게 반발했다. 왕리쥔이 미국 총영사관에 진입했을 때 그곳을 포위하고 그의 망명을 승인하지 못하도록 미국에 압력을 넣은 것도 저우융캉이었다. 왕리쥔을 국내에 붙잡아 놓을 수만 있으면 그의 입을 막을 수 있을 것이라고 생각했을 것이다.

군 연구소 관계자가 두 사람의 관계를 설명해주었다.

"저우융캉은 보시라이의 뒷배와 같은 존재였던 거지. 보시라이는 미국 총영사관 진입 사건 때도 그와 논의하고 대처 방안을 지시받았다고 재판 중에 흘리고 있어. 저우융캉은 보시라이의 능력과 실행력을 높이 평가했기 때문에 후계자로 세울 생각이었지. 보시라이가 정법위원회 서기로 취임하면 수사 기관을 총동원해서 시진핑 주석의 비리를 캐내어 낙마시킬 작정이었던 거야. 그 모든 계획을 저우융캉과 쉬차이허우가 전폭적으로 지원 사격을 했던 거지."

이것이 앞서 설명한 쿠데타 계획의 전모다.

경찰과 사법권을 쥔 저우융캉과 군부의 실력자 쉬차이허우가 시진핑 체제에 맞서 모반을 계획한 것이므로 사태의 심각성을 알 수 있다.

그렇다면 이날 밤, 실제로 베이징에서 무슨 일이 벌어졌을까? 전 경찰 간부가 부하에게 들은 이야기를 전해주었다.

"저우융캉은 지도부의 승인을 얻지도 않고 수하의 무장경찰에 명령을 내려 한 남자의 신병을 손에 넣었어. 그 사내는 보시라이에게 뇌물을 제공하던 다롄 시의 기업가였지. 지도부에서 보시라이의 비리 혐의를 수사하려면 반드시 필요한 증인이었으니까 취조를 당하기 전에 빼돌린 거야. 당황한 지도부가 사내를 되찾으려고 군을 출동시켰고 양측이 대치하는 사태가 벌어진 거야. 그날 다수의 군인과 무장경찰이 베이징 주변에 출동한 것은 틀림없어. 이 사건이 문제가 되어서 저우융캉은 경찰과 무장경찰 지휘권을 빼앗기고 말았지."

군사 쿠데타로 발전하지는 않았지만 무장경찰과 군인이 서로 대치했다는 사실만으로도 공산당 정권을 와해시킬 수 있는 일촉즉발의 위기 상황이었다는 사실을 의미한다.

무기를 소지한 병력이 지도부의 뜻에 반해서 움직였다는 것은 공산중국에서는 극히 이례적인 일이다. 앞서 소개했던 린뱌오에 의한 쿠데타도 미수에 그치고 말았다.

결국 전문 수사팀은 기업가의 신병을 저우융캉 일파로부터 돌려받아 즉시 구속했다. 저우융캉의 저항도 허망하게 보시라이는 다음 4월 10일, 정치국원의 직무를 정지당했다. 그의 정치 생명이 끝났음을 의미하며 구속은 피할 수 없는 사실이 되었다.

그리고 저우융캉에게도 사법 당국의 손이 뻗치게 된다.

돼지를 치던 빈농이 대부호가 되다

마지막까지 보시라이를 지키려던 저우융캉은 어떤 인물일까?

베이징 특파원으로 갓 부임한 2007년 여름, 출장을 위해 탄 상하이행 기내는 팽팽한 긴장감에 휩싸여 있었다. 귀에 이어폰을 꽂은 사복 경찰들이 주변을 뛰어다녔고 승무원들도 좌석을 준비하느라 정신이 없었다.

이륙하기 바로 직전, 짙은 감색 양복을 입고 미간을 잔뜩 찌푸린 남성이 비행기 안으로 올라탔다. 저우융캉이었다. 공산당 고위 관료로는 보기 힘든 올백 헤어스타일에 잔뜩 추켜세운 어깨를 건들거리며 부하들을 거느리고 걷는 모습은 마치 폭력 조직의 두목 같았다.

맨 앞줄 창가 1등석에 앉은 그는 좌석을 뒤로 눕히고는 눈을 감았다. 그에게 붉은 담요를 덮어주는 여자 승무원의 손이 가늘게 떨렸다.

당시 저우융캉은 공안부장관과 부총리급인 정법담당 국무위원을 겸하고 있었다. 다가올 가을 당대회에서 상무위원으로 입성이 유력시되던 터라 그야말로 나는 새도 떨어뜨릴 위세였다.

한때 그의 상사였던 전 당 간부는 당시 저우융캉이 지닌 권력이 어느 정도였는지 알 수 있는 일화를 들려주었다.

"젊었을 때부터 성실하고 의리 있는 사내여서 눈여겨보고 있었지. 나를 '형님'으로 부르면서 잘 따랐고. 한번은 내 친구 중에 사업하는 놈 둘이 불법 조업으로 기소가 된 거야. 유죄 판결을 피할 수 없는 상황이었는데 급한 마음에 공안부 부장이었던 저우융캉에게 어떻게 좀 안되겠느냐고 선처를 부탁했어. 그랬더니 '형님 부탁이라면야' 하면서 그날로 내 친구들을 석방시켜주었지 뭐야. 재판은 중지되었고 결국 둘 다 무죄로 풀려났지. 정말 의리 있는 사내야."

저우융캉은 시진핑이나 보시라이 같은 고위급 간부의 자녀가 아니다. 1942년 저장성 무석 시, 그는 교외의 한 농가에서 3형제 중 장남으로 태어났다. 몇 마리 안 되는 돼지를 키우고 벼농사를 짓는 가난한 집안이었다. 저우융캉은 집안일을 도우면서 착실히 공부했고 성적은 늘 최상위였다. 특히 화학과 수학은 발군의 실력이어서 베이징 석유학원에 입학하게 되었다.

학교를 졸업하자 석유 기술자가 되어 유전 개발에도 직접 참여했다. 술도 담배도 하지 않고 그저 묵묵히 일에만 열중했다. 근무지마다 성과를 올려서 1996년 중국 최대의 석유·가스 국유 기업인 중국

석유천연가스총공사(현 중국석유천연가스집단)의 사장 자리까지 올라갔다.

그 뒤 새롭게 생긴 국토자원부의 장관으로 취임했고 2000년에는 쓰촨 성 당서기로 순조롭게 출세 가도를 달렸다.

단 이 무렵부터 당내에 그에 대한 나쁜 평판이 나돌기 시작했다. 앞서 소개한 전 공산당 간부의 회상이다.

"애인이 여럿 된다는 이야기는 나도 들었지. 방송국 아나운서나 여배우가 상대라는 소문이었어. 부인이 교통사고로 죽은 직후에 국영 중앙방송국의 스물여덟 살이나 어린 여자 디렉터와 재혼했을 때는 간부들 사이에서도 화젯거리였어. 늘 거액의 뇌물을 안주머니에 넣고 다닌다는 건 당내에서는 모르는 사람이 없을 정도로 공공연한 사실이었지. 젊었을 때는 성실하기 그지없던 사내였는데 너무 큰 힘을 손에 넣고 나니 선악의 판단이 흐려졌는지……. 이후로는 갖가지 비리와 부정부패를 저질렀지. 안타까울 뿐이야."

이 간부의 말처럼 젊은 시절의 저우융캉을 나쁘게 평하는 관계자는 별로 없다. 장쩌민에게 발탁되어 성의 서기에서 공안부 수장으로 출세 가도를 달려가는 과정에서 차츰 부패해간 것이다.

비리 혐의로 실각하는 대부분의 고위 관료들처럼 일당 지배에서 비롯되는 지나친 권력이 사람의 가치관과 도덕관을 파괴했는지도 모른다.

수사 당국은 2012년 말부터 쓰촨 성 재직 시절 부하였던 간부들부터 조사하기 시작했다. 그리고 중국석유천연가스집단과 공안부, 이렇게 세 곳에서 정점인 저우융캉을 향해 사정 범위를 좁혀가듯 관계자들의 조사가 진행되었다.

사건 수사팀에서 일하는 당국자의 친척이 조사 상황에 대해 몰래 알려주었다.

"500명도 넘는 옛 부하와 친척들을 적발해서 1200억 위안의 재산을 몰수했다고 합니다. 적발 대상에는 30명이 넘는 부성장이나 차관급 이상의 간부 외에 그의 얼나이였던 여성 아나운서들도 포함되어 있습니다. 시진핑이 총서기에 취임한 직후부터 내사가 시작되었지만 부정 축재와 비리의 규모가 엄청났고, 관계자도 너무 많아서 1년 넘게 수사가 진행되었다고 합니다."

보시라이의 부정 축재액의 세 배가 넘는 액수다. 수십만, 수백만 엔의 뇌물을 받고 체포당하는 일본의 부정 부패와는 스케일이 다르다.

그는 국유 석유 대기업에 대한 자신의 영향력을 이용해 자식과 친척들에게 부당한 편의를 봐주었다. 또 경찰과 사법부를 관리하는 자신의 지위를 이용해 처벌이나 적발을 눈감아주거나 무마하는 대가로 거액의 뇌물을 받아 챙겼다.

그렇게 벌어들인 어마어마한 액수의 비자금을 계속 은폐하기란 불가능에 가깝다. 제18회 당대회에서 정년 은퇴가 결정난 이상, 은퇴 후에는 그동안의 비리가 만천하에 드러날 수밖에 없다.

바로 그 때문에 저우융캉은 쿠데타를 획책할 수밖에 없었다고 당 관계자는 설명했다.

"저우융캉과 쉬차이허우는 은퇴 후에 조사를 당하지 않기 위해서 가까이 지내던 보시라이를 자신들의 후임으로 내세워 그 엄청난 비리를 은폐해야만 했지. 그런데 보시라이가 실각하고 상황이 급박하게 돌아가자 쿠데타라는 일생일대의 도박에 몸을 던진 거겠지."

쥐도 궁지에 몰리면 고양이를 물듯 은퇴를 눈앞에 둔 거대 비리의 주역들은 자신들이 살아남기 위해 쿠데타를 획책한 셈이다.

침몰하는 배에서 빠져나가다

후진타오의 최측근인 링지화도 이들 모의에 가담했다.

당시 링지화는 후진타오의 신임이 두터웠던 터라 제18회 당대회에서 상무위원으로 승격하지 않을까라는 소문도 돌았다. 총서기가 총애하는 권력가이니 은퇴하는 저우융캉이나 쉬차이허우와는 달리 나는 새도 떨어뜨릴 권세였을 것이다.

그런 그가 왜 위험을 무릅쓰고 보시라이에 접근해서 쿠데타에 가담하려고 했을까? 당 관계자는 이렇게 설명했다.

"링지화는 후진타오와 너무 가까웠던 게지. 모시던 상사의 은퇴가 가까워오니 그제야 자기 앞날이 걱정된 거야. 그래서 새로운 지도자 후보로 인기가 높았던 보시라이에게 급작스럽게 접근했겠지. 게다가 둘은 같은 산시 성 출신에 사적으로도 친밀했으니까."

이미 소개했듯이 링지화는 아들의 페라리 사고 처리를 둘러싼 잡음이나 부인의 공금 유용 의혹에 시달리고 있었다. 링지화가 공안권을 쥔 저우융캉에게 이들 문제를 잘 처리해달라고 부탁했다는 이야기도 있다. 자신의 미래를 저우융캉에게 맡길 수밖에 없는 운명이었던 것이다.

자식과 부인의 의혹으로 인해 궁지에 몰린 링지화, 자신들의 비리를 덮기에 급급했던 쉬차이허우와 저우융캉, 이 세 명이 살아남기 위해 파벌과 출신 성분의 차이를 뛰어넘어 합심했다. 그리고 다시 한 번 최고 지도부 입성을 노리는 보시라이를 내세워 시진핑 체제에 대한 모반을 꾀한 것이다.

공산당과 중국 정부는 이 세 사람의 죄목이 쿠데타였다는 사실을 공식적으로 발표하지 않았다. 하지만 2014년 12월 저우융캉의 체포 결정을 발표할 때 혐의 사실로 주요 기밀의 누설과 거액의 뇌물 수수, 다수 여성과의 성적 관계를 들었다. 그리고 마지막에 다음 한 구절을 덧붙였다.

조사 중에 다른 범죄의 실마리를 발견했다.

무슨 이유에서인지 이것만은 구체적인 내용을 언급하지 않고 '실마리'라는 의미심장한 표현으로 남겨두었다.

체포 결정이 발표된 다음 날, 당 기관지인 〈인민일보〉 논평 기사 중에서 "도당과 파벌을 만드는 일에는 단호히 반대한다."는 쿠데타 미수를 암시하는 듯한 문구가 보였다.

나아가 시진핑 자신도 직후인 12월 29일에 열린 정치국 회의에서 강한 어조로 경종을 울렸다.

"당내에 파벌을 만들거나 도당을 꾸려 사리사욕을 채우고 동료와 결탁하는 일은 결코 좌시하지 않겠다."

직접 명시하지는 않았지만 보시라이 일당의 정변 시도를 비판하는 것은 명백하다.

세계 최대 230만 명의 군대를 이끄는 쉬차이허우와 200만 명이 넘는 무장경찰 부대와 경찰관을 마음대로 움직일 수 있는 저우융캉이 손을 잡고 이제 막 탄생한 허약한 지도부를 전복시키려 했으니 급박한 위기 상황이었다.

정부 관계자는 이번 사건을 이렇게 회상했다.

"예상치 못했던 왕리쥔의 진입 사건 덕분에 보시라이와 저우융캉 일당의 시도가 운 좋게 발각되었고 미연에 방지할 수 있었을 뿐이다. 만일 쿠데타가 계획대로 실행되었다면 이제 막 총서기에 취임한 시진핑은 실각했을 것이다. 그랬다면 지금쯤은 저 피고석에 저우융캉이나 보시라이가 아니라 시진핑이 서 있었을 수도 있다. 그야말로 먹느냐 먹히느냐 하는 치열한 싸움이었다."

반복되는 우연 덕에 시진핑은 가까스로 위기를 넘길 수 있었다.

취임하자마자 자신에게 칼을 겨눈 정적을 쓰러뜨리기 위해 전력을 쏟은 것도 그 자신이 살아남기 위해서는 불가피한 일이었다.

하지만 '권력 투쟁이야말로 중국공산당의 원동력'이라는 나의 가설을 적용해본다면 빈사 상태에서 겨우 살아난 시진핑은 그만큼 더 큰 힘을 손에 넣었다. 그리고 역대 그 어떤 지도자보다 신속하게 권력 기반을 굳힐 수 있었다.

강력한 힘을 지닌 시진핑, 그는 이제 집권 2기 10년의 임기 중에 공산당과 중국을 어떻게 이끌어가고자 하는 것일까? 그리고 과연 그때까지 중국공산당은 살아남을 수 있을 것인가?

마지막 장에서 그 답을 찾아보자.

9장

홍얼다이

마오쩌둥이 뿌린 '혁명의 피'를 계승한 이들이 새로운 중국을 움직인다.

장쩌민 별장 강제 철거

푸릇푸릇 색을 입기 시작한 초목마저 정지된 듯 불안한 정적이 흘렀다.

2012년 10월 말 이른 아침, 정적을 깨는 자동차 엔진 소리가 산골짜기에 울려 퍼졌다.

베이징 시 교외 화이러우 구에 있는 장쩌민의 별장. 건물 입구에 몇 대의 트럭이 줄지어 섰다.

"아무 기별도 없이 당중앙 판공청에서 직원들이 들이닥친 거야. 실내에 있던 가구나 장식품만이 아니라 부부가 사용하던 의류와 보석 등을 서둘러 짐칸에 싣기 시작했지. 당황해서 책임자에게 사정을 물으니 '부부는 이 집에서 나가시게 되었다. 이제부터는 다른 간부들이 사용하도록 해달라'고 말했어. 10년도 넘게 사셨는데 깜짝 놀랐지. 무슨 일인지는 몰라도 큰일이 벌어졌다고 온 동네에 소문이

파다했어."

그리고 한참 뒤 중난하이와 바이다러우에 마련된 장쩌민 집무실도 철거가 결정되었다. 정확히 제18회 당대회를 직전에 두고 일어난 일이다.

전 상무위원을 친척으로 둔 정부 관계자가 장쩌민의 별장과 집무실이 철거된 이유를 설명해주었다.

"후진타오와 시진핑이 의논해서 결정한 거 같아. '이제 특별 취급은 없다, 정치에 대한 간섭도 일절 용인하지 않겠다'는 뜻이었지. 총서기에 이어 '1.5위'라는 특수한 장쩌민의 서열은 제18회 당대회 이후 12위까지 떨어져서 다른 원로들과 마찬가지 취급을 받게 되었어."

앞서 설명했듯이 그때까지는 '당의 주요 사항은 장쩌민에게 보고한다'는 내부 규정이 존재했다. 중요한 인사나 정책을 결정하려면 그의 동의가 있어야 할 정도로 은퇴 후에도 영향력은 건재했다. 후진타오는 제18회 당대회에서 모든 자리에서 물러나는 대신 '어떠한 당 고위 관료도 은퇴 후에는 정치에 관여하지 않는다'는 새로운 내부 규정을 마련해서 장쩌민의 상왕정치에 종지부를 찍었다.

그렇다면 왜 후진타오는 시진핑과 손을 잡고 장쩌민의 영향력을 배제하려고 한 것일까? 정부 관계자에게 물었다.

"장쩌민에게 사사건건 괴롭힘을 당했던 후진타오는 은퇴를 앞둔 시점에서 마지막이라고 생각하고 한 방 먹이고 싶었겠지. 한편 시진핑은 정권 유지를 위해서 저우융캉과 쉬차이허우의 수사를 계속 진행해야만 했으니까 둘의 속내가 일치한 거야. 장쩌민은 제 손으로 키운 심복인 저우융캉과 쉬차이허우의 형사 책임 추궁에 강력하게 반발했어. 시진핑이 이 둘을 처벌하려면 장쩌민의 동의를 얻어야 한다는 내부 규정이 방해가 되었던 거야."

저우융캉과 쉬차이허우 일파가 보시라이를 앞세워 쿠데타를 획책한 사건을 앞 장에서 자세히 살펴보았다. 이때는 이미 보시라이의 사법 처리가 진행 중이었기 때문에 세간의 이목은 저우융캉과 쉬차이허우의 적발에 집중되었다.

장쩌민과 회담한 적이 있고 중국 정계에 정통한 외국 수뇌부 경험자가 그 뒷이야기를 들려주었다.

"정치국원 전원은 '정변'이라는 중대성 때문에 저우융캉과 쉬차이허우의 처벌에 동의했고 대부분의 원로들도 지지했지만 장쩌민만이 끝까지 OK 사인을 내주지 않았습니다. 두 심복이 입건되면 자신에게도 수사의 손길이 뻗는 것을 피할 수 없기 때문이지요. 시진핑은 양자택일을 해야 했습니다. 수사를 진행하기 위해 장쩌민에게 머리를 숙이고 설득에 나설지, 아니면 정면으로 맞서서 강제로 진행시킬 것인지요."

시진핑의 선택은 장쩌민과의 '전면 대결'이었다.

공군 정예 부대의 신변 경호

총서기에 오른 지 얼마 안 된 시진핑이 사반세기가 넘게 최고 실력자로 군림하던 장쩌민에게 도전한다는 것은 보통 일이 아니었다.

군 내부에는 쉬차이허우를 정점으로 하는 장쩌민 지지자가 적지 않았고 무장경찰 부대에도 저우융캉의 입김이 작용하는 부하들이 요직을 차지하고 있었다.

전 상무위원을 친척으로 둔 정부 관계자의 증언이다.

"시진핑은 상대를 쓰러뜨리지 않으면 내가 죽는 위험한 싸움을 시작한 거야. 궁지에 몰린 장쩌민 일파가 시진핑의 암살을 시도할 가능성도 충분히 생각할 수 있었지. 시진핑도 그 사실을 잘 알기에 신변 경호를 공군의 정예 공정부대에 맡겼어. 관행대로라면 무장경찰이 총서기의 신변을 경호하지만 일부러 쉬차이허우의 영향력이 미치지 않는 공군을 선택한 거야. 안전을 확보하기 위해 가능한 한 군용기를 이용하거나 지하 도로로 이동할 정도로 각별히 조심했지."

이 증언을 들으니 군사위 부주석에 공군 사령관이었던 쉬치량이 취임한 이유를 알 수 있었다. 그때까지는 대부분 육군 출신이 차지했던 자리였는데 이때 처음 공군 출신이 등용되었다. 장쩌민과 쉬차이허우의 지지자가 많은 육군을 배제하고 자신이 움직이기 쉬운 쉬치량을 등용해서 신변의 안전을 확보할 속셈이었던 것이다.

수비 태세를 굳힌 시진핑은 공세에 나섰다. 장쩌민의 발밑을 기습적으로 덮친 것이다.

특별 수사팀을 비밀리에 장쩌민의 아성 상하이로 급파했다.

중국 정치에 정통한 외국 수뇌부 경험자에 따르면 상황은 아래와 같다.

"장쩌민의 가족과 친척이 관여한 회사를 조사했다고 합니다. 외국에 체재하는 타인 명의의 계좌나 부동산까지 샅샅이 뒤져서 제가 아는 장쩌민의 친척 분들도 상당히 걱정하고 있었습니다. 가족 중에서는 특히 장남을 면밀하게 조사한 듯했습니다. 전부터 아버지의 권력을 등에 업고 사업이다 뭐다 화려하게 산다는 소문이 끊이지 않아서 저도 걱정했지요."

장남의 이름은 장멘헝江綿恒. 1952년 출생으로 생김생김은 부친을 빼다 박았다. 미국 대학교에서 전자물리로 박사 학위를 취득한 뒤, 중국과학원 상하이 분원 원장을 거쳐 2014년에 새롭게 건립된 상하이 과학기술대학교의 학장으로 취임했다. 본인이 엔지니어로 일하며 전자통신 사업 관련의 투자회사를 설립해서 폭넓은 비즈니스를 전개하고 있었다.

전 상무위원을 친척으로 둔 정부 관계자는 그 장남의 '의혹'에 동감하며 분통을 떠뜨렸다.

"장멘헝의 회사는 정부에 대한 영향력을 이용해 컨설턴트 사업을 대대적으로 전개했지. 부친의 위세를 앞세워 제일 돈을 많이 버는 고위 관료 자제라고 다들 수군댔어. 장쩌민은 장남을 상당히 아꼈는지 하고 싶은 대로 그냥 내버려두었어.

또 사업으로 벌어들인 거액의 자본을 미국 유학 당시 쌓은 인맥을 이용해서 미국으로 빼돌렸던 것 같아. 최근에는 장몐형의 장남까지 홍콩에서 사업을 벌이고 있어서 장쩌민 일가의 부정부패에 대한 비판이 높아지고 있어."

1장에서 소개한 '얼나이촌'이나 '월자중심' 여성들의 사례와 마찬가지로 최고 지도자가 재산을 은닉할 장소로 선택한 곳도 역시 미국이었다. 초강대국에 돈을 쌓아두면 중국의 수사 기관이라도 간단히 손을 뻗을 수는 없다.

그래서 시진핑 지도부는 비상 전략을 사용했다. 중국 수사 기관에서 근무한 적이 있는 한 당국자는 2014년 7월 1일부터 시행된 미국의 새로운 세법을 지적한다.

"이 세법은 미국이 협정 상대국과 그 나라에 살고 있는 자국민의 금융 정보를 공유하는 내용입니다. 중국 정부는 미국에서 이 세법이 시행되기 4일 전에야 급하게 미국 정부와 협정을 체결했습니다. 지도부의 뜻에 따른 거지요. 그 결과 중국은 미국에 거주하는 중국인의 은행 계좌나 자산 정보를 건네받을 수 있게 되었습니다. 대상은 연 5만 달러가 넘는 자금을 미국 금융 기관에 보유하고 있는 사람들입니다. 당과 정부 간부들이 미국에 빼돌린 재산을 파악하겠다는 심산이지요. 부패 척결 캠페인을 진행하고 있는 시진핑 지도부에게 이들 정보는 큰 무기로 활용될 것입니다."

이 세법은 '해외금융계좌 납세준수법FATCA'으로 외국 금융 기관을 이용해서 세금 탈세를 꾀하는 미국의 부호나 기업 정보를 수집하기 위해 만들어진 일종의 역외 탈세 금지법이다.

미국과 협정을 맺은 국가는 미국 내 자국민의 금융 정보를 손에 넣을 수 있다. 시진핑 지도부는 이 점에 주목하고 장쩌민 일파의 미국 은닉 재산을 그대로 파헤쳐 압력을 행사하려 든 것이다. '불사신' 장쩌민도 이번만큼은 궁지에 몰리게 되었다.

살려 달라는 장쩌민의 전화를 끊다

벼랑 끝에 몰린 장쩌민은 결국 백기를 들었다.

전 상무위원을 친척으로 둔 정부 관계자가 말한다.

"장쩌민은 가족을 포함해 모든 자산을 시진핑 지도부에 자발적으로 신고했어. 의혹을 모두 해명할 테니 강제 수사만큼은 참아달라는 뜻이었지. 물론 전 최고 지도자를 본격적으로 수사하고 처벌하기는 어려웠을 거야. 시진핑 본인이나 공산당의 정통성에 흠집을 내는 일이 되니까. 하지만 장쩌민의 상왕정치를 끝낼 수 있었으니 그 정도만 해도 정말 대단한 일이야."

이 관계자가 극찬했듯이 시진핑은 당의 수장이 된 지 불과 2년 만에 전임인 후진타오가 10년 동안 하지 못했던 일을 해냈다. 그는 당에서 장쩌민의 영향력을 완전히 제거하는 데 성공했다.

모든 장애물이 사라지자 시진핑은 쉬차이허우와 저우융캉의 처벌을 잇달아 발표했다.

발표가 나기 직전, 장쩌민이 시진핑에게 한 통의 전화를 걸었다.

중국 정부의 소식통과 가까운 전 미국 정부 당국자가 시진핑 측근으로부터 들었다며 이야기해주었다.

"저우융캉과 쉬차이허우의 적발 정보를 입수한 장쩌민은 황급히 시진핑에게 전화를 걸었다고 합니다. '형사 책임 추궁은 너무 가혹하니 관대한 처분을 해주기 바란다'며 부탁했다는군요. 그런데 믿을 수 없는 일이 벌어졌어요. 시진핑 주석이 한 마디 대꾸도 없이 일방적으로 전화를 끊어버린 겁니다. 장쩌민의 전화를 말이지요. 단 2년 만에 장쩌민의 권력은 그야말로 땅바닥까지 추락한 셈입니다. 두 사람의 권력 관계가 완전히 역전된 것이지요."

2014년 9월 30일, 한동안 소식이 들리지 않던 장쩌민이 오랜만에 공식 석상에 모습을 드러냈다.

중국의 건국 기념일에 해당하는 '국경절' 축하 행사가 열린 베이징 인민대회당의 대극장. 만면에 미소를 띠며 입장하는 시진핑의 뒤를 이어 장쩌민이 들어왔다.

간병인의 부축을 받으면서 힘들게 걷는 그는 성큼성큼 앞서가는 시진핑과 점점 멀어졌다.

입술을 일자로 굳게 다문 채 표정 하나 바꾸지 않았다. 국가를 부를 때도 입을 열지 않고 그저 한곳을 응시할 뿐이었다. 몇 년 전까지 위풍당당하던 모습은 온데간데없이 애처로워 보였다. 축하 행사를 보도한 국영 언론은 시진핑 등 현역 상무위원의 이름을 언급한 뒤 덧붙이기 식으로 장쩌민과 원로들을 소개했다. 그리고 '당과 국가의 지도적 직무에서 물러난 장쩌민'이라고 강조했다. 중국 정부 관계자는 보도 태도의 배경을 이렇게 설명한다.

"장쩌민이 시진핑에게 완전히 항복하고 따르겠다는 의지를 밝혔다는 이야기지. 시진핑도 그 사실을 내외적으로 알릴 심산이었고. 요즘 장쩌민은 당국의 심문을 피하려고 각지의 군 병원을 전전하는 모양이야. 자신과 가족에게 수사의 손길이 뻗을지 모른다고 불안에 떨면서 최후를 맞이해야 하다니, 정말 비참한 말로지."

현역과 상왕정치 기간을 합쳐 실로 사반세기 동안 공산당을 지배해온 '황제'의 정치 생명은 이로써 완전히 끝났다.

주도면밀한 준비와 함께 배수진을 치고 일대 승부에 나선 시진핑의 승리라고 할 수 있지만 그 혼자만의 힘으로 해냈다고 보기는 어렵다.

정부 관계자의 설명이 이어졌다.

"원로 대부분이 장쩌민에게 반감을 가지고 있었기 때문에 시진핑을 지지한 거야. 장쩌민은 경제 성장만 중시하고 빈부 격차와 환경오염 문제는 방치하다시피 했거든. 무엇보다 우리 사회에 부정부패가 만연하도록 조장한 책임은 상당히 무거워. 원로들뿐 아니라 우리 같은 홍얼다이 사이에서도 장쩌민과 그 일당을 당에서 배제해야 한다는 생각이 대단히 강하거든."

여기서 잠깐, 이 책에서 사용하는 당 고관의 자녀를 가리키는 표현을 정리해보자.

외국 언론은 고위 관료의 자녀들을 '태자당'이라고 부른다. 하지만 중국 언론이 일반적으로 쓰는 용어는 아니다. '당'이라고는 하지만 정당과 같은 집단이 아닌데다 정작 당사자들은 이 이름을 내세우지 않는다.

대신 최근 중국에서 자주 쓰이는 용어는 '훙얼다이紅二代'나 '훙허우다이紅後代'다. 마오쩌둥과 함께 혁명 활동에 참여한 고위 관료를 할아버지나 아버지로 둔 자녀 세대를 가리킨다. 시진핑 외에도 앞서 언급한 보시라이와 류위안, 반부패투쟁을 진두지휘하고 있는 중앙기율검사위원회 서기인 왕치산王岐山 등이 훙얼다이에 속한다. 시진핑 지도부가 발족한 뒤 언론에서 이들에 관한 기사를 보도하는 경우가 부쩍 늘었다.

그리고 훙얼다이의 지도자 격인 여성과 인터뷰가 성사되었다.

마오쩌둥 비서의 딸

공산당과 정부 관사가 밀집한 베이징 시 하이뎬 구의 한 레스토랑. 당 관련 시설 부속인 이곳에서 그녀를 기다렸다. 주차장에는 고관용 번호를 단 고급 자가용이 즐비하다. 아담한 체구의 한 여성이 그 사이를 누비며 주부용 자전거를 타고 씩씩하게 다가왔다.

짧게 자른 백발에 소박한 꽃무늬 블라우스 차림이었다. 베이징 거리 어디서든 봄 직한 평범한 아줌마의 모습이었다. 자전거 앞 바

구니는 먼지가 수북했고 자전거 안장도 속을 채운 스펀지가 삐죽 튀어나온 채였다.

후무잉胡木英. 부친은 25년 동안 마오쩌둥의 비서를 지냈고 중화인 민공화국 헌법의 기초 작성에도 참여했던 보수파의 중진 후챠오무胡喬木 전 정치국원이다.

그녀는 항일 전쟁과 국민당과의 내전 당시 공산당이 근거지로 삼은 혁명의 성지, 산시 성 옌안에서 태어났다. 13년 동안 다른 당 간부의 자녀들과 함께 토굴식 집인 야오둥에서 살았다. 양친은 모두 전투에 참가하느라 집을 비운 사이 아이들끼리 공동생활을 하며 자랐다.

정부에서 일하다가 은퇴한 뒤 부모 세대의 혁명 정신을 배우고자 당시 동료들과 함께 '베이징 옌안자녀친목회延安兒女聯誼會'를 창립했고 회장으로 취임했다. 이 친목회는 1000명이 넘는 훙얼다이가 참가하는 최대 규모의 단체다. 평소 그녀는 공식 석상에 모습을 드러내지 않으며 외국 언론과의 인터뷰도 이번이 처음이다.

나는 조금 긴장하면서 첫 질문을 던졌는데 초반부터 날카로운 지적이 날아왔다. 그때까지의 온화한 미소가 순간 사라지고 가는 눈 안쪽에서 날카로운 시선이 나를 직시했다.

─ 여러분이 속한 태자당에 대해 질문을 드리고 싶습니다.

: 잠깐만요. 당신, 단어 사용이 잘못되었어요. 우리는 훙얼다이 아니면 훙허우

다이라고 해요. 태자당 일파와 한통속으로 취급하지 말아줘요.

– 어떻게 다른 겁니까?

: 우리는 공산당 창설에 참여한 혁명가의 자손이에요. 태자당과는 전혀 다릅니다. 태자당이라는 말 자체가 다 같이 가난했던 옛날에는 없었어요. 경제 성장 이후 고위 간부인 부모의 권세를 등에 업고 돈을 버는 자식들이 늘어났죠. 그 때부터 서민들이 비난의 의미를 담아 고관 자제들을 태자당이라고 부르기 시작한 거예요.

– 그렇다면 왜 훙얼다이 여러분들끼리 단체를 설립한 건가요?

: 지금 우리 사회에 퍼져 있는 부정부패는 심각한 수준이에요. 이대로 가면 우리 부모님들이 피땀 흘려 쌓아 올린 공산당 체제가 위기에 처할 수도 있습니다. 훙얼다이들은 대개 당에 대한 충성심이 높고 부정부패에 관련된 경우는 극소수예요. 혁명과 전혀 관계없는 태자당 일파는 자기 뱃속을 채우느라 혈안이 되어 있으니 도저히 당의 운영을 맡길 수가 없습니다. '인민을 위해 봉사한다'는 우리 공산당의 근본을 잊어서는 안 된다. 그 점을 지도부에 호소하기 위해 다들 모인 겁니다.

– 현 지도부의 국정 운영은 어떻게 보십니까?

: 경제 발전 성과만 강조한 탓에 반성을 잊은 듯합니다. 장쩌민과 후진타오가 집권하는 기간 동안 중국의 빈부 격차와 부정부패는 돌이킬 수 없을 정도로 심각해졌습니다. 전임자들과는 달리 훙얼다이인 시진핑 주석은 부패 척결 운동을 제대로 실행해서 개혁에 성공할 거라고 믿어요. 우리 훙얼다이는 다들 시진핑 주석을 지지하고 있습니다.

그녀의 말과는 달리 홍얼다이 중에서도 갖은 비리와 부정 축재 의혹을 받는 사람이 적지 않다. 자신이 속한 단체를 지나치게 미화하는 것은 아닌가 하는 생각도 들었지만, 혁명가의 혈통을 이어받았다는 자부심과 그들 사이의 강한 단결력은 충분히 느낄 수 있었다.

그녀의 이야기를 듣고 있자니 장쩌민 일파에 대한 강한 비판과는 대조적으로 같은 홍얼다이인 시신성에 대해서는 상당히 우호적인 태도를 실감할 수 있었다. 부정부패 척결 운동이 본격화되자 후무잉은 '목숨을 건 투쟁에 도전하는 시진핑 주석을 지지한다'는 성명을 내는 등 조직을 앞세워 적극적으로 시진핑을 옹호하고 나섰다.

'나는 제5세대가 아니다. 제2세대다.'

마오쩌둥과 함께 혁명에 참가했던 당 고관을 부친으로 둔 당 관계자는 역대 지도자들에 대한 불만을 쏟아냈다.

"우리는 '혁명의 피'가 흐르는 지도자가 당과 국가를 이끌어야 한다고 생각해. 부모들이 피땀 흘려 쌓아 올린 공산당 체제를 존망의 위기로 몰아넣은 장쩌민의 죄는 정말 무거운 거야. 현역 시절과 상왕정치가 이어졌던 후진타오 집권기를 합친 그 시대는 중국의 '잃어버린 20년'이었어. 이 둘을 최고 지도자 자리에 세운 덩샤오핑도 책임을 면할 수 없을 거야."

앞서 살펴보았듯이 톈안먼 사태 이후 상하이 시 당서기였던 장쩌민을 베이징으로 불러들이고 그 후임으로 후진타오를 지명한 것은 다름 아닌 덩샤오핑이었다. 이 당 관계자는 이때 덩샤오핑의 직위가 문제였다고 지적했다.

"당시 덩샤오핑은 군사위 주석 자리를 꿰차고 있었지만 당내 서열은 평당원에 지나지 않았어. 공식 직책은 부총리가 최고야. 국가 주석도 총서기도 아닌 평당원이 무소불위의 권력을 휘둘렀다는 것 자체가 당의 정통성을 훼손한다는 비판은 전부터 있어왔지. 지금 같은 부정부패와 빈부 격차, 환경 오염은 덩샤오핑이 시작한 개혁개방 정책에서 비롯된 거야. 그런 사람이 지명한 장쩌민에게 나라를 맡긴 것 자체가 잘못된 일이지. 시진핑 주석은 덩샤오핑의 노선을 앞으로 조금씩 수정해 나갈 거야. 이번 반부패투쟁은 그 첫걸음이라고 생각해."

덩샤오핑은 마오쩌둥이 후계자로 선택한 화궈펑의 숙청을 꾀해서 1981년에는 해임으로 몰아넣고 군사위 주석 자리까지 빼앗았다. 쿠데타에 가까운 시도였다.

최근 미국의 중국 전문가들 사이에서는 시진핑이 장쩌민이나 후진타오보다 더 빨리 권력 기반을 구축했다는 평가가 나오고 있다. 오바마 미국 대통령도 2014년 말 워싱턴에서 열린 기업 경영자 모임에서 "시진핑 주석은 덩샤오핑 이래 어떤 지도자보다 더 급속도로 또 포괄적으로 권력 기반을 강화했다."고 논평했다.

미국의 정부 당국자나 연구자는 중국 정부 당국자들로부터 '시진핑 주석은 강한 지도자'라는 설명을 계속해서 듣기 때문에 시진핑의 권력을 과대평가하는 경향이 있다. 단 장쩌민과의 권력 투쟁에서 승리한 지금에는 반드시 과장이라고도 할 수 없게 되었다.

중난하이의 동향에 정통한 중국 정부 관계자는 시진핑의 권력에 대해 한층 더 심도 있는 해석을 내놓았다.

"저는 시진핑이 어떤 면에서는 덩샤오핑의 힘을 이미 넘었다고 봅니다. 당시 덩샤오핑의 직책은 군사위 수석뿐이었고 서슬 퍼런 보수파 중진들이 진을 치고 있었습니다. 하지만 지금은 아무도 시진핑에 대적할 사람이 없어요. 당과 군, 정부의 모든 권한을 한 손에 쥐고 있으니까요. 시진핑이 홍얼다이 동료들에게 자주 한다는 말이 있습니다. '우리는 제5세대가 아니다. 혁명 세대의 뒤를 이은 제2세대다.' 자신들을 덩샤오핑이 아니라 마오쩌둥의 후계자로 생각한다는 뜻이겠지요."

여기서 중국공산당의 지도자 세대를 간단히 살펴보자. 각 세대는 다음과 같이 나눌 수 있다.

- 제1세대 마오쩌둥
- 제2세대 덩샤오핑
- 제3세대 장쩌민
- 제4세대 후진타오

이 분류에 따르면 시진핑은 마오쩌둥 이래 '제5세대'가 된다.

시진핑의 말에는 제2세대부터 제4세대까지를 건너뛰고 '자신이야말로 마오쩌둥의 뒤를 잇는 중국의 지도자'라는 의식이 담겨 있다. 취임한 이래 시진핑이 마오쩌둥을 의식한 듯한 행보와 발언을 되풀이하는 것도 이런 세대관에서 비롯된 것이리라.

2014년 10월 시진핑은 군 고관들을 이끌고 푸젠 성의 구톈이라는 작은 마을을 방문했다. 1929년 마오쩌둥이 지금과 같은 인민해방군 조직의 모체를 완성한 역사적인 장소다. 시진핑의 제안으로 이곳에서 군사회의를 열었고 그는 군 고관들 앞에서 "쉬차이허우 사건을 엄중히 취급하지 않으면 안 된다. 그 사건의 의미를 깊이 새기고 교훈으로 삼아 다시는 그런 일이 일어나지 않도록 잔재를 뿌리 뽑아야 한다."며 군부의 결기를 촉구했다.

회의가 끝나자 시진핑 일행은 마을에 세워진 마오쩌둥 동상을 찾아 헌화했다. 동상 앞에 장식된 붉은 표식을 쓰다듬으며 시진핑은 몇 번이고 깊숙이 고개 숙여 인사했다.

치열한 전투 끝에 승리를 쟁취했음을 혁명의 신神 앞에 보고하는 듯한 묘한 표정이었다. 고개를 들었을 때는 목적을 달성했다는 만족감이 만면의 미소와 함께 뿜어져 나왔다.

그 표정을 보고 시진핑이 친한 홍얼다이 지인에게 했다는 말이 문득 떠올랐다.

시진핑이 믿는 '성악설'의 가르침

"나는 세 단계로 권력을 잡을 거야. 먼저 장쩌민의 힘을 이용해서 후진타오를 '완전 은퇴'로 몰아넣어야 해. 그리고 그가 휘두르는 복수의 칼날이 장쩌민을 치게 만들어야지. 마지막으로 우리 홍얼다이 동지들과 새로운 국가를 건설해 나가는 거야."

나는 제18회 당대회가 끝난 2012년 말 시진핑이 했다는 이 말을 어느 중국 정부 관계자로부터 들었다. 시진핑이 그해 여름 무렵, 친하게 지내는 홍얼다이 출신의 당 간부에게 털어놓은 책략이라고 한다.

당시 이야기를 듣고도 나는 이해가 가지 않았다.

물론 제18회 당대회에서 장쩌민이 공세를 퍼부은 결과 후진타오는 군사위 주석을 포함한 모든 자리에서 물러나긴 했다. 하지만 그 과정에서 시진핑의 존재는 전혀 보이지 않았으므로 장쩌민과 후진타오가 서로 피를 흘리는 싸움이라고만 생각했던 것이다.

게다가 '장쩌민을 치겠다'는 사실은 꿈에도 생각하지 못했다. 그의 강력한 상왕정치에 종지부를 찍을 수 있는 사람은 없다고 여겼기 때문이다. 게다가 장쩌민은 시진핑을 총서기로 발탁하는 데 결정적인 역할을 했지 않은가. 당연히 은혜를 느끼고 있을 것이라고 생각했다.

하지만 이제 와 생각해보면 모든 것은 그의 말대로 이루어졌다. 시진핑의 '비책'에 관해 홍얼다이인 관계자에게 물었다.

"시진핑 주석이 그런 청사진을 그렸다는 것은 충분히 생각할 수 있어. 왜냐하면 일련의 권력 투쟁으로 가장 덕을 본 사람은 그 누구도 아닌 시진핑 본인이니까. 정상에 오를 때까지 가만히 숨죽이면서 두 거물에게 싸움을 붙인 셈이지. 그리고 어부지리를 얻자마자 돌변해서 단숨에 반부패투쟁이라는 명목으로 정적들을 쓰러뜨리고 권력을 한 손에 쥔 거야. 어린 시절 바로 눈앞에서 실각한 아버지를 보았고 그 자신도 하방당해 지옥 같은 생활을 경험한 사내야. 권력 투쟁의 생리를 몸으로 겪고 자랐으니 승리할 수 있었겠지."

전임자로부터 당과 정부의 전권을 물려받고, 자신에게 칼을 겨눈 보시라이와 저우융캉, 쉬차이허우, 그리고 링지화 이 네 명의 거물을 실각시키고 동시에 상왕정치로 군림하던 장쩌민을 축출하는 데 성공했다. 만일 장쩌민이 권력을 유지하고 후진타오까지 장쩌민과 같은 상왕정치를 펼쳤다면 시진핑은 아무것도 하지 못했을 것이다.

당 고관들에게 중국에서 가장 이상적으로 꼽는 정치 스타일은 '타이지취엔太極拳式'이라는 말을 자주 들었다. 우리에게도 익숙한 태극권은 고대 중국에서 전래했으며 유교의 영향을 받은 전통 무술이다. 음과 양, 양극의 균형을 맞추면서 최대한의 힘을 발휘해 상대를 제압하는 것이 특징이다. 태극권의 기본 사상은 다음과 같다.

- 부드러움으로 강함을 꺾는다以柔克剛.
- 상대의 힘을 빌려 상대를 친다借力打人.

- 정으로 동을 제압한다以靜制動.

    모두 상대의 움직임과 의도를 읽고 그 힘을 요령 있게 이용해서 최소한의 힘으로 이기는 방법이다.

    시진핑이라는 무술의 고수가 천천히 손발을 움직이며 원로와 정적들을 차례차례 쓰러뜨려 가는 모습을 상상해보았다. 그가 권력을 어떻게 쟁취했는지 그 과정이 눈앞에 떠오르는 듯했다.

    시진핑은 젊은 시절부터 독서를 좋아했고 특히 중국의 전통 사상에 관한 책은 대부분 읽었다고 한다. 연설이나 담화에서도 자주 고전의 구절들을 인용한다.

    그중에서도 그가 암기할 정도로 애독하는 유교 경전이 있다.

    중국의 사상과 역사를 잘 모르더라도 유교라고 하면 누구나 공자를 떠올릴 것이다. 기원전 6세기에 활약한 사상가로 제자와 나눈 대화는《논어》로 집대성되었다. 동아시아의 사상과 문화에도 지대한 영향을 미쳤다.

    공자의 가르침을 전수한 유교 사상가 중에서 가장 유명한 이는 맹자다. 그는 사람이 태어나면서부터 지닌 '덕'을 학문으로 키워 나가는 일의 중요함을 설파했다. '덕'이 많은 자가 군주가 되어 나라를 다스린다면 백성을 잘 이끌 수 있다는 '덕치德治'의 사고방식이다. 반면 법률과 군사력으로 나라를 다스리는 것은 '패도霸道'라고 비판하면서 덕으로 나라를 다스리는 것이 '왕도王道'라고 했다.

그의 이런 사상을 정면으로 비판한 것이 같은 유교 사상가인 순자다. 그는 '사람은 누구나 욕망을 지니고 태어난다'는 '성악설性惡說'을 주장했다. 인간이란 그냥 내버려두면 반드시 뺏고 빼앗기는 다툼을 벌이기 마련이고 세상은 혼란에 빠지게 되므로 '법에 의한 통치'가 중요하다고 강조했다.

순자는 맹자보다 수십 년 늦은 기원전 3세기 무렵 등장했다. 당시는 전국시대 말기로 관리의 부패가 전국에 횡행하던 시기였다. 군주들은 맹자보다는 더 현실적인 순자의 사상을 따랐다.

하지만 공자는 원래 백성을 구속하는 제도와 법률을 부정했다. 따라서 덕을 중요시하는 '성선설性善說'의 맹자 사상이 주류로 성장했고 유교 사상의 중심적 존재로 자리 잡았다. 공산당의 역대 지도자들도 공자와 맹자의 말은 자주 인용했지만 순자의 사상은 외면했다.

하지만 시진핑은 달랐다.

전 당 고관을 부모로 둔 정부 관계자가 말했다.

"하방당한 소년 시절부터 순자의 전집 스무 권을 독파했다고 합니다. 중국에서도 비주류에 속하는 사상가이기에 그의 책을 읽은 공산당 간부는 별로 없을 겁니다. 시진핑의 독특한 현실주의적 사고방식은 순자의 영향을 받았기 때문이지요."

시진핑은 국가주석에 취임한 직후인 2013년 3월, 당의 청년 간부들을 대상으로 하는 연설에서 순자를 '가장 중요한 유가의 한 사람'

으로 소개했다.

"반부패투쟁은 사리사욕을 채우기에 급급한 관료들을 법으로 징계하고 나라를 바로 세우려는 순자 사상의 기본입니다. 시진핑이 취임 당시부터 기치로 내세운 '중궈멍'에 나오는 '강국強國'도 순자가 지은 저술의 일부입니다. 시진핑은 '예의를 존중하고 법을 완비하면 국가는 영원하다'라고 설파한 순자의 군주론에 따라 국가 재건을 향해 돌진하고 있는 겁니다."

그러고 보면 시진핑이 총서기에 취임한 뒤 병적이라고 할 수 있을 정도로 '법치'에 집착하는 것도, 부패 관료의 적발에 혈안이 된 이유도 이해할 수 있다.

그 배경에는 작금의 공산당이 처한 현실이 순자가 활동하던 황폐한 전국시대 말기를 떠올리게 할 정도로 위태롭기 때문일 것이다.

전임인 후진타오가 10년에 걸쳐서도 이루지 못했던 위업을 시진핑은 달성했다. 영원할 것 같았던 장쩌민의 상왕정치에 종지부를 찍고, 군 최고 지도자와 상무위원을 비리 혐의로 처벌하는 전대미문의 강압책을 펼쳤다. 이로써 시진핑은 누구도 넘볼 수 없는 강력한 권력 기반을 구축한 듯이 보인다.

강력한 힘을 손에 넣은 시진핑이 이대로 중국 개혁에 성공해서, 2020년대 중반에는 중국이 미국을 넘어서는 세계 최고의 경제 대국이 될 것으로 예측하는 연구자가 적지 않다.

하지만 나에게는 너무 낙관적인 예측으로 보인다.

아이러니하게도 시진핑의 강한 권력이야말로 중국 정부의 최대 약점이 될 수 있기 때문이다.

'훙얼다이'를 조사 대상에서 제외하겠다는 밀약

2014년 봄, 미국의 어느 카페에서 방미 중인 중국의 대학교수를 기다리고 있었다. 여느 때와 달리 노트에 중국어로 질문들을 정리하고 머릿속으로는 인터뷰 연습을 몇 번이고 되풀이했다.

이 대학교수는 경제 전문가로, 시진핑의 브레인으로 불리는 인물이다. 중난하이를 종종 방문해서 시진핑 주석에게 직접 정책을 제안한다는 이야기를 전부터 들어왔다. 그만큼 시진핑의 신임이 두터워 경제뿐 아니라 사회 전반의 정책에 대해 자문을 구한다고 한다. 내가 베이징 특파원 시절에 몇 번 접촉을 시도했지만 외국 언론이라는 이유로 거절당했다. 이번에는 하버드 대학교의 동료가 손을 써주어 단 30분이지만 인터뷰가 성사되었다.

세 잔째 커피를 입에 대었을 때 교수가 나타났다.

적당히 자기소개를 마친 뒤 시진핑 정권의 반부패투쟁에 대해 직격탄을 날렸다. 당시 쉬차이허우와 저우융캉이 과연 입건될지가 초미의 관심사였다. 시진핑은 취임 후 '호랑이도 쇠파리도 한꺼번에 때려 잡겠다'고 호령했지만 도대체 '호랑이'는 누구인가, 두 사람의 체포 가능성에 대해 단도직입적으로 물었다.

"물론 반드시 체포합니다. 시진핑 주석은 이 둘을 처벌하기 위해 지금까지 반부패투쟁을 벌인 것이나 마찬가지니까요. 어떤 반발이 있어도 포기하는 일은 있을 수 없습니다."

대답은 명쾌했다.

그 단계에서는 여전히 국내외 연구자와 언론의 예측이 양극으로 나뉜 상태였지만, 교수는 시진핑에게 직접 들었으니 자신 있게 답할 수 있었을 것이다.

반부패투쟁이 일단락되면 시진핑 주석은 앞으로 중국을 어떤 방향으로 이끌어 갈지 구체적인 정책에 대해 물었다. 교수는 앞에 놓인 홍차를 마시면서 잠시 입을 다물었다.

"지금은 '호랑이'를 퇴치하는 일로 머릿속이 가득해서 다른 여유가 없으실 겁니다. 미래를 향한 정책과 방침에 대해서는 이제부터 천천히 생각해 나가시지 않을까요? 그러고 보면 예전에 이런 말씀을 하신 적이 있습니다. '나는 총서기가 되기 위해 충분히 준비할 시간이 없었다'고 말이지요."

전임인 후진타오는 총서기에 취임하기 약 10년 전부터 상무위원으로 '지도자 수업'을 받았다. 그에 비하면 시진핑은 준비 기간이 절반에도 못 미친다. 그의 말대로 준비할 시간이 없었다는 것을 모르는 바는 아니지만 이미 총서기에 오른 지 1년 반의 세월이 흘렀다. 일본의 단명 정권 같으면 벌써 총리가 취임한 뒤 사직하고도 남을 기간이다. 그런데도 아직 구체적으로 결정된 정책이 없다고 하니 시진핑이 시작한 이 전쟁이 얼마나 길고 험한 투쟁인지 가늠할 수 있었다.

약속한 시간이 다 되었지만 반부패투쟁에 대한 이야기는 끝이 나지 않았다. 그런데 교수의 입에서 의외의 말이 튀어나왔다.

"사실은 주석 자신도 이번 반부패투쟁이 조금 도가 지나치다고 생각하시는 듯합니다. '부하들이 내 뜻을 과대 해석해서 쇠파리들만 때려 잡으니 큰일'이라고 불만을 나타내셨거든요. 저도 이번 반부패투쟁의 정도가 너무 지나치면 불필요한 반감을 사게 되고 결국 또다시 새로운 권력 투쟁이 시작되지나 않을지 염려스럽습니다."

부정부패 적발 대상은 당과 각 성청의 간부들뿐 아니라 연구소와 국유 기업 직원까지 멈출 곳을 모르고 확대되고 있다. 문화혁명 시절처럼 혐의가 있는 당사자뿐 아니라 그 가족과 친척들까지 적발하는 데는 비난 여론이 만만치 않다. 시진핑이 미처 알지 못하는 곳에서 부하들이 출세를 위해 점수 따기용으로, 혹은 파벌 다툼이 배경이 되어, 반부패투쟁의 미명 아래 무분별한 적발이 횡행한다고 볼 수 있다.

실제 반부패투쟁이 진행되면서 권력 투쟁의 색채가 점점 짙어지는 느낌이다. 혁명에 참가했던 군 고관을 부친으로 둔 군 관계자는 어떤 '밀약'을 알려주었다.

"쉬차이허우나 저우융캉을 입건하기 전에 지도부는 유력 원로 중 일부와 '훙얼다이는 조사 대상에서 제외한다'고 비밀리에 거래했다는 거야. 그때까지 소극적이었던 원로들이 자기 아들이나 손자의 안전이 확보되자 그제야 둘의 처벌에 전격적으로 동의한 것이지. 우리 동료 중에도 비리 의혹이 있는 간부가 있지만 보시라이 말고는 아무도 적발되지 않았어. 반부패투쟁에 당하는 건 쉬차이허우나 저우융캉처럼 혁명 혈통과는 관계없는 평민 출신들뿐이지."

중국 전국의 홍얼다이는 모두 해야 3000명에 불과하다. 시진핑이 자신과 가까운 이들만을 특별 취급한다면 다른 대다수 당원들의 불만이 커질 수밖에 없다.

나아가 '반부패 사냥'이라고 불릴 정도로 지나친 숙청은 당과 정부 관료들을 위축시키는 경향이 있다.

실제 내가 아는 중국 정부와 당의 관료 중에서도 "언제 내가 처벌이나 적발 대상이 될지 모른다."고 불안에 떨면서 무사안일주의로 일관하는 사람들도 눈에 띄게 많아졌다.

이 상태로 가면 당과 정부의 국정 운영에도 나쁜 영향을 미치게 된다.

'정층 설계'의 약점

내가 상정하는 중국공산당 최대의 리스크는 '지나치게 강력해진 시진핑'이다.

그는 취임 이후 새로운 조직을 잇달아 세우고 직접 각 조직의 수장을 맡고 있다. 중앙개혁전면심화영도소조를 시작으로 군부 조직의 개혁을 진행하는 국방·군대개혁심화영도소조, 사이버 공간과 정보 정책을 담당하는 인터넷안전·정보화영도소조를 신설해서 시진핑 자신이 모든 조직의 지도자를 맡고 있다. 중앙재경영도소조는 국가의 경제 정책 전반을 결정하는 핵심 조직으로 시진핑은 기존에 존재하던 이 조직의 수장도 맡았다.

그중에서도 주목받는 것이 국가의 안전보장 전반을 총괄하는 중앙국가안전위원회다. 위원회의 구성원이나 역할은 명확하지 않지만 해외 언론과 전문가들은 그 명칭으로 미루어 보아 현재 긴박하게 돌아가고 있는 센카쿠 열도나 남중국해 문제에 대처하기 위한 조직으로 분석하고 있다.

하지만 앞서 소개한 군 관계자의 시각은 좀 다르다.

"국가와 정권의 안정을 꾀하려는 것이 최대의 목적이야. 우리 나라의 안전은 항상 외국의 사이버 공격이나 테러, 그 외에도 문화와 사상 등 다양한 분야에서 위협을 받고 있어. 톱다운 방식으로 각 조직을 총괄하고 사상과 언론에 대한 통제를 강화할 목적인 게지. 주요 구성원에 군 간부들이 나란히 이름을 올린 걸 보면 군의 발언권이 점점 더 강해지는 추세를 알 수 있어."

시진핑 정권이 들어선 뒤 확실히 인터넷과 언론 규제 외에도 반체제 운동가와 학자, NGO에 대한 감시가 강화되고 있다. '서양 문화와 사상의 침략을 막아야 한다'는 군 강경파의 의향이 반영된 듯하다. 나아가 이 군 관계자는 시진핑의 다른 의도에 대해서도 언급했다.

"사법과 무장경찰을 통합하는 정법위원회를 국가안전위원회 아래에 두려는 것이 진짜 노림수야. 그렇게 하면 절대 권력의 정법위원회를 자기 뜻대로 처리할 수 있게 되니까. 이제껏 '독립왕국'의 황제처럼 경찰과 재판소를 움직이던 정법위원회 서기의 권한도 큰 폭으로 제한할 수 있는 것이지."

정법위원회 서기였던 저우융캉은 인민해방군에 필적하는 경찰과 무장경찰을 100% 활용해서 때로는 총서기를 뛰어넘는 권력을 떨쳐왔다. 그 권력이 내달린 끝은 지도부를 전복하려는 폭거, 즉 쿠데타였다. 따라서 국가 권력의 완전한 장악은 '제2의 저우융캉'을 만들지 않기 위해서라도 반드시 필요한 조치였던 것이다.

나아가 시진핑은 '정층 설계頂層設計'를 전면에 내세우면서 더욱 강력하게 권력의 중앙 집권화를 추진 중이다. 중앙 정부가 주도적으로 정책 결정을 추진하는 정층 설계는 저항 세력을 제거하고 개혁을 일사불란하게 추진하기에 유용한 시스템이다. 중국통인 외국 수뇌부 경험자는 시진핑의 신체제에 대해 이렇게 말한다.

"중국 정부의 관료들과 대화할 때마다 느끼지만 직속 상사인 리커창 총리 이야기는 거의 나오지 않습니다. 지금까지처럼 특별한 2인자가 아니라 다른 상무위원과 다를 바 없는 지위라는 뜻이지요. 주요 정책은 시진핑 주석 혼자 결정한다고 봐도 무방할 겁니다."

지금까지 살펴보았듯이 시진핑은 취임 이후 부정부패 척결에 모든 역량을 쏟아부으며 저우융캉, 보시라이 그리고 쉬차이허우 일당의 반역 시도도 철저히 격퇴했다. 한 발 더 나아가 역모자들을 통해 절대적인 영향력을 행사해온 장쩌민을 쳐내는 일에도 성공했다. 당과 행정부, 그리고 군을 횡단하는 새로운 조직 '영도소조'를 잇달아 설립하고 그 수장 자리에 직접 앉아 지금까지 흩어져 있던 권한을 한 손에 넣었다. 이제부터는 누구의 방해도 받지 않고 뜻대로 개혁의 칼을 휘두를 준비를 마친 것이다.

국가의 안정은 13억 인민의 풍요로운 삶과 국가 번영에 있어 지극히 유익할 것이다. 4장에서 살펴보았듯이 장쩌민과 후진타오가 치열한 정쟁을 벌였던 시기에는 빈부 격차와 환경 오염이 방치된 채 개혁은 속빈 강정처럼 구호만 외치다가 끝났다. 중국이라는 국가의 입장에서는 '정체의 시기'로 역사에 남을지 모른다.

하지만 초점을 공산당으로 옮기면 전혀 다른 양상이 펼쳐진다. 중화인민공화국이 아니라 중국공산당이라는 집권 정당의 시각으로 보면 권력이 시진핑이라는 한 사람에 집중되는 현상은 반드시 좋다고 할 수 없다.

지금까지 중국공산당은 최고 지도자에게 만일의 사태가 발생하면 즉시 대리 체제를 세울 수 있도록 집단 지도 체제를 운영해왔다. 정치국 상무위원회가 바로 그것이다. 상무위원 전원이 각 분야의 책임을 담당함으로써 당 전체가 기능 부전에 빠지는 위험을 방지하는 것이다.

집단 지도 체제는 또한 만년의 마오쩌둥과 같이 최고 지도자가 잘못된 정책 판단으로 당과 나라 전체를 위태롭게 만드는 것을 막기 위한 안전망 역할을 해왔다고 볼 수 있다.

오랫동안 중국공산당 간부와 교류해온 미국 정부의 전 간부는 현 시진핑 체제의 문제점을 다음과 같이 지적했다.

"총서기가 권력 집중에 힘을 쏟는 것은 결코 나쁘다고 할 수 없다. 하지만 너무 많은 조직의 수장을 겸하게 되면 정책을 제대로 파악하지 못하고 제어하지 못할 우려가 있다. 예를 들어 국내에 중대 사건이나 테러가 발생해서 최고 지도자가 그 대처에 전념하게 되면 다른 업무는 지연되고 만다."

중국 정치에 정통한 일본 정부 고관은 한 예를 들었다.

"권력 집중을 진행하고 있는 시진핑은 그야말로 부채의 중심고리와 같습니다. 공산당이라는, 손에 힘을 놓으면 제멋대로 펼쳐지는 커다란 부채를 한 손에 쥐고 있는 셈이지요. 만일 그에게 무슨 일이 생기면 중심고리가 떨어져 부채살들이 사방으로 흩어지게 됩니다. 중국 사회는 단숨에 혼란에 빠지겠지요. 지금은 그런 위기 상황이라고 할 수 있습니다."

이미 당내에서는 반부패투쟁으로 실각당한 간부들의 원한이 가득하다.

아직까지 군과 당의 내부에는 쉬차이허우와 저우융캉이 발탁한 부하들이 많이 남아 있기 때문에 시진핑이 암살당할 리스크가 완전히 사라졌다고 할 수 없다. 시진핑이 자신의 신변 경호를 일부러 공군 특수 부대에 맡긴 것도 그 위험성을 가장 잘 알고 있기 때문이리라.

물은 배를 뒤집는다

나는 시진핑의 권력 강화가 당을 안정시키는 반면 당의 활력을 없애 당의 약체화를 초래하지 않을까 생각한다.

지금 공산당 내부를 살펴보면 시진핑의 막강한 힘 앞에 이렇다 할 경쟁자의 모습이나 반대 세력이 보이지 않는다. 시진핑 개인의 사고와 행동이 그대로 당의 정책으로 구현되고 있는 상황이다. 여기에 함정이 숨어 있는 것은 아닐까?

이 책에서 몇 번이나 되풀이하고 있는 '권력 투쟁이야말로 중국 공산당의 원동력'이라는 가설을 현재의 중국공산당에 적용해보자.

13억 명의 피라미드, 그 정점에 올라선 시진핑에게 대항할 수 있는 인간은 이제 없다. 공산당을 움직이던 엔진, 즉 권력 투쟁이 더는 일어나기 어려운 상황이다.

프롤로그에서 말했듯이 중국공산당의 역사는 정적들이 벌이는 권력 투쟁의 역사였다. 때로는 정치 생명을 걸고 부딪히고 때로는 정적과 거래하고 타협하면서 싸워왔다. 그 투쟁의 이면에는 배신과 누명, 비리 등 상대를 쓰러뜨리기 위해서라면 수단과 방법을 가리지 않는 추악한 전략들이 난무한다. 다른 한편, 그곳에는 늘 팽팽한 긴장감이 존재한다. 한 사람 한 사람이 모두 정상을 목표로 절차탁마함으로써 결과적으로 서로를 향상시키고 당을 활성화해온 측면도 분명히 있다.

중국에서 근무했던 일본 정부의 고위급 간부는 장쩌민과 후진타오가 서로 대립하기만 하는 관계는 아니었다고 본다.

"평소에는 권력 암투에 여념이 없었지만 중요한 국면에서는 각자 역할을 분담해서 충실히 수행했습니다. 예를 들어 장쩌민은 권력 최절정기에 군의 반발이 거셌던 대폭적인 구조 조정을 단행해서 일부러 미움받는 역할에 나섰지요. 덕분에 뒤를 이어 취임한 후진타오는 군인의 급료를 인상해 환심을 사면서 비교적 신속하게 군부를 장악할 수 있었습니다. 두 사람이 서로 대립했기 때문에 오히려 힘의 균형이 유지된 측면도 분명이 있다고 봅니다."

10년에 걸친 권력 투쟁과 협상 속에서 두 사람이 이룬 것도 적지 않았다.

그 최대 성과는 바로 시진핑이다.

이 이색적인 지도자는 공산당의 썩어빠진 환부를 도려내는 역사적 사명을 지고 등장했다. 이제 그의 앞에 기다리고 있는 것은 과연 무엇일까?

고고한 지도자 시진핑에게는 정적들과 거래하거나 역할을 분담할 여지가 이제 없다. 실정을 하게 되면 모든 비난과 저항의 화살은 오로지 시진핑 한 사람을 향할 것이다. 그것이 당 전체를 흔들지도 모를 위험성을 내포하고 있다.

시진핑이 이 모든 위험을 무릅쓰고 권력 집중을 추진해야만 했던 이유는 현재 중국이 껴안고 있는 현안들이 너무나 광범위하고 또 심각한 수준이기 때문이다. 공산당 체제의 전통을 일정 부분 희생하고라도 반드시 해결해야만 하는 문제들이다.

끝을 모르고 확대되는 빈부 격차에 중국 인민들의 불만은 이제 한계치에 달했다.

베이징 대학교의 중국사회과학조사센터가 2014년 7월에 발표한 통계에 따르면 중국 상위 1%의 부유한 가정이 중국의 전 자산 중 3분의 1을 보유하고 있는 반면, 최하층인 25%는 겨우 1%의 자산을 소유하고 있다고 한다.

불과 한 줌밖에 되지 않는 일부 계층이 원칙대로라면 13억 명이 나누어 가져야 할 부를 독점하고 있다는 이야기다.

2020년 이후로는 중국의 국내총생산 신장률이 둔화할 것으로 예측되고 있다. 국민들에게 나누어줄 경제 성장의 과실이 적어지면 불만의 화살 끝은 곧바로 정권을 향하게 되고 폭동이나 시위가 빈번히 발생해서 체제를 흔드는 사태로 발전할 수도 있다.

강력한 권력을 앞세워 인민에 대한 통제를 강화해도 현 체제를 유지하기에는 한계가 있다. 국민들 사이에서 폭발하기 직전인 '불만' 이라는 가스를 잠재우기 위해서는 저항 세력의 제거와 개혁의 단행

외에는 살 길이 없다.

과연 시진핑은 비대해진 국유 기업을 개혁하고, 기득권층에 메스를 들이댈 수 있을까? 세제를 개혁해서 지극히 불합리한 소득 격차를 줄일 수 있을까? 지방 정부에 의한 난개발을 멈출 수 있을까? 중대한 개혁 과제는 사방에 산적해 있다.

이 일을 누구보다 잘 알고 있는 이는 다름 아닌 시진핑일 것이다.

전 당 고관을 부모로 둔 정부 관계자가 시진핑이 사석에서 자주 인용한다는 순자의 한 구절을 들려주었다.

"군주는 배이며 백성은 물이다君者舟也庶人水也, 물은 배를 띄울 수도 있지만 뒤집을 수도 있다水卽載舟水卽覆舟."

배는 물의 움직임에 따라 잘 흘러갈 수도 뒤집힐 수도 있다. 군주도 마찬가지다. 백성은 그를 자리에 앉힐 수도 있지만 언제든 내칠 수도 있다.

에필로그

몸속까지 관통할 듯이 강렬했던 그 여름의 햇살을 선명히 기억한다.

1998년 7월, 일본 와카야마 시 소노베의 여름 축제 행사장에서 주민 네 명이 희생된 카레 독극물 주입 사건이 발생했다. 입사 2년 차로 초임지인 시가 현 오쓰 지국에서 근무하던 나는 사건 발생 다음 날 현지로 달려가 5개월 동안 보조 취재를 했다. 사건이 발생한 여름철 내내 땀으로 범벅이 된 채 닥치는 대로 묻고 또 물었다.

'저 집은 회사일 관계로 독극물을 취급했다', '이웃 주민들과 갈등이 끊이지 않았다'…….

몇몇 주민이 한 가정을 지목했다. 훗날 살인 혐의로 체포된 부부의 집이었다. 몇 번인가 그 집을 찾았지만 번번이 다른 기자들과 함께 문전박대를 당했다. 포기하지 않고 매일같이 찾아가 한두 마디씩 이야기를 나누면서 차츰 부부의 신뢰를 받게 되었다.

집을 둘러싼 기자들을 쫓으려고 부부가 호스로 물을 뿌릴 때에도 나는 집안으로 들어갈 수 있었다. 부부에게 사건 당일의 행적과 이웃들과의 관계에 대해 자세히 이야기를 들었다. 그러던 중 몇 가지 의문이 생겼다. 그들의 증언에서 모순이 드러나기 시작했다.

자택 뒤편의 용수로에서 물고기들이 떼죽음을 당하는 등 수상한 일도 벌어졌다. 동료들과 증거 보충을 진행한 뒤 용의자가 지인을 대상으로 거액의 보험을 가입했고 그 지인이 비소 중독 상태라는 사실을 보도했다.

이 일련의 특종으로 그해 신문협회상을 수상했다.

오쓰 지국으로 복귀한 다음 해인 1991년, 신라쿠 고원 철도의 열차 충돌 사고가 발생해, 철도회사 사장 세 명에 대한 구형공판이 오쓰 지검에서 열렸다. 그 직전 미리 구형 내용을 파악해서 검찰이 공판에서 밝히기도 전에 보도할 수 있었다. 이전에 사례가 없던 일로 검찰 간부로부터 기자클럽의 '무기한 출입금지'라는 상당히 무거운 처분을 받았다.

그 후 히로시마와 오사카 등지에 부임했지만 당국의 뜻에 반하는 특종을 터뜨려서 항의와 처분을 받기 일쑤였다.

기자로서 겨우 한 사람 몫을 하게 된 입사 8년 차, 1년 동안 중국에 유학할 수 있는 기회가 왔다.

이번에는 타국, 그것도 세계 제2의 강대국이 상대다. 기대감보다 불안감이 컸다. 당시 이미 서른 살로 외국어를 기초부터 배우기에는 결코 젊지 않은 나이였다.

거리에는 사람들이 넘쳐나고 지하철을 타는 것도 택시를 잡는 것도, 심지어 강의 시간에 발언 기회를 얻는 것도 치열한 경쟁이었다.

공산당 내부의 권력 투쟁은 말단 시민의 생활 속까지 침투해 있었다. 넘어져도 손을 내밀어줄 사람은 아무도 없었다.

중국어가 좀처럼 늘지 않던 나는 절망감에 빠졌다. 그야말로 살기 위한 서바이벌 중국어를 익히기 위해 손짓 발짓을 해가며 길가는 사람을 붙잡고 말을 걸었다. 택시 운전기사와 역사 문제로 세 시간 가까이 격론을 벌이기도 했다. 문법도 발음도 엉망진창이었지만 진심을 다해 몸으로 부딪히면서 이야기를 하면 사상이나 민족의 차이를 뛰어넘어 상대방에게 전달된다는 사실을 이때 깨달았다.

2007년 드디어 중국 특파원으로 부임했다. 겨우 1년짜리 '속성 재배'로는 한계가 있다는 사실을 잘 알고 있었다. 학창 시절부터 중국어를 배운 기자와는 언어 실력으로는 상대가 되지 않았다.

고민 끝에 내린 결론은 나만이 할 수 있는 취재를 하자는 것이다. 수습 시절부터 고집해온 '현장주의'가 그것이다. 어쨌든 즉시 제일 먼저 현장으로 달려가 당사자의 이야기에 귀를 기울이고 권력자에게 아부하는 일은 결코 없다는 원칙을 고수했다.

말은 쉽지만 행하기는 실로 어려웠다. 반정부 시위나 소수 민족과 충돌하는 현장에 나가면 곧장 중국 당국에 구속당했다. 취조당한 것만 해도 열 번이 넘는다.

그래도 현장으로 발을 옮겨 당국자와 시민들의 생생한 목소리를 담으려고 애썼다. 기자회견장에서는 당국자에게 먼저 다가가 말을 걸고 식사에 초대했다.

술잔을 주고받으며 허심탄회하게 이야기를 나눌 때도 있고, 또 어느 때는 탁자를 두드려 가며 격론을 펼치기도 했다. 그 과정이 되풀이되면서 상대방과 깊은 인연이 만들어졌다. 그렇게 서로의 속내를 터놓고 이야기하는 중에 공식 발표에는 없는 '사실'을 조금씩 입수할 수 있게 되었다.

그렇게 모은 하나하나의 말들이 내보내는 연약한 빛을 모아, 중국 공산당이라는 엄청난 암흑을 희미하게나마 비추어 여러분에게 보이려고 시도한 것이 바로 이 책이다.

빛을 비추기는 어렵다. 가능한 한 진상에 가까이 가려고 노력했지만 때로는 그 빛의 초점이 흐려지거나 대상에 충분히 도달하지 못하는 경우도 많았다.

하지만 이제는 무엇과도 바꿀 수 없는 나의 친구들과 오랫동안 교제하고 끊임없이 대화를 거듭하면서 그들의 습관, 정보원으로서의 신뢰성, 경쟁력이 있는 분야를 나름대로 이해하여 더욱 강력한 빛을 비출 수 있게 되었다고 자부한다.

베이징 특파원 시절에 시작해 중국공산당의 내막을 파헤친 연재 기사 '붉은당紅之黨'이 이 책을 쓰게 된 계기다. 〈아사히신문〉 중국어판(인터넷판)이 중국 국내에서 폐쇄당하는 빌미를 제공하기도 한 연재 기사다. 이 책에서도 언급한 보시라이의 도청 의혹이나 링지화 일가의 비리 혐의는 공식적으로 발표되기 무려 2년 전에 폭로했기 때문에 새삼 정확한 정보였다는 사실이 증명되었다.

아픈 곳을 찔렀기 때문에 더더욱 중국 당국을 분노케 했다고 생각한다. 당국의 거듭되는 항의에도 100회를 넘는 연재를 계속 진행해주신 중국 총국의 사카지리 노부요시 전 총국장님과 후루야 고이치 현 총국장님, 이 책의 구상부터 함께 땀 흘려준 하야시 노조무 총국원을 비롯해 이 책의 출판을 응원해주신 이시아이 쓰토무 국제보도부장께는 특별히 감사드린다.

이 책은 베이징 특파원을 거쳐 미국 연수까지 도합 8년 동안 만났던 중국공산당 관계자, 중국 연구자, 그리고 나의 가장 소중한 친구들의 증언에 바탕을 두고 구성되었다. 중국공산당의 보도 규제를 헤치며 벽에 부딪힐 때마다 질타격려해주신 그들에게 진심으로 감사의 뜻을 표하고 싶다.

당연히 한 사람 한 사람의 실명을 들어 사의를 표하고 싶지만 당국에 대한 비판적인 언동은 중국에서는 금기 사항이다. 그것이 본문에서도 익명으로 쓴 이유지만 그들의 용기 있는 취재 협력이 있었기에 이 책이 완성될 수 있었다는 사실만큼은 기록해두고 싶다.

마지막으로 소학관의 가시와라 고스케 씨가 없었다면 이 책은 세상의 빛을 볼 수 없었을 것이다. 기획 단계부터 뛰어난 아이디어를 제공해주고 글이 막혀 붓이 멈출 때마다 꼼꼼히 참고 부분을 표시한 자료를 미국까지 보내주며 조언을 아끼지 않았다. 진심으로 감사드린다.

2015년 1월, 출장지 미국 댈러스에서

부록

'권력 투쟁'으로 풀어보는 중국 근현대사

2002년

11월 제16회 중국공산당 전국대표대회. 후진타오가 중국공산당 총서기 자리에
앉다.

2004년

9월 장쩌민이 총서기에서 물러난 뒤에도 차지하고 있던 중국공산당 중앙군사위
원회 주석 자리를 후진타오에게 넘겨주다.

2007년

3월 시진핑이 상하이 시 공산당위원회 서기에 취임하다.

10월 제17회 당대회 폐막 다음 날, 정치국 상무위원들을 소개하는 자리에서 시진
핑의 서열이 6위로 드러나다. 7위인 리커창을 제치고 차기 최고 지도자의 선
두 주자로 뛰어오르다.

2008년

5월 후진타오 방일. 일본과의 우호 관계를 과시하다.

6월 중일 양국 정부가 동중국해의 가스전 공동 개발을 발표. '후진타오는 매국노'
라며 중국의 인터넷에서는 비난 여론이 폭발하다.

8월 베이징 올림픽 개막.

2009년

7월 신장 위구르 자치구에서 소요 사태가 일어나 1000명 이상의 사상자 발생. 당시 부주석이던 시진핑의 책임론이 일다.

12월 시진핑, 국가부주석 자격으로 일본 방문. 일왕과의 만남을 성사시키다.

2011년

7월 장쩌민 사망 뉴스가 보도되다(뒤에 오보로 판명).

11월 보시라이가 당서기로 있는 충칭 시에서 영국인 사업가가 의문사.

2012년

2월 충칭 시 부시장인 왕리쥔이 미국 총영사관에 진입해 망명 시도. 영국인 사업가의 의문사 사건에 보시라이의 부인이 관여했음을 폭로하다.

중국 국방성이 군의 고위 간부인 구쥔산의 해임을 발표.

3월 링지화의 아들이 페라리를 탄 채 베이징 시내에서 사고사.

4월 보시라이의 정치국원 직무 정지.

9월 일본 정부가 센카쿠 열도(중국명 댜오위다오)의 국유화를 각료 회의에서 결정. 중국 전역에서 반일 시위가 이어지다.

11월 제18회 당대회에서 시진핑이 최고 지도자의 자리에 오르다. 후진타오는 정계에서 완전 은퇴를 표명하다.

12월 전 중앙정치국 상무위원인 저우융캉과 관계가 깊은 쓰촨 성 부서기를 취조.

2013년

1월 시진핑이 공산당 중앙기율검사위원회 회의에서 '부패와 관련된 인물은 호랑이도 쇠파리도 한꺼번에 때려 잡겠다'며 반부패투쟁을 선언.

6월 캘리포니아 주 서니랜즈에서 미국과 중국의 정상회담 개최.

(~12월) 쓰촨 성 부성장, 중국석유천연가스집단 부사장, 공안성 차관과 같은 저우융캉의 측근들이 차례로 조사를 받다.

9월 보시라이에게 무기징역형 판결.

2014년

6월 인민해방군 2인자인 쉬차이허우 전 중앙군사위원회 부주석의 당적을 박탈.

9월 홍콩에서 민주화 시위가 일어나다.

11월 베이징에서 APEC 개최. 오바마와 시진핑이 아홉 시간에 걸쳐 회담.

12월 전 중앙정치국 상무위원인 저우융캉 체포 발표.

　　　통일전선공작부장인 링지화 해임 발표.

참고문헌

Ezra F. Vogel, "Deng Xiaoping and the Transformation of China", Belknap
    Press of Harvard University Press 2013
ames Steinberg & Michael E. O'Hanlon, "Strategic Reassurance and Resolve:
U.S.–China Relations in the Twenty–First Century", Princeton University Press
    2014
Joseph Fewsmith, "Xi Jinping's Fast Start" China Leadership Monitor, no.41 2013
Gary King, Jennifer Pan, and Margaret E Roberts, "How Censorship in China
    Allows Government Criticism but Silences Collective Expression" American
    Political Science Review 107(2 (May): 1–18 2013
愛如生數字化技術研究中心《荀子諸家注》 2012년
劉明福《中國夢》中國友誼出版 2010년
중국공산당 중앙선전부《시진핑총서기 계열중요강화독본(習近平總書記 系列重要講
    話讀本)》인민출판사 2014년
우웨이《중국 80년대 정치개혁의 대전막후(政治改革的 臺前幕後)》신세기출판사
    2006년
장쩌민 장쩌민 문선 (1–3권) 인민출판사 2006년
〈시중쉰 전〉편집위원회《시중쉰 전》(상하권) 중앙문헌출판사 2013년
스기모토 노부유키《대지의 포효 : 전 상하이 총영사가 본 중국》PHP연구소
    2006년

세구치 기요유키 《일본인이 중국을 싫어할 수 없는 이만큼의 이유》 닛케이BP
   2014년
아사히신문 중국총국 《붉은 당 완전판》 아사히신문 출판 2013년
아마코 사토시 《일중대립 : 시진핑의 중국을 읽는다》 지쿠마 신서 2013년

이 외에도 〈인민일보〉〈신화사〉 등의 기사를 참조했다.
또 하버드 대학교에서 연구 기간 중에 에즈라 보겔 명예교수로부터 받은 가르침에
따라 중국의 내정이나 미중 관계에 대한 분석과 시점을 정리해 이 책을 집필하는
데 참고했다.
또한 4장과 7장의 일부 내용은 〈아사히신문〉 기획 연재 '붉은 당'(2012년 6월
~2013년 7월)에서 다루었다. 모두 필자의 서명 기사다.

13억분의 1의 남자

초판 1쇄 발행 2015년 12월 21일
초판 7쇄 발행 2016년 8월 17일

지은이 미네무라 겐지
옮긴이 박선영
펴낸이 윤성준

펴낸곳 (주)북파크(레드스톤)
출판등록 2015년 3월 19일 제 2015-000080호
주소 경기도 고양시 일산동구 호수로 672 대우메종리브르 611호
전화 070-7569-1490
팩스 02-6455-0285
이메일 redstonekorea@gmail.com

ISBN 979-11-955886-3-3 03300

이 도서의 국립중앙도서관 출판예정도서목록(CIP)은 서지정보유통지원시스템 홈페이지(http://seoji.nl.go.kr)와
국가자료공동목록시스템(http://www.nl.go.kr/kolisnet)에서 이용하실 수 있습니다.(CIP제어번호: CIP2015032912)